新编旅游大类专业精品教材

民宿
管理与运营

龙飞　虞虎 ◎ 编著

北京·旅游教育出版社

本书受国家自然科学基金青年项目《大都市传统工业区遗产资源游憩化利用的适宜性评价与开发模式——以北京市为例》（41701164）和北京农学院青年教师科研创新能力提升计划（QJKC2022035）项目资助。

前 言

民宿已成为旅游产业中最具活力的消费热点和增长点,要不断推动民宿旅游发展模式的创新和升级。新冠疫情改变了旅游产业发展模式和游客消费行为方式,民宿新消费看重的不仅仅是住宿产品,更是民宿所依托的环境以及物产带来的增值体验。民宿的开发与旅游目的地发展联结紧密,需要对旅游目的地物质空间和社会空间赋能管理和有效利用,提高民宿旅游吸引力,构建起民宿旅游高质量的休闲与消费空间。

民宿逐渐成为微型旅游目的地。随着游客消费升级,他们对于旅游的诉求已由观光游览变成休闲度假,更加注重旅行品质和服务体验。民宿恰恰因为富有主题的文化内涵、个性化的服务、优美的环境而迎合了市场发展。很多民宿已变为主要的旅游吸引物,民宿与其周边环境和配套设施相结合,成为微型旅游目的地。游客不需要再去景区游览,在民宿中参与主题活动或文化体验就能够满足微度假的需求。这种变化是旅游业品质化的新趋势。

民宿服务链条进一步延伸。民宿不仅提供住宿产品,还向多领域延伸拓展。很多民宿推出特色服务,提供个性化旅行解决方案。例如,有的民宿提供私人向导服务,带民宿客人领略不一样的风景和文化;有的民宿与当地非遗传承人合作,带客人参与非遗项目的手工体验;有的民宿利用社群优势,打造民宿同品牌的茶叶、咖啡、特色农副产品和文创产品等,向民宿衍生品方向发展。民宿服务链条延长,既丰富了民宿产品、增强了民宿吸引力,又能够破解民宿住宿产品天花板的难题,分散了民宿经营风险。

民宿集聚发展趋势更加明显。未来民宿的发展不单单依靠个别网红民宿的引领,将更依靠民宿集群的整体发展。单打独斗的民宿因规模限制、投入营销成本过高、知名度小等原因,在市场上很难立足,而同一区域多家民宿抱团合作,联合打造区域民宿品牌，集聚化发展的优势将更加突出。民宿集聚将在品牌塑造、资源共享、优势互补、业态布局、营销推广等方面形成合力，并朝着区域民宿专业化运行方向发展。

民宿业新形势的发展需要与之匹配的人才队伍作为支撑。2021年教育部《职业教育专业目录（2021年）》新增了"民宿管理与运营"专业，2022年6月人力资源和社会保障部将"民宿管家"纳入新职业。培养新型专业化民宿管理人才成为旅游业转型升级的重要路径。

本书按照专业、实用、全面的原则，从民宿开办、产品开发、组织安排、日常服务与管理、财务管理、市场营销和品牌建设系统梳理了民宿管理与运营所涉及的各个环节服务要点，内容涵盖了民宿理论、政策法规、行业标准、经典案例等诸多内容。

本书既可以作为旅游院校学生的专业教材，也可以作为民宿、客栈与精品酒店行业从业人员的培训用书，更可以作为民宿领域经营管理者的系统学习资料。希望本书的出版能够为民宿行业人才培养和发展贡献一份绵薄之力。

龙飞　虞虎
2022年7月

目 录

第一章 民宿概述 ··· 001
第一节 民宿概念 ·· 002
第二节 民宿发展历程和现状 ·· 006
第三节 民宿类型 ·· 010

第二章 民宿发展政策和行业标准 ·· 015
第一节 民宿发展政策 ·· 015
第二节 民宿行业标准 ·· 023

第三章 民宿筹备工作 ··· 030
第一节 民宿调研 ·· 031
第二节 民宿选址 ·· 033
第三节 民宿开办程序 ·· 036

第四章 民宿产品开发 ··· 041
第一节 民宿产品的概念与构成 ··· 043
第二节 民宿产品组合与策略的选择 ··· 045
第三节 民宿新产品开发 ··· 048

第五章 民宿的组织安排 ·· 056
第一节 民宿组织架构 ·· 056
第二节 民宿的工作岗位设置与岗位职责 ·· 058
第三节 民宿人员管理 ·· 064

第六章 民宿的日常服务与管理 ··· 069

- 第一节 民宿前台接待服务 ··· 071
- 第二节 民宿客房服务 ··· 075
- 第三节 民宿餐饮服务 ··· 081
- 第四节 民宿清洁保养管理 ··· 089
- 第五节 民宿物资管理 ··· 105
- 第六节 民宿安全管理 ··· 111
- 第七节 民宿投诉管理 ··· 125

第七章 民宿财务管理 ··· 131

- 第一节 民宿财务管理内容 ··· 132
- 第二节 民宿运营成本核算 ··· 136
- 第三节 民宿运营成本控制 ··· 143

第八章 民宿营销渠道及策略 ··· 149

- 第一节 民宿营销渠道 ··· 150
- 第二节 民宿营销策略 ··· 155

第九章 民宿品牌建设与管理 ··· 162

- 第一节 民宿品牌培育 ··· 163
- 第二节 民宿品牌竞争力 ··· 167
- 第三节 民宿品牌发展路径 ··· 171

第十章 国内外民宿发展 ··· 176

- 第一节 欧美国家民宿发展 ··· 176
- 第二节 日本民宿发展及典型案例 ··································· 181
- 第三节 中国台湾地区的民宿发展及典型案例 ························· 185
- 第四节 中国大陆的民宿发展 ······································· 190

参考文献 ··· 201

附　录 ·· 204

　　附录 1：北京市《关于促进乡村民宿发展的指导意见》················ 204

　　附录 2：浙江省人民政府办公厅关于确定民宿范围和条件的指导意见 ············ 209

　　附录 3：关于印发《旅游民宿集聚区创建导则（试行）》的通知 ················· 211

　　附录 4：浙江省嘉兴市民宿开办"一件事"办事指南 ························ 218

第一章　民宿概述

案例导学

公众接受度和消费意愿越来越高　民宿行业前景可期

据业内人士分析，2019年国内民宿市场渗透率（市场上现有需求和潜在市场需求的比率）约为3%，未来这一行业还有较大增长空间。随着我国对全域旅游、乡村旅游政策扶持力度加大，移动互联网技术发展持续提升民宿用户体验，公众对共享住宿的接受度和消费意愿将会越来越高，民宿行业未来发展前景可期。

作为一种新兴的非标准住宿业态，民宿对传统标准酒店住宿业起到明显的补充作用。目前，美团民宿交易额占美团酒店交易额的比例约为4.8%，且整体呈现上升趋势。从各省份民宿交易额看，广东省民宿交易份额占据首位，交易额占全国市场的11.6%，交易额排前10位的省市依次为广东省、北京市、四川省、江苏省、山东省、陕西省、重庆市、上海市、浙江省、湖北省，上述10省市交易额占全国民宿市场交易额比例超过65%。

数据显示，2019年民宿预订以女性消费者为主，占比55.7%。从民宿产品用户年龄层分布来看，40岁以下人群占整体消费者比例达到86.2%，可见国内民宿产品受众偏向年轻化。其中，"90后"是民宿消费的主力军，"90后"消费者的订单量占比约58.9%，"80后"占比约27.3%。从消费品类偏好看，用户在住民宿期间，同时消费餐饮品类的比例约占30.8%，同时消费非餐饮品类的比例约占28.2%。这说明民宿消费对其他品类的消费具有一定的带动作用。

民宿行业在高速增长的同时，面临规范化发展、高质量发展的转型压力。中国饭店协会的专家表示，应积极利用大数据优势开展科技创新，努力促进民宿行业健康可持续发展。

目前，我国民宿行业正在逐步规范过程中。据不完全统计，除文化和旅游部发布的民宿行业标准《旅游民宿基本要求与评价》外，北京、上海、四川等省市已出台或即将出台民宿行业监管政策。"希望尽快完善共享住宿行业自律标准,促进民宿规范化经营。"业内人士表示。

专家建议,相关政府部门应继续坚持包容审慎的监管理念,结合民宿行业发展的现状、特点,充分考虑行业对经济增长、就业带动等作用,制定出台更多鼓励行业发展、可执行可落地的政策。

资料来源:人民网(http://sc.people.com.cn/n2/2020/0205/c345167-33765429.html)

第一节 民宿概念

近年来,民宿市场在我国逐步兴起,并成为旅游住宿的多样选择。民宿在线预订平台大量崛起,国内民宿呈井喷式发展。

一、民宿的概念

目前,对于民宿定义还没有统一定论。民宿兴起于欧美,以英国 B&B(Bed and Breakfast)为代表,也有用 Homestay、Family Hotel、Family Inn、Guest House、Hostel、Pension 等词汇来表示民宿。美国普渡大学教授 M. M. 艾莱斯特尔(M. M. Alstair)等将民宿定义为乡村居民将一部分住宅出租给游客并提供其亲近自然、感受乡土特色文化活动的机会,具有浓厚乡土气息的一种乡村体验;杰克·克拉克(Jakie Clarke)认为,民宿是一种可以体验旅游环境的住宿产品;D. 蒂莫西(D. Timothy)认为,民宿是以乡村环境为依托,为游客提供住宿与餐饮服务的旅舍,旅游者通过入住民宿,可以充分了解当地居民日常生活与特色文化。

在我国民宿管理实践中,各个地方政府也对民宿概念进行各自界定。2001 年版《台湾民宿管理办法》第一章第三条指出:"民宿系指利用自用住宅空闲房间,结合当地人文、自然景观、生态、环境资源及农林渔牧生产活动,以家庭副业方式经营,提供旅客乡野生活之住宿处所。"该办法还依据地段及经营特色对其经营规模进行了严格控制。通常以客房数 5 间以下,且客房总楼地板面积 150 平方米以下为原则。该定义强调民宿来源自用住宅空闲房间,同时经营性质为家庭副业方式,这种方式使得民宿以更独立更自由的经营体制运行,也使得民宿风格更加多样化。

大陆地区对民宿的定义,更加宽泛,如李德梅等(2015)认为,民宿是私人将其一部分居室出租给游客,以"副业方式"经营的住宿设施;游客不仅能与主人进行某种程度的交流,更能感受当地风土人情。这种宽泛定义,使得一些学者研究民宿相关问题时，将农家乐、客栈、青年旅馆也纳入民宿范围中来，如张延、代慧茹（2016），李沛沛和单文君（2017）将民宿定义为，利用自用住宅空闲房间或者闲置房屋，结合当地风土人情，以家庭副业方式经营，提供旅客乡野生活的一个有家和温暖感觉的住宿处所。该定义首先扩大了房屋来源范围，但同时也限定了民宿开办地点是乡野之中。赵菁（2017）从设计角度，通过将民宿与传统酒店对比，较为清晰地介绍了民宿概念：民宿通常是对现有建筑再次设计，民宿通常会提供生活方式、农家菜、地域文化等体验，民宿本身可能会成为一种旅游吸引物等。

2017年版《北京市旅游条例》第五十六条中指出，"民宿是指城乡居民利用自己拥有所有权或者使用权的住宅，结合本地人文环境、自然景观、生态资源以及生产、生活方式，为旅游者提供住宿服务的经营场所"。2016年《浙江省人民政府办公厅关于确定民宿范围和条件的指导意见》中指出，民宿是指"利用城乡居民自有住宅、集体用房或其他配套用房，结合当地人文、自然景观、生态、环境资源及农林牧渔业生产活动，为旅游者休闲度假、体验当地风俗文化提供住宿、餐饮等服务的处所"。2015年《武夷山市民宿管理暂行办法》中指出，民宿是指"经营者利用自用住宅空闲房屋，结合当地人文、自然景观、生态环境资源及农林渔牧生产活动，以旅游经营方式，为游客体验乡村生活提供餐饮、住宿的接待场所"。

2019年7月3日，文化和旅游部发布并实施《旅游民宿基本要求与评价》（LB/T 065—2019）行业标准。行业标准中对旅游民宿（Homestay Inn）的定义是，利用当地民居等相关闲置资源，经营用客房不超过4层、建筑面积不超过800平方米，主人参与接待为游客提供体验当地自然、文化与生产生活方式的小型住宿设施。

综观国内外民宿的定义，虽然表述各不相同，但涉及的主体和内容大同小异。结合国内发展实践，笔者认为民宿概念内涵应包含以下几方面：第一，民宿发展的载体是闲置的民间住宅。第二，民宿的核心在于所依赖的在地环境。民宿重要吸引力就在于其在地性，浓郁的乡土风情、独特的建筑风格、淳朴的当地人服务构成民宿的吸引因素。第三，民宿提供的不仅仅是住宿体验，更是生活方式。利用所在地区环境，追求休闲度假意境，超越传统乡村，提供新型旅居方式。

民宿是指民宿主人或经营者利用自用或租用住宅的空闲房间，结合当地自然环境、人文景观、生态环境资源或乡村生产和乡村旅游活动，为游客提供休闲住宿及相关生活服务的场所。

民宿与旅馆或饭店有所不同。民宿不同于传统的饭店、旅馆，也许没有高级奢华的设施，但是它能让人体验当地风情、感受民宿主人热情与服务，并体验有别于以往的生活。

二、民宿的特点

（一）个性特征张扬

从起源和本质上讲，民宿就是民居，就是老百姓的住宅。百姓分布各地接受不同文化、不同风俗、不同传统、不同家教的熏陶，在选择和建设自己的住宅时，无不受到这些熏陶的影响，显得各具特色。此外，由于是民居，是老百姓自己的房子，较少受到来自各方面的干扰，所以，在选址、朝向、设计用料、内饰、规模、体量等方面，都充分体现主人的主观意愿。

（二）文化特征明显

民宿是一种建筑。建筑是一种文化，是文化的物化表现形式之一。因此，民宿虽然个性化特征明显，但脱离不了当地文化的影响，在外观、建筑风格、内部设施等方面都能体现本土文化特色。

（三）平民特征突出

由于民宿是由老百姓的房子演变而来的，它的过去就是民居、民房。在没有"民宿"一说之前，即便是接待客人，也是属于"留宿""搭铺"性质，是行善事、做好事，没有多少商业性质的成分。正因为它不是以营利为目的，所以也不会刻意"打扮"，而是"我怎么住客人也怎么住"，以素颜待人，以本来面目待客。由这种民居脱胎而成的民宿，尽管有千变万化，但万变不离其宗，它的平民化特征是变不了的。

（四）"乡愁"味儿浓厚

由于民宿历史痕迹明显，乡土气息浓厚，贴近甚至融入百姓生活，因此，很容易引起人们的思乡之情，勾起人们的儿时回忆，是典型的"乡愁"型旅游产品。这是民宿的典型特征，也是民宿的吸引力、生命力所在。

（五）观赏性、体验性和研究价值并重

一幢民宿，往往是一段历史的截图，一种文化的化石，一种风俗的遗存。同时，住民宿可以让人体验当地百姓的生活，领略当地的民风民俗，品味地道的当地美食，其体验性不同于住宾馆、酒店。此外，有的民宿由于其历史性、文化性特征，具有较高的研究价值。

三、民宿的发展特征

每个民宿都有各自的个性和特点，这也是民宿区别于传统酒店的独到之处。民宿的自然环境、设计风格、生活体验、历史文化、美食特色等都能吸引游客的眼球。

(一)民宿本身具有旅游吸引力

民宿本是住宿业中的一种,独特的建筑造型和气质、主人的亲和力和精致舒适的房间布置,以及纯粹田园式的居住环境、美味的餐点,使其自身即具有旅游吸引力的一部分。很多人来民宿纯粹是为了体验民宿而非为了到该地区旅游。民宿为游客提供了与大自然对话的窗口,使久居都市的人能在这里接受大自然的洗礼、欣赏自然景观、倾听蛙鸣鸟唱。

(二)民宿规模小、容纳率低

大多数民宿规模一般在5~10间。虽然房间数量少,但是各种居住设施一应俱全。民宿接待团体游客的能力有限,却增加了主人与客人的亲密接触,也便于主人对房间布置创意的发挥,更增加了其吸引独特消费习惯客源的魅力。

(三)民宿成为多元创意的产品

民宿在开办之初,大都只提供基本的住宿设施,价格也相对较低,其后出现特色产品,并开始注重休闲气氛的营造和房间的舒适性。现在的民宿越来越注重多样化发展,很多民宿融合了当地的自然人文环境要素,再加上创意和美学元素,形成了颇具特色、不同主题的民宿产品。多元的设计风格使得原本简单的住宿空间变得更加富有新鲜感和体验感,如异国风情主题、家庭温馨主题、怀旧复古主题、少数民族风情主题、田园乡村主题、人文艺术主题等。

(四)民宿产业空间聚集,各具特色

民宿依据不同的地理条件而呈现空间集聚的现象,大量的民宿都集中在各县市的某个地区。这一方面是由于各地民宿都是在结合当地特有的自然、人文、生态和产业的基础上发展起来的,因此会呈现空间集聚的现象;另一方面是由于民宿本身规模小的特性,若不集聚很难使游客形成印象。空间集聚使得游客对哪个地区、哪种风格的民宿了如指掌,不同地区、不同风格的民宿对游客具有不同的吸引力,也让游客形成了不同的意向认知。

(五)民宿是旅游业创新的缩影

民宿产品极具创新性,其创新性大体可归纳为以下三个方面:一是打造创意主题能力,二是导入餐旅专业服务的能力,三是运用资讯科技与多元营销的能力。这些创新使得民宿产品从最初的提供早餐和住宿的家庭旅馆模式发展成为高附加值、提供给游客多元化选择的旅游产品,还使游客享受到更高品质的服务,让游客能够花最低的成本寻到最完整的民宿信息。

第二节　民宿发展历程和现状

民宿的起源有很多说法，有说来自日本，也有的说来自法国。探究"民宿"一词，更多的是来自英国。20世纪60年代初期，英国的西南部与中部人口较稀疏的农家，为了增加收入开始出现民宿。当时的民宿数量并不多，是采用 B & B（Bed and Breakfast）的经营方式，它的性质是属于家庭式的招待，这就是英国最早的民宿。经历百余年的发展，民宿从乡村走向城市，从农场走向景区，成为区域性旅游品牌及核心吸引物的重要构成。纵观世界各国的民宿，或文艺范十足，或朴素平实，或设计精巧，经营者用自身的品位、细心的经营、周到的服务，在提升游客满意度、优化环境建设及增加营收之间探索出一条平衡的发展路径。而这一切背后是来自政府、行业协会、民宿经营者等多方主体的共同努力。

一、我国民宿的起源

民宿在国外已经是一种普遍的住宿方式，而在国内则随着旅游业的发展兴起不久。民宿的起源地日本和欧美发达国家以及我国台湾地区，普遍重视法治、安全风险及环境维护。各国和各地区为规范民宿经营陆续出台了相关的法律条款，营业须取得执照，禁止非法经营。

（一）台湾民宿的起源

民宿在我国台湾地区的发展有很长的历史，最早大规模发展民宿的地区是垦丁国家公园，时间约在1981年，只是一种简单住宿形态，没有导览或餐饮服务。这类民宿发展起因于游憩区假日的大饭店、旅馆住宿供应不足或缺乏服务，或登山旅游借住山区房舍工寮，有空屋人家因而起意挂起民宿的招牌，或直接到饭店门口、车站等地招揽游客，而兴起此行业。

1990年，台湾在其部落产业发展计划中制定规则，帮助少数民族利用空屋与当地特有环境经营民宿，增加收入。而除了少数民族地区，在非少数民族地区，如风景特定区、国家公园内及各观光景点亦有不少人将空置之房舍改建或以新建楼房出租旅客住宿。因民宿主人多半是本地人，借此进而借势推动当地的观光旅游产业，同年间"农委会"大举鼓吹"传统农业"转型"观光农业"，进一步刺激了民宿发展，使之成为台湾一个新兴的乡村旅游经济产业。

(二) 大陆民宿的起源

大陆的民宿是在学习日本和我国台湾的经验基础上发展起来的，萌芽于20世纪90年代，当时多称呼为"客栈"，首先出现在经济发达的沿海地区。处在初级阶段的民宿行业本身多是自发形成，以乡村农家乐为主流，只能提供简单的餐饮娱乐和住宿服务。2012年前后，中国度假旅游需求迅速增长，大众出行主体由商务出行转向个人旅游，游客对于客栈、民宿等个性化主题酒店需求增加。目前，中国民宿行业正处于爆发式增长期，不再仅仅是情怀之作，各类社会资本开始拥入，但是问题也同时随之而来。疫情原因出现大量的空置，造成几乎全行业亏损。民宿发展存在着缺少规划，破坏乡村地景风貌，缺乏农村文化内涵，缺乏前瞻性、整体性的地域整合规划，房屋及土地权属复杂，缺乏发展后劲，经营者素质不高，服务、市场意识低下等问题。政府和国家也没有出台主导型的扶持政策和规范的行业法规。

大陆民宿起步较晚，目前还处于发展期。同其他国家的民宿一样，大陆民宿也起源于乡村旅游，如人们熟知的农家乐。甚至到现在，很多人对民宿的理解也停留在农家乐上。但随着房地产与互联网的发展，民宿的类型已经越来越丰富，主题民宿也越来越多，已经有越来越多的人改变思想观念，加入民宿经营的行业中。

二、我国民宿的发展

中国民宿的发展与乡村、农业的多路径发展有着复杂的交织。民宿一方面肩负着促进乡村旅游升级发展、转变农业生产方式的重要功能，另一方面又承载着"新农人、新创客"对美丽中国乡村梦的追求。多重功能的交织无疑让民宿成为近几年旅游圈中最热门的话题。

(一) 台湾民宿的发展

台湾是我国最早发展民宿的地区之一，台湾民宿已有40多年的发展历史。民宿产业遍及整个台湾，呈现规模化发展的态势。台湾民宿产业不仅在台湾本岛备受追捧，而且声名远播，尤其是近10年大陆开放自由行之后，大量游客拥入台湾，民宿成为赴台游客一场必不可少的独特体验，数量也快速增长。据台湾有关部门及民宿协会相关资料统计，2011年台湾民宿3763家，到2015年已有6356家，总客房数由15 658间增长到26 357间，增长了70%。

2001年台湾有关部门制定有关民宿管理的办法，首次对民宿的合法地位进行了认可，对经营资格、民宿协会的监管等方面作出了严格规定。该办法规定：民宿为利用自用住宅空闲房间，结合当地人文、自然景观、生态资源及农林渔牧生产活动，提供旅客乡野生活住宿之所。并且规定民宿的经营规模，必须以客房数5间以下，客房总楼地板面积要在150平方米以下；但位于少数民族保留地、经农业主管机关许可的休闲农场以及经农业主管机关划定的休闲农业区、观光地区、偏远地区及离岛地区的特色民宿，经营客房数要在15间以下，总楼地板面积要在200平方米以下。建筑要符合消防设计，楼梯及平台净宽1.2米以上，总楼地板面积超过240平方米的需要设置直达电梯。

该民宿管理办法也规定了设置民宿应该在如下地区：风景特定区、观光地区、国家公园区、原住民地区、偏远地区、离岛地区、休闲农业区、金门特定区计划自然村、非都市土地，同时对客房、浴室、清洁用品、饮用水水质等都有着严格的规定。

在政府没有介入的发展初期，成立于2003年的台湾乡村民宿发展协会（2007更名"社团法人台湾民宿协会"）也发挥了组织和引导作用。协会以TRAA为品牌标识，建立了台湾民宿论坛、台湾民宿评论、台湾名宿金奖、3S民宿认证、台湾民宿讲座、台湾民宿故事馆这六大产业服务平台，涵盖民宿的方方面面。协会也与有关部门沟通合作、推动民宿发展规定的修改和各地民宿合法化，积极推广台湾民宿产业和产品。随着民宿的规模化发展，民宿协会的角色也逐渐转变为促进民宿创新发展和多元营销。台湾民宿协会的作用体现在：一是与公共部门沟通协调，推动民宿发展规定的修改和各地民宿合法化的政策推动；二是积极寻求区域合作，建立多元渠道加速推广台湾民宿产业和产品，提升台湾民宿产业的知名度；三是积极发挥平台作用，促进民宿经营者之间的交流与合作，推动民宿资源的整合经营，创造多方受益的最大化。台湾民宿的大发展与民宿主人的细心经营密不可分。这些民宿在经营理念上超越了旅馆和酒店，往往能让游客在游玩之余增加对当地文化、民俗风情的了解，收获一份意外的感动。台湾许多有名的民宿，其装修风格都反映出主人的生活追求与艺术品位，一些主人将自己的理想和志趣投入在自家民宿中，为客人展现并分享家与人生的乐趣，将自身的偏好与台湾本土文化巧妙地结合在一起。

台湾民宿经过近40年的发展，已经形成较为完善的体制。2010年，台湾有关部门对民宿管理办法进行了修订。修订后的管理办法规定民宿必须位于风景特定区、观光地区、国家公园区、原住民区、偏远地区以及离岛地区等，甚至有的区域规定为"非都市土地"。因此，台湾民宿多处于风景优美的乡村偏远地带。台湾民宿的风格上从异域风、唐式风、乡村风、现代风等一应俱全，能够充分满足自由行游客个性化的住宿需求，注重带给游客旅游体验。当地有关部门推动经营者打造高品质的民宿，采用法律制约经营主体的行为等，也推动了台湾民宿朝着高端化方向发展。

（二）大陆民宿的发展

我国大陆民宿不同于我国台湾、日本民宿。大陆的民宿市场发展还处于初级阶段，民宿不仅有农家乐，还包括个人出租的闲置民居，如市区单元房等。20世纪90年代，国内民宿开始发展,多为当地农民自发创办。2003年,"家庭旅馆"概念引入。2010年,民宿形式得到更多关注。2015年,我国民宿行业市场规模已达200亿元人民币。2015年11月23日,国务院网站发布《关于加快发展生活性服务业促进消费升级的指导意见》,首次提出"积极发展客栈民宿、短租公寓、长租公寓等细分业态"。2016年3月出台《关于促进绿色消费的指导意见》,提出持续发展共享经济,鼓励个人将闲置资源有效利用,有序发展民宿出租。在这样的背景下,国内民宿发展迅速。目前,民宿集群最发达的三个地区分别为:滇西北、浙闽粤、长三角。其中,民宿分布较多的城市中,有以北京、厦门、成都、杭州为代表的大型旅游城市,以丽江、大理、嘉兴为代表的古城古镇旅游城市,以及秦皇岛、黄山附近的知名旅游景区城市与上饶、湖州等为代表的乡村旅游地区。

迈点网的数据显示,2014年,我国内地客栈民宿仅有3万家,到2015年末已经发展为4.3万家。截止到2016年末,我国内地客栈民宿的总数已经达到了5.4万家。仅仅两年的时间,我国的客栈民宿数量涨幅就已达到近78%。

随着互联网的迅速发展和分享经济概念的传播,已经有越来越多的人借助在线短租平台将房源分享出去,形成家庭式民宿。民宿借助互联网的力量发展更为迅速。但同时,民宿发展不平衡和良莠不齐的问题日益突出。特别是经营准入、监管、经营方式、服务规范和安全保障等方面仍存在许多问题,不少经营户卫生、安全状况堪忧,环境污染问题突出,制约着民宿的可持续发展。

三、民宿的现状

(一)大陆民宿现状

2012年以后,中国旅游度假需求增长迅速,大众出行主体由商务出行转向个人旅游,居民对于民宿等个性化主题酒店需求大幅增加,民宿市场快速进入爆发式增长期。统计数据显示,截至2015年,国内民宿企业已达4万多家,从业人员近90万人,市场规模逾百亿元,民宿正成为新的投资热点。在国内,从地域上看,长三角和东部沿海地区的民宿业最为领先,这离不开旅游度假市场的成熟以及丰富的旅游资源(水乡、古镇、城市风光等)。未来,民宿一方面还将随着现有的热门旅游景区的客流量增加而继续扩张,另一方面将伴随新的旅游资源的开发而诞生。与此同时,民宿的曝光度与关注度也在不断提升。

(二)台湾民宿现状

我国台湾地区早期民宿的经营,大都是以家庭副业的方式;随着民宿的渐热,民宿创造出来的商机实在太过诱人,原本被定义成家庭副业的经营模式,逐渐转换成家庭主业模式在经营，甚而房地产投资客、新移民等争先恐后地进入民宿经营的板块。在竞争者众多的情况下，品质、服务以及效率的经营管理竞争力需求、影响力慢慢出现，这些综合因素在一定程度上左右着民宿生意的兴隆与否，也因如此，慢慢促成台湾民宿朝精致化、豪华化、高价化以及高服务化方向演进。据台湾有关机构统计，2003年台湾合法民宿仅124家，而2007年已登记的合法民宿总计高达1939家，其中，正常营业的共1886家，总房间达751间。但有相关资料保守估计，全台湾民宿已超过5000家，甚至有估算大大小小超过万家以上。然而，由于民宿业者的大量拥入，民宿质量存在良莠不齐的问题。

第三节　民宿类型

民宿类型众多，按照不同的分类标准有不同的类型。

一、按所处位置分类

（一）城市民宿

城市民宿坐落在城区。它可以是城中的古民居，也可以是城市居民利用自家空余房以家庭副业的形式对外接待客人的民房。由小村落发展而来，多以公寓大楼式的形式呈现，以现代风格的建筑为特色。

> **延伸阅读**
>
> **城市民宿成争夺重点**
>
> 未来城市民宿会成为行业发展的最大机会点。民宿主要分为城市民宿和乡村民宿两种。目前，城市民宿已经成为民宿市场的主力品类。城市民宿的间夜量在民宿市场的占比约为54%，预计到2024年，这一数据可能接近70%。推测城市民宿在未来5年将迎来爆发式增长，为整个民宿行业撑起空间。
>
> 国家信息中心在2019年7月发布的《中国共享住宿发展报告2019》提出，一个城市的国民生产总值与共享住宿的房源总量存在高度相关性，共享经济对一个城市的经济增长具有显著贡献。除了对基础设施和硬件投资的拉动作用，共享住宿还会推升相关服务需求，包括餐饮、管家等，带动上下游产业链的协同发展。
>
> 民宿业在岁末也迎来整合潮流。2019年12月初，斯维登集团（以下简称"斯维

登")完成对有家美宿和城宿的全资收购，收购及融资完成后，按照斯维登现有股权关系，携程、爱彼迎（Airbnb）、58同城成为斯维登最重要的三个股东。城市民宿毫无疑问是一股主力。一线城市在用户体量、高频的交易场景、相比旅游目的地更加稳定的需求等方面都有着更大的想象力。扩大一线城市的市场份额，也是短租市场内任何一个玩家的争夺方向。完成收购后斯维登的房源量中，自营和加盟占比大致为3:7。总体来看，随着此次并购及融资的完成，斯维登住宿的整体产品将覆盖城市核心地带、城郊地带，再到旅游目的地，分别以城宿与有家美宿、斯维登公寓、欢墅这三条产品线作为主力军铺开。

资料来源：广州日报（https://gzdaily.dayoo.com/pc/html/2019-12/17/content_123699_667411.htm）

（二）乡村民宿

乡村民宿分布在广大农村，具有比较浓厚的"村"味。也可以把建在城市或城郊的、按照乡村风格建设的民宿称为乡村民宿。以乡村文化为内涵，多依托景区或者地域特色资源而发展，乡土气息浓厚。

延伸阅读

2020年"五一"假期是中国进入常态化疫情防控阶段后的首个旅游小长假。文化和旅游部发布的数据显示，5月1日至5日，全国累计接待国内游客1.15亿人次，累计实现国内旅游收入475.6亿元，旅游消费热情开始回温。而出于游客对安全防疫的关注，那些绿化居住面积大、入住人数少，还可以看山看水看风景的乡村民宿迎来了一波预订高潮。

途家订单数据显示，"五一"期间，途家乡村民宿订单与城市民宿订单占比分别为48%和52%，相较去年两者分别为42%和58%的占比来看，乡村度假民宿订单显然更受欢迎，疫情影响下也保持了6%的增长。数据显示，湖州德清县、成都郫县、杭州淳安县、乐山夹江县、济南泥淤泉村等地的乡村民宿在"五一"期间出现爆满，部分农家院民宿一房难求，订单甚至排到了"五一"后的两周周末。此外，考虑到途家乡村民宿的房源风格多样，包含有客栈、农家乐、度假村、渔家乐、乡村别墅、蒙古包、吊脚楼、窑洞、木屋等众多类型，既可满足游客个性化和体验式需求，也可兼顾到吃、住、游、娱等多要素，所以舒适又具特色的民宿往往能延长游客在乡村旅游的停留时间。途家数据发现，"五一"期间乡村民宿入住的平均间夜为3.2天，出游人数多在3~5人，且多以亲子、家庭为单位出游。

资料来源：中国新闻网（http://www.chinanews.com/business/2020/05-08/9178500.shtml）

二、按特色服务类型分类

特色服务型民宿除提供住宿服务之外，自身也是旅游吸引物，通常结合周边资源，打造温泉养生、乡村运动等特色主题，提供农业体验、生态观光、民俗体验、工艺体验等多项服务。下面将重点介绍几种不同特色的民宿。

（一）农业体验型

以农林渔牧业为基础，融食、住、娱、休闲度假为一体的综合型民宿。如在传统的农业乡村中，除提供农村景观、体验农家生活之外，还有农业生产方面的体验活动，配套观光果园、观光菜园、观光茶园等。在乡间小住数日，让身体舒畅也让心情愉悦，享受漫食、漫游的生活，这趟旅程是田园之旅、是心灵之旅，更是难忘的假期。

（二）民俗体验型

以地理人文历史景观为特色，为游客提供休闲度假的民宿。如地方祭典、民俗传说、风筝制作等。

（三）度假休闲型

拥有海滨、草原、海岛、森林、雪山、温泉等独特旅游资源或是精心规划的人工造景，满足游客放松休闲需求。

（四）艺术体验型

体现出强烈的民宿主人的风格，有较多设计元素。客栈本身能满足游客的猎奇心理，或提供一些个性化产品或体验活动。例如，由民宿主人带领游客体验各项艺术品制作活动，包括捏陶、雕刻、绘画、制作木屐、果冻蜡烛、天灯等，游客可亲手创造艺术作品，体验乡村或现代的艺术文化飨宴。

（五）自助体验型

强调自助互助、实惠、不浪费，以社群生活和文化交流著称，住客多为背包客、夫妻或结伴而行的游客。

（六）复古经营型

其住宿环境均为古厝会所整修，或以古建筑的式样为设计蓝图，提供游客深切的怀旧体验。

三、按产权分类

按产权不同，民宿可以分私有民宿、集体所有民宿、国有民宿和社会民宿四大类。

（一）私有民宿

私有民宿是指产权在每家每户，属个体私人所有，其主体是大量的民居型民宿。它们的产权归个人所有，自主管理，自主经营，自负盈亏。

（二）集体所有民宿

集体所有民宿也分几种。一种是产权为宗族、家族集体所有，如南方地区的客家围屋。这种围屋规模大，房间多，功能全，历史较为悠久，由于牵扯的家庭多，一直没有进行产权分割。用这种民居改造成的民宿，其所有权为家族体所有。一般由家族组成理事会进行管理和经营。另外，我国不少农村还留有集体所有制的民居，用这种民居做成的民宿其产权仍归集体所有。

（三）国有民宿

国有民宿是近些年来新出现的民宿类型。主要是各级政府的国有企业收购民居或新建的成片民居。

（四）社会民宿

社会民宿主要是指由社会资本，如私人、私营企业、企业集团等投资和经营的民宿。

四、按主功能区分

（一）家庭副业型

在民宿业发展的初期，民宿主人并非以接待住宿游客为主业，而是家中恰好有部分闲置房屋可用于经营，于是凭借自身条件和能力向游客提供住宿场所。此时房屋的主功能区仍为家庭自行居住，民宿仅作为副业形式存在，这一特征也被认为是很多狭义的民宿概念中需要强调和厘清的关键点之一。

（二）家庭主业型

随着游客消费水平和民宿发展水平的提高，民宿的经营目的逐渐转变为致力于为游客提供一个安静舒适的住宿场所，部分经营者也由最初的仅将民宿作为副业转变为以此为主业进行经营。

（三）专业经营型

在意识到民宿市场的广阔前景后，一些专业的团体或个人开始有计划地投资和运营民宿。这类民宿从规划之初便投入了大量人力、物力。首先，在建筑风格和室内装修上，会明显融入经营者的设计理念和风格，同时注重结合当地文化特色或凸显特殊的主题概念；其次，设施设备选择考究，会根据各民宿的具体情况选择有质感或有设计感的文创产品，整体和细节都做到精致；最后，经营者多为专业的管理人才，注重服务品质和游客满意度，有能力和精力为游客提供更为专业和高水准的产品。

本章小结

民宿已经成为国内外游客旅游休闲的主要住宿形式,民宿也从最初的自发状态开始向规范化、制度化方向发展。了解民宿的定义、特点、发展历史及分类,对于更好地发展非标准化住宿业有着重要的意义。

 思考与练习

1. 什么是民宿?
2. 简要谈谈民宿的起源。
3. 简要谈谈我国大陆民宿的发展现状。
4. 民宿的类型有哪些?
5. 民宿的特色功能有哪些?

第二章 民宿发展政策和行业标准

第一节 民宿发展政策

随着民宿的高度发展，民宿因其自身发展的特点和独特优势，创造了良好的经济效益和社会效益。近年来，不管是国家层面还是地方层面，针对民宿发展的政策频出，有促进鼓励民宿发展的相关政策，有解决民宿合法性问题的相关政策，有规范民宿运营管理的相关政策等，这些政策对民宿产业发展具有积极意义。

一、国家层面关于民宿发展的相关政策

近年的各项旅游政策中，均提到鼓励特色民宿的发展，在未来3~5年内民宿政策持续利好导向。目前，我国在民宿行业颁布的政策主要有以下内容（见表2-1）。

表2-1 2015—2019年民宿相关政策

时间	部门	政策	解读
2015年	中共中央办公厅和国务院办公厅	《关于农村土地征收、集体经营性建设用地入市、宅基地制度改革试点工作的意见》	我国农村土地制度改革即将进入试点阶段。
2015年	国务院	《国务院办公厅关于加快发展生活性服务业促进消费结构升级的指导意见》国办发〔2015〕85号	首次提出"积极发展客栈民宿、短租公寓、长租公寓等细分业态"。
2016年	中共中央办公厅、国务院办公厅	《中共中央、国务院关于落实发展新理念加快农业现代化实现全面小康目标的若干意见》中发〔2016〕1号	明确指出要大力发展休闲农业和乡村旅游，有规划地开发休闲农庄、乡村酒店、特色民宿、自驾露营、户外运动等乡村休闲度假产品。
2016年	发改委、中宣部、科技部等十部门	《关于促进绿色消费的指导意见》	支持发展共享经济，鼓励个人闲置资源有效利用，有序发展网络预约拼车、自有车辆租赁、民宿出租、旧物交换利用等。

续表

时间	部门	政策	解读
2016年	住房城乡建设部、国家发展改革委、财政部	《住房城乡建设部、国家发展改革委、财政部关于开展特色小镇培育工作的通知》（建村〔2016〕147号）	在组织领导和支持政策中提出两条支持渠道：一是国家发展改革委等有关部门支持符合条件的特色小镇建设项目申请专项建设基金；二是中央财政对工作开展较好的特色小镇给予适当奖励。
2017年	国家旅游局	《"十三五"全国旅游信息化规划》	民宿客栈信息化工程成为"十三五"时期需推进的九大重点工程。
2017年	国家旅游局	《旅游民宿基本要求与评价》	民宿、精品酒店等行业终于迎来统一规范，以及等级划分标准。在市场准入方面，强调民宿经营者必须依法取得当地政府要求的相关证明，并满足公安机关治安相关要求，民宿单幢建筑客房数量应不超过14间（套）。
2017年	国土资源部	《关于深入推进农业供给侧结构性改革做好农村产业融合发展用地保障的通知》国土资规〔2017〕12号	乡村旅游民宿等用地有新政策。
2018年	国务院办公厅	《关于促进全域旅游发展的指导意见》	大力推进旅游扶贫和旅游富民。通过民宿改造提升、安排就业、定点采购、输送客源、培训指导以及建立农副土特产品销售区、乡村旅游后备箱基地等方式，增加贫困村集体收入和建档立卡贫困人口人均收入。
2018年	国务院	《完善促进消费体制机制实施方案（2018—2020年）》	方案明确提出：鼓励发展租赁式公寓、民宿客栈等旅游短租服务。
2018年	国家信息中心	《共享住宿服务规范》	这是国家首次发布的民宿行业服务规范，鼓励共享经济发展，引导行业早日步入合法化轨道。
2019年	文化和旅游部	《旅游民宿基本要求与评价》	代替2017年国家旅游局版本。更加体现发展新理念，体现文旅融合；加强对卫生、安全、消防等方面的要求，健全退出机制；将旅游民宿等级由金宿、银宿两个等级修改为丙级、乙级、甲级三个等级，并明确了各等级的划分条件。
2021年	文化和旅游部	《旅游民宿基本要求与评价》（LB/T 065—2019）第1号修改单	更改：旅游民宿等级分为3个级别，由低到高分别为丙级、乙级和甲级。

二、地方层面的相关政策

随着民宿的发展，对民宿品质、服务以及经营管理提出了新的要求，各地也针对所在地区民宿发展特点推出了相关的发展政策。各地有关部门相继出台了管理办法、政策法规和指导意见，让民宿业的发展有"据"可依。

2019年7月28日，全国乡村旅游（民宿）工作现场会在四川成都战旗村召开。会议明确，乡村民宿是促进乡村旅游转型升级的有力抓手，是丰富旅游产品供给的重要领域，要始终把握乡村民宿发展的正确方向，坚持文化引领、乡村特色；坚持绿色发展、保护优先；坚持农民主体、大众消费；坚持统筹兼顾、协调推进，一手抓发展、一手抓规范，聚焦环境、聚焦标准、聚焦市场。

2019年9月1日，广东省政府正式施行《广东省民宿管理暂行办法》。该《办法》以省级层面出台规章性文件的形式，全面系统地对民宿的开办条件与程序、经营规范、监督管理及法律责任等作出明确规定，在全国尚属首创。在许多业者看来，此次《办法》的出台，推动了广东民宿从"灰色地带"到"阳光地带"的规范管理升级。从无明确部门管理到统筹协调管理机制，从无明确要求到规范要求和程序，从无明确的规范到明确经营制度和监管体系，实现了"三无"到"三有"的转变。此外，此次出台的《办法》一大特色就是因地制宜，契合实际。《办法》遵循了"政策引导、属地统筹、部门监管、行业自律"的原则，充分尊重广东民情。

济南市2019年公布了《济南市民宿管理办法配套标准（条件）》，包括《济南市民宿特种行业行政许可条件》《济南市民宿公共场所卫生行政许可条件》《济南市民宿业消防安全检查标准》《济南市民宿食品安全条件》。这一系列文件中，"推进'放管服'改革，适当放宽民宿市场准入""简化民宿申办手续，建立民宿申报联审机制"等措施直击痛点，打破行业发展瓶颈，释放政策红利。

2019年4月，海南省住建厅印发了《海南省乡村民宿发展规划（2018—2030）》，从发展定位、空间布局、产品规划、政策扶持等方面全面制定发展规划。《规划》强调，要以政策扶持发展乡村民宿，在用房用地、建设资金、人才建设、审批监管上都有相应的措施。

为了让民宿客人更有安全感，无锡把民宿纳入治安"特种行业"管理范畴。2019年9月，无锡加强对民宿监管的工作在无锡滨湖区太湖国家旅游度假区率先开展。无锡市公安局在该地开展民宿业治安管理试点工作，制定并下发了《关于在无锡太湖国家旅游度假区开展民宿业治安管理试点工作的指导意见》，对民宿的治安安全条件、消防安全条件等各项工作进行了详细规范。

（一）北京市民宿发展的相关政策

2019年12月，北京市文化和旅游局、市农业农村局、市公安局、市规划自然资源委、市住房城乡建设委、市卫生健康委、市市场监督管理局、市消防救援总队等单位联合印发《关于促进乡村民宿发展的指导意见》，北京市文化和旅游局还会同市发展改革委、市规划自然资源委制定并印发了《京郊精品酒店建设试点工作推进方案》。

《指导意见》提出，到2022年，实现北京市乡村民宿从规模到质量全面提升，力争在全市推出一批乡村精品民宿，打造一批乡村民宿特色乡镇，提升全市乡村民宿接待能力和服务水平。

《指导意见》突出"规划引领、有序发展，生态优先、绿色发展，业态融合、品质发展，政府引导、市场主导，共建共享、以农为本"的基本原则，对制约乡村民宿发展的住宿经营合法性问题、审批监管问题等进行了重点研究。明确了乡村民宿准入条件，包括经营主体、经营用房、生态环境、公共安全、从业人员、规范经营等方面。同时，优化审批流程，强化事中事后监管，加强政策支持引导，为北京市乡村民宿持续健康发展提供政策保障。

《推进方案》提出，到2022年，在门头沟、房山、昌平、平谷、怀柔、密云、延庆等旅游重点区分别建设完成1至2个精品酒店试点项目；力争到2025年，在京郊打造一批布局合理、类型多样、主题鲜明、特色突出的精品酒店，为在京游客提供高品质休闲旅游服务。

《推进方案》突出"生态优先、规划统领、集约用地、内涵发展、惠农富农"的基本原则，提出了既有酒店提升、老旧设施改造、土地入股联营、土地试点入市等开发模式，明确了加快项目选址、确定试点规模，组织投资推介、引入社会资本，完善相关手续、依法合规建设，引入品牌运营、提升服务品质，总结试点经验、发挥示范效应等主要工作。

（二）浙江省民宿发展的相关政策

民宿作为新兴旅游业态，已成为浙江省乡村兴旺、农民增收的重要增长极。随着乡村振兴战略的不断深化，乡村民宿在带动农民增收致富上将发挥越来越重要的作用。

2016年，浙江省人民政府办公厅出台《关于确定民宿范围和条件的指导意见》。该指导意见出台时间早，内容全面，对全国各地民宿发展具有借鉴意义。

指导意见所指的民宿（含提供住宿的农家乐，下同），是利用城乡居民自有住宅、集体用房或其他配套用房，结合当地人文、自然景观、生态、环境资源及农林牧渔生产活动，为旅游者休闲度假、体验当地风俗文化提供住宿、餐饮等服务的处所。民宿的经营规模，单栋房屋客房数不超过15间，建筑层数不超过4层，且总建筑面积不超过800平方米。各地可结合当地实际，适当放宽民宿规模界定标准，但应相应提高消防安全技术要求，并报省政府备案。

《意见》同时就民宿的建筑设施、消防安全、经营管理三个方面列出了具体条件。在建筑设施条件的设置上，尤其强调了新建、改建的建筑物在取得规划许可证、符合有关工程建设强制性标准、不得破坏建筑主体和承重结构等方面的要求；在消防安全条件的设置上，根据不同的建筑层数和不同的楼层建筑面积，从主体建筑的耐火等级、灭火器的数量、疏散楼梯的设置和逃生设施配备等方面，做了不同的要求；在经营管理条件上，强调了民宿必须安装旅客住宿登记信息系统、落实旅客住宿登记制度，以及卫生设施、餐饮服务和环境保护等相关方面的要求。对具备条件的民宿，公安、卫生计生、市场监督管理、食品药品监督管理等有关部门将发放相关的经营许可或准予申报登记。

《意见》旨在落实《中华人民共和国旅游法》（2018年修订）和《浙江省旅游条例》（2017年修正）的相关规定，为民宿申请公安及其消防机构、卫生计生、食品药品监督等有关部门的经营许可或申报登记提供政策依据，为浙江省民宿产业有序、健康和可持续发展提供制度保障。

为继续推动浙江民宿高质量发展，始终走在全国前列，浙江2019年制定印发《浙江省乡村民宿提质富民三年行动计划（2020—2022）》。行动计划提出民宿发展目标：坚持以民为本，以乡村民宿提质富民为目标，全面提升浙江民宿的服务品质和文化素质，全面提升民宿产业的发展质量和水平，引导产业健康有序发展。推动乡村民宿成为促进农村经济发展、农业结构调整、农民增收致富的重要力量，成为建设美丽乡村的重要载体，让农民有实实在在的获得感、安全感和幸福感，使浙江成为中国民宿旅游目的地、中国民宿发展样板地。到2022年底全省累计创建等级民宿1200家、民宿集聚区50个、文化主题民宿200家（其中非遗主题民宿不少于100家）。

> **延伸阅读**

浙江省乡村民宿提质富民三年行动计划（2020—2022）

民宿作为新兴旅游业态，已成为我省乡村兴旺、农民增收的重要增长极和文旅系统落实乡村振兴战略的重要抓手之一。随着乡村振兴战略的不断深化，乡村民宿在带动农民增收致富上将发挥越来越重要的作用。为继续推动浙江民宿高质量发展，始终走在全国前列，打造"诗画浙江"金名片，特制定三年行动计划。

一、指导思想

以党的十九大报告中提出的乡村振兴战略为指导，全面贯彻落实《中共中央国务院关于实施乡村振兴战略的意见》（中发〔2018〕1号）、《中共中央国务院关于坚持农业农村优先发展做好"三农"工作的若干意见》（中发〔2019〕1号）、《中共浙江省委浙江省人民政府全面实施乡村振兴战略高水平推进农业农村现代化行动计划（2018—2022年）》和浙江省委第十四届三次全会精神，牢固树立创新、协调、绿色、开放、共享发展理念，聚焦文化和旅游融合高质量发展，民宿发展围绕全国文化高地、中国最佳旅游目的地、全国文化和旅游融合发展样板地建设目标，以"民宿姓民、民宿有主、民宿要融、民宿重情"为导向，重点引导当地群众发展民宿，全面提升民宿标准化、品牌化、产业化、品质化水平，提升民宿文化韵味，使浙江民宿始终走在前列、引领全国，为全国民宿发展提供浙江样板。

二、发展目标

坚持以民为本，以乡村民宿提质富民为目标，全面提升浙江民宿的服务品质和文化素质，全面提升民宿产业的发展质量和水平，引导产业健康有序发展。推动乡村民宿成为促进农村经济发展、农业结构调整、农民增收致富的重要力量，成为建设美丽乡村的重要载体，让农民有实实在在的获得感、安全感和幸福感，使浙江成为中国民宿旅游目的地、中国民宿发展样板地。到2022年底全省累计创建等级民宿1200家、民宿集聚区50个、文化主题民宿200家（其中非遗主题民宿不少于100家）。

三、基本原则

（1）坚持以民为本。根据资源环境禀赋和产业基础，因地制宜、科学制定路线图、时间表和任务书，集中力量培育具有当地文化特色的产品和区域品牌，坚持以"原居民、原住房、原生产、原生态、原生活"为民宿发展主体，让农民充分享受民宿发展成果。

（2）倡导绿色环保。坚持生态优先、绿色发展理念，将生态环保意识贯穿全程，坚守生态红线不动摇，通过民宿运营倡导绿色、环保、低碳生活方式，探索建立垃圾积分兑换、旧物回收利用、水资源循环利用等可持续发展机制体制。

（3）弘扬地方文化。以民宿为载体，保护优先，传承发展地方文化，加强文创产品宣传、开发力度，使民宿主人成为地方文化的传承者和弘扬者。科学、合法、合理利用各级文保单位开展旅游开发，探索利用县级文保单位发展文化主题民宿。

（4）加强资源整合。坚持"一盘棋"理念，整合全域旅游、乡村旅游、村落景区、四条诗路、万千百工程等工作成果，加强文旅融合，形成"资源共享、设施共用、平台互通、渠道共建、成果共享"的发展格局。

（5）实现共生共赢。城乡互动，主客共享，民宿主人和当地居民形成良好的邻里关系，实现城乡互动，协同发展，民宿经营活动促进地方经济、社会、文化的发展。

四、工作任务

（1）构建一个标准体系。通过标准全面提升民宿发展的基础管理水平。完成国家标准《旅游民宿设施与服务规范》报批稿，并争取尽快发布实施。开展文化主题民宿、非遗文化主题民宿等民宿新业态标准研究，出台一个文化主题（非遗）民宿地方标准，将在地文化注入民宿，使民宿拥有灵魂；通过民宿对在地文化进行包装和升华，推动乡村旅游多元住宿发展。

（2）培育一批示范样板。充分发挥等级民宿的示范引领作用，持续推出一批等级民宿，择优选拔一批民宿带动乡村发展的集聚区，进行全面提升，通过分类指导、加强统计监测等方式科学测算民宿产业对村集体增收、农民致富方面的带动作用，建成民宿带动乡村振兴集聚区（重点村）50个。

（3）实施一组推广工程。结合"诗画浙江"品牌打造，有重点、有计划、有步骤地开展宣传推广，策划5条浙江省考察精品线路（涵盖民宿集聚区、等级民宿、文化主题民宿）。通过网络、活动、高德地图、平台合作等方式多渠道推广浙江民宿。编著1本浙江特色民宿案例，总结提炼近年来浙江民宿发展典型案例，为投资创业提供借鉴，为农民致富提供示范，以期共同推进民宿产业的繁荣兴盛。编制浙江民宿年度蓝皮书，用翔实的数据反映浙江民宿发展现状，用数据说话用事实证明，解剖发展中的问题，分析浙江民宿发展阶段性情况，更好地为政府决策提供参谋，为行业指导提供遵循。

（4）引导一批乡村业态。通过民宿发展提升乡村综合管理水平，引导关联产业、新兴业态进入乡村，开发乡村音乐会、乡村书店、乡村工坊、自然课堂等文旅融合乡村旅游产品。举办一次民宿伴手礼大赛，满足多元旅游市场需求。把民宿由单一的住宿点培育为一条线、一个平台，如住宿+餐饮+景点+路线+体验活动+旅拍+租车+手工制品等，结合当地特色，整合农业体验、牧业体验、民间工艺体验、自然体验、民俗体验、运动体验活动等，满足客人更高层次的需求。引导民宿集聚区和民宿开发研学旅游产品和社会实践等活动。

（5）培育一批文化主题民宿。突现民宿的文化内涵和地域风情，培育一批地方文化主题民宿，到2022年评定省级文化主题民宿200家（其中非遗主题民宿不少于100家）。注重将民俗文化、耕读文化、名人故居、唐诗宋词歌咏地、非物质文化遗产等融入民宿产品中去。将特色文化内涵和地域元素融入民宿建设运营的全过程、旅游消费各环节和旅游活动各方面。通过民宿伴手礼大赛等活动，实现一宿一品、一宿一景、一宿一韵，让民宿成为传播和体验文化的重要途径。

（6）形成一批民宿区域品牌。引导各市、县和重点集聚区差异化发展，鼓励塑造各具特色的区域品牌，形成10个民宿区域品牌。通过《民宿基本要求与评价》地方标准宣贯实施和民宿"服务品质"认证试点探索等方式，提升浙江民宿服务品质。通过分类指导、文化渗透、多业融合等方式优化浙江民宿的品类结构。通过浙江民宿特质内涵的梳理、提高品牌辨识度。评出一批带动力强的民宿致富带头人，带动当地就业、吸引原住民回归、提升产业发展、打响"此心安处是吾乡"浙江民宿品牌。

五、保障措施

（1）党政重视。将旅游民宿提质富民工作作为乡村振兴的重要抓手列入当地党委、政府重点工作，纳入政府年度工作计划和相关考核体系。由相关部门，行业协会和游客共同参与建立民宿发展评价考核机制。

（2）政策保障。探索创新乡村旅游用地、盘活农村闲置资源、出台金融扶持、设立专项发展资金、简化审批流程等民宿扶持政策。探索回购、租赁、置换等用地政策，盘活农村闲置资源（废弃学校、政府办公楼、粮油站、水管站、废弃农房等）；鼓励各地设立民宿发展专项资金，用于引导奖励、人才培养、品牌培育等；出台激励措施，吸引返乡青年、乡贤、企业家参与民宿发展；鼓励各地编制民宿发展专项规划，并建立民宿提质富民部门联席推进机制，将民宿提质富民工作作为乡村振兴和全域旅游发展的重要抓手。

（3）部门合力。加强与公安、自然资源、农业农村、市场监督管理等部门的合作，加强对民宿日常管理，在土地审批、证照办理、经营管理等方面提供技术支持和政策保障。鼓励各地采用政府购买服务等方式，组织本地从业人员就近就地参加乡村旅游食宿服务、管理运营、市场营销等技能培训。落实与省妇联持续推进《助力乡村旅游促进巾帼创业三年行动计划（2018—2020年）》，全面开展巾帼示范民宿（农家乐）、最美民宿女主人寻找推荐活动，协助成立民宿女主人联盟，举办民间美食厨娘秀等活动。借助大专院校、科研机构智力资源，组建民宿发展智囊团，强化民宿发展的技术支撑，形成推动民宿协调、规范、健康发展的强劲合力。

（4）创新引导。强化村集体的统筹协调作用，探索实行股份公司、专业合作社等新型运营管理模式，培育农民专业合作社等新型经营主体。鼓励村民、村集体、投资者等各方建立紧密型利益联结机制，明确各方在投资、建设和运营等方面的权利义务。推动年轻人回乡与民宿发展相结合，鼓励和引导大学生返乡创业。引导乡村民宿投资者、经营者和村集体共同组成地区性行业协会、联合会等，发挥协会作用，加强行业自律。

（5）强化服务。乡村民宿是实现乡村振兴战略的重要途径，是全域旅游发展的重要内容。各地文旅主管部门要高度重视乡村民宿发展工作，强化服务意识，积极营造民宿健康发展的环境，落实省委"最多跑一次"的工作要求，简化民宿审批流程，加大民宿宣传推广力度，组织相关人员培训，全面指导本地区民宿产业发展，力争使乡村民宿在乡村振兴中发挥更大作用。

资料来源：浙江省文化和旅游厅网站（http://ct.zj.gov.cn/art/2020/1/31/art_1652999_42399949.html）

第二节　民宿行业标准

2019年7月3日，文化和旅游部发布并实施了《旅游民宿基本要求与评价》（LB/T 065—2019）行业标准，代替《旅游民宿基本要求与评价》（LB/T065—2017）。2021年2月25日，旅游行业标准《旅游民宿基本要求与评价》（LB/T 065—2019）第1号修改单经文化和旅游部批准，自发布之日起实施。新标准更加体现发展新理念，体现文旅融合，同时加强了对卫生、安全、消防等方面的要求，健全了退出机制，起到了积极规范和引导旅游民宿行业发展的作用。

标准将旅游民宿等级由金宿、银宿两个等级修改为丙级、乙级、甲级三个等级（由低到高）并明确了划分条件。据了解，这三个级别形成了阶梯形的递进关系。对于丙级旅游民宿要求卫生、安全、基本舒适，乙级旅游民宿在丙级的基础上对卫生、安全、文化特色提出了更高的要求，甲级旅游民宿则在乙级的基础上对文化特色、民宿赋能、带动示范方面又提出了更高的要求。

一、术语和定义

（一）旅游民宿 homestay inn

利用当地民居等相关闲置资源，经营用客房不超过4层、建筑面积不超过800平方米，主人参与接待为游客提供体验当地自然、文化与生产生活方式的小型住宿设施。

注：根据所处地域的不同可分为城镇民宿和乡村民宿。

（二）民宿主人 owner；investor

民宿业主或经营管理者。

二、等级和标志

（1）旅游民宿等级分为三个级别，由低到高分别为丙级、乙级和甲级。

（2）星级旅游民宿标志由民居图案与相应文字构成。

（3）旅游民宿等级的标牌、证书由等级评定机构统一制作。

三、基本要求

（一）规范经营

（1）应符合治安、消防、卫生、环境保护、安全等有关规定与要求，取得当地政府要求的相关证照。

（2）经营场地应符合本市县国土空间总体规划（包括现行城镇总体规划、土地利用总体规划）、所在地民宿发展有关规划。

（3）服务项目应通过文字、图形方式公示，并标明营业时间，收费项目应明码标价。

（4）经营者应定期向文化和旅游行政部门报送统计调查数据，及时向相关部门上报突发事件等信息。

（二）安全卫生

（1）经营场地无地质灾害和其他影响公共安全的隐患。

（2）易发生危险的区域和设施应设置安全警示标志，安全警示标志应清晰、醒目；易燃、易爆物品的储存和管理应采取必要的防护措施，符合相关法律法规。

（3）应配备必要的防盗、应急、逃生安全设施，确保游客和从业人员人身和财产安全。

（4）应建立各类相关安全管理制度和突发事件应急预案，落实安全责任，定期演练。

（5）食品来源、加工、销售应符合相关食品安全国家标准要求。

（6）从业人员应按照要求持健康证上岗。

（三）生态环保

（1）生活用水（包括自备水源和二次供水）应符合 GB 5719 要求。

（2）室内外装修与用材应符合环保规定，达到 GB 50222 的要求。

（3）建设、运营应因地制宜，采取节能减排措施，污水统一截污纳管或自行有效处理达标排放。

（四）其他

（1）旅游民宿开业一年后可自愿申报星级评定，近一年应未发生相关违法违规事件，同一地点、同一投资经营主体只能以一个整体申报。

（2）经评定合格可使用星级标志，有效期为三年，三年期满后应进行复核。

（3）旅游民宿评定实行退出机制，经营过程中出现以下情况的将取消星级：

①发生相关违法违规事件；

②出现卫生、消防、安全等责任事故；

③发生重大有效投诉；

④发生私自设置摄像头侵犯游客隐私等造成社会恶劣影响的其他事件；

⑤日常运营管理达不到或不符合相应星级标准要求。

取消星级后满三年，可重新申请星级评定。

四、等级划分条件

(一) 丙级

1. 环境和建筑

（1）周边环境应整洁干净。

（2）建筑外观应与周边环境相协调。

2. 设施和设备

（1）客房应配备必要的家具。

（2）客房应有舒适的床垫和床上棉织品（被套、被芯、床单、枕芯、枕套等）及毛巾。

（3）客房应有水壶、茶杯。

（4）客房应有充足的照明，有窗帘。

（5）应有方便使用的卫生间，提供冷、热水。照明和排风应效果良好，排水通畅，有防滑防溅措施。

（6）各区域应有方便使用的开关和电源插座。

（7）厨房应有消毒设施，有效使用。

（8）厨房应有冷冻、冷藏设施，生、熟食品及半成食品分柜置放。

（9）应有适应所在地区气候的采暖、制冷设施，各区域通风良好。

3. 服务和接待

（1）各区域应整洁、卫生，相关设施应安全有效。

（2）客房床单、被套、枕套、毛巾等应做到每客必换，并能应游客要求提供相应服务。

（3）拖鞋、杯具等公用物品应一客一消毒。

（4）卫生间应每天清理不少于一次，无异味、无积水、无污渍。

（5）应有有效的防虫、防蛇、防鼠等措施。

（6）民宿主人应参与接待，邻里关系融洽。

（7）接待人员应热情好客，穿着整齐清洁，礼仪礼节得当。

（8）接待人员应能用普通话提供服务。

（9）接待人员应掌握并应用相应的服务技能。

（10）接待人员应保护游客隐私，尊重游客的宗教信仰与风俗习惯，保护游客的合法权益。

（11）夜间应有值班人员或值班电话。

4. 特色和其他

应为所在乡村（社区）人员提供就业或发展机会。

（二）乙级

1. 环境和建筑

（1）周边环境应整洁干净，绿植维护较好，宜有良好的空气质量和地表水质。

（2）周边宜有医院或医疗点。

（3）周边宜有停车场，方便出入。

（4）周边宜有地方特色餐饮。

（5）周边宜有地方生产生活方式活动体验点。

（6）建筑外观应与周边环境相协调，宜体现当地特色。

2. 设施和设备

（1）客房应配备必要的家具，摆放合理、方便使用、舒适美观。

（2）客房应有舒适的床垫和柔软舒适的床上棉织品（被套、被芯、床单、枕芯、枕套及床衬垫等）及毛巾。

（3）客房应有水壶、茶杯和饮用水。

（4）客房应有充足的照明，有窗帘，隔音效果较好。

（5）应有方便使用的卫生间，24小时供应冷水，定时供应热水。照明和排风应效果良好，排水通畅，有防滑防溅措施。客房卫生间盥洗、洗浴、厕位宜布局合理。

（6）各区域应有满足游客需求、方便使用的开关和电源插座。

（7）宜有满足游客需求、方便使用的餐饮区。

（8）厨房应有消毒设施，有效使用。

（9）厨房应有与接待规模相匹配的冷冻、冷藏设施，生、熟食品及半成食品分柜置放。

（10）应有清洗、消毒场所，位置合理，整洁卫生，方便使用。

（11）应有布局合理、方便使用的公共卫生间。

（12）应有适应所在地区气候的采暖、制冷设施，效果较好，各区域通风良好。

（13）宜有与接待规模相匹配的公共区域，配置必要的休闲设施。

（14）室内外装修宜体现文化特色。

3. 服务和接待

（1）各区域应整洁、卫生，相关设施应安全有效。

（2）客房床单、被套、枕套、毛巾等应做到每客必换，并能应游客要求提供相应服务。

（3）拖鞋、杯具等公用物品应一客一消毒。

（4）卫生间应每天清理不少于一次，无异味、无积水、无污渍。

（5）具备有效的防虫、防蛇、防鼠等措施。

（6）应提供或推荐多种特色餐饮产品。

（7）接待人员应热情好客，穿着整齐清洁，礼仪礼节得当。

（8）接待人员应熟悉当地文化旅游资源和特色产品，用普通话提供服务。

（9）接待人员应掌握并熟练应用相应的服务技能。

（10）接待人员应满足游客合理需求，提供相应服务。

（11）接待人员应保护游客隐私，尊重游客的宗教信仰与风俗习惯，保护游客的合法权益。

（12）夜间应有值班人员或值班电话。

4. 特色和其他

（1）宜建立有关规章制度，定期开展员工培训。

（2）宜建立水电气管理制度，有设施设备维保记录。

（3）宜提供线上预订、支付服务，利用互联网技术宣传、营销。

（4）宜购买公众责任险以及相关保险。

（5）应为所在乡村（社区）人员提供就业或发展机会。

（三）甲级

1. 环境和建筑

（1）周边环境应整洁干净、环境优美，宜有良好的空气质量和地表水质。

（2）周边宜有医院或医疗点。

（3）宜设有民宿导向系统，标志牌位置合理、易于识别。

（4）周边宜有停车场，方便出入。

（5）周边宜有较多地方特色餐饮。

（6）周边宜有地方非遗、风俗、生产生活方式等活动体验点。

（7）建筑外观应与周边环境相协调，宜就地取材，突出当地特色。

2. 设施和设备

（1）客房、餐厅、公共活动等区域应布局合理。

（2）客房应配备必要的家具，品质优良，摆放合理、方便使用、舒适美观。

（3）客房应有品质优良的床垫和床上棉织品（被套、被芯、床单、枕芯、枕套及床衬垫等）及毛巾。

（4）客房应有水壶、茶具和饮用水，品质优良。

（5）客房应有充足的照明，有窗帘，遮光和隔音效果较好。

（6）客房应有方便舒适的独立卫生间，24小时供应冷、热水，客用品品质优良。照明和通风应效果良好，排水通畅，有防滑防溅措施。盥洗、洗浴、厕位布局合理。

（7）餐厅宜氛围浓郁、方便舒适，满足游客需求。

（8）各区域应有满足游客需求、方便使用的开关和电源插座。

（9）应有专门的布草存放场所，位置合理，整洁卫生。

（10）宜提供方便游客使用的消毒设施。

（11）厨房应有消毒设施，有效使用。

（12）厨房应有与接待规模相匹配的冷冻、冷藏设施，生、熟食品及半成食品分柜置放。

（13）应有清洗、消毒场所，位置合理，整洁卫生，方便使用。

（14）应有布局合理、整洁卫生、方便使用的公共卫生间。

（15）应有适应所在地区气候的采暖、制冷设施，效果较好，各区域通风良好，宜采用节能降噪产品。

（16）应有主题突出、氛围浓郁、与接待规模相匹配的公共活动区域，配置必要的休闲设施。

（17）室内外装修应材质优良，宜体现地方文化特色，有主题。

（18）宜提供方便有效的音响、充电、调控等智能化设施。

3. 服务和接待

（1）各区域应整洁、卫生，相关设施应安全有效。

（2）客房床单、被套、枕套、毛巾等应做到每客必换，并能应游客要求提供相应服务。

（3）拖鞋、杯具等公用物品应一客一消毒。

（4）卫生间应每天清理不少于一次，无异味、无积水、无污渍。

（5）应有有效的防虫、防蛇、防鼠等措施。

（6）应提供或推荐多种特色餐饮产品。

（7）接待人员应热情好客，穿着整齐清洁，礼仪礼节得当。

（8）接待人员应熟悉当地文化旅游资源和特色产品，用普通话提供服务。

（9）接待人员应掌握并熟练应用相应的服务技能。

（10）接待人员应满足游客合理需求，提供相应服务。

（11）接待人员应保护游客隐私，尊重游客的宗教信仰与风俗习惯，保护游客的合法权益。

（12）夜间应有值班人员或值班电话。

（13）宜提供接送服务，方便游客抵达和离开。

4. 特色和其他

（1）民宿主人宜有亲和力，游客评价高。

（2）应提供不同类型的特色客房。

（3）宜建立健全有关规章制度，定期开展员工培训，效果良好。

（4）宜建立食品留样制度。

（5）宜建立设施设备维护保养、烟道清洗、水箱清洗等管理制度，定期维保、有效运行。

（6）宜建立健全水电气管理制度，有台账记录。

（7）宜提供线上预订、支付服务，利用互联网技术宣传、营销，效果良好。

（8）宜购买公众责任险以及相关保险，方便理赔。

（9）应有倡导绿色消费、保护生态环境的措施。

（10）应为所在乡村（社区）人员提供就业或发展机会，参与地方或社区公益事业活动。

（11）宜参与地方优秀文化传承、保护和推广活动，定期为游客组织相关活动，有引导游客体验地方文化活动的措施。

（12）宜利用地方资源开发旅游商品和文创产品，与当地居民或村民有良好互动。

本章小结

随着民宿在全国如火如荼地发展，各种政策和行业标准的出台，为解决民宿行业的诸多问题提供了政策支撑。制定更为严格和规范的民宿标准和民宿发展政策，是适应快速发展的民宿行业对游客权益保障和品质保障的需求。规范化、标准化是我国民宿行业发展的必由之路，政策和标准对于民宿行业的长期健康发展有着积极的指导和促进作用。

思考与练习

1.《旅游民宿基本要求与评价》（LB/T 065—2019）行业标准中对于民宿如何定义？

2.《旅游民宿基本要求与评价》（LB/T 065—2019）行业标准中对于民宿等级是怎样划分的？

3.《旅游民宿基本要求与评价》（LB/T 065—2019）行业标准中不同等级民宿的具体要求是什么？

第三章　民宿筹备工作

案例导学

居民小区开办民宿需申报　成都出台民宿业健康发展指导意见

日前，成都市人民政府办公厅印发《关于促进民宿业健康发展的指导意见》指出，通过三年时间，打造一批适应市场需求的差异化、个性化民宿体验产品，培育一批特色鲜明、拥有较强市场影响力的本土民宿品牌，促进乡村振兴、创业就业和富民增收，使其成为城乡经济发展的新亮点和增长点，形成具有鲜明地域特色、服务温馨优质和领先全国的民宿业。

《指导意见》指出，成都将制定民宿业发展规范标准。加快研究制定民宿建设管理服务规范（标准），开展好质量评定工作。民宿选址不得违反土地利用、环境保护、建筑安全、地质灾害防治等规定。民宿开办应符合治安、卫生、供排水和污水处理、信息安全等相关规范标准和开办区域管理规约（公约）；应在消防部门指导下，完善消防安全技术措施，达到有关标准和技术规范；实行指导服务制度。

同时，加强民宿分类指导。结合实施乡村振兴，积极引导乡村民宿结合资源禀赋和产业特色，避免低水平重复建设，逐步形成布局合理、规模适度、特色鲜明的乡村民宿发展格局，为市民和游客提供回归自然、愉悦身心，以及望得见田园绿野、看得见山水美景的品质体验。规范有序发展城市民宿业，倡导共享利用、集约发展灵活创新的先进理念，适应消费需求和消费意愿，坚持底线思维，增强安全意识，探索发展以内涵提升、空间活化、多元休闲、体验天府人文景观和生活美学为主的城市民宿新业态新模式，促进共享经济发展。

落实民宿规范管理责任方面，《指导意见》指出，各区（市）县政府（含成都天府新区、成都高新区管委会）要落实属地监管责任，加快建设民宿监管平台，促进民宿依法合规有序经营。街道（乡镇）要加强属地管理，具体负责本辖区民宿开办登记服务。街道人民调解委员会可酌情设立服务窗口，及时受理并调解本辖区城市民宿矛盾纠纷，涉及的相关部门应参与协同处理。居民（村民）委员会在街道（乡镇）的指导下，对民宿开办、经营、退出等社区公共事务开展自治管理。居民小区开办民宿，应向业主委员会、物业管理公司（机构）申报，并在业主委员会协调下，与相关利害关系业主形成相关公约。民宿公司（共享住宿平台）、房东和房客应自觉维护社区环境，履行相关责任义务，推动社区服务安全与和谐。

资料来源：四川新闻网（http://scnews.newssc.org/system/20190326/000953354.html）

第一节　民宿调研

民宿作为一种新兴的旅游休闲形式，是一种回归自然、放松身心、愉悦精神的休闲旅游方式。作为非标住宿的一种，民宿在一定程度上满足了普通酒店无法满足的住客的需求。随着住宿业市场细分越来越明显，民宿正在成为住宿业的重要组成部分和新生力量。中国地域辽阔，各地自然环境、人文历史、经济发展水平千差万别，各地区的消费水平和消费偏好也各不相同。因此，在开办民宿之前进行相关市场调研具有重要意义。

民宿的前期调研对民宿的经营起着至关重要的作用。在选址之前，必须对民宿进行整体全面调研，合理规划，做好充分的前期准备。

一、调研民宿行业发展现状和发展趋势

1. 了解民宿行业宏观发展现状与趋势

开办民宿前，要了解我国民宿市场的整体规模、营业收入，民宿发展的痛点，民宿消费者群体的年龄结构、收入情况、旅游频率、消费偏好等情况。掌握这些信息，有助于在民宿选址前能够聚焦目标消费市场，扬长避短，作出准确判断。

2. 了解拟开设民宿的区域内现有的民宿设施，以及竞争对手民宿的经营特色与状况

要详细评估该区域的客流量、顾客层次，区域内配套的餐饮设施、规模特色、营业时间、消费单价、营业额和菜单内容等，以便为民宿选址提供可行性分析的基础和依据。

二、调研明确民宿的性质和定位

开办民宿要对民宿的性质和主题进行拟定。如前期要根据市场调查和基地选择结果拟定民宿接待住客的层次、民宿管理水平及民宿的特色等，来确定民宿的性质，民宿

等级、民宿规模与民宿结构。要对民宿同行、客人和资源进行调查，了解周边有多少家民宿，软硬件如何，基本价格区间是多少，基本入住率等。主要从以下三个方面进行考虑。

（一）明确民宿面向的客户

明确民宿所面向的客人群体，以及客人身边可以传播和接触到的人群。例如，民宿是面向城市休闲消费群体，或者是"90后"文艺青年消费群体还是银发族，这决定了民宿的定位和选址方向。

（二）明确民宿面向客户群体的消费需求

民宿的客人一般需求是旅游和休闲，但是不同细分市场的客人消费需求各不相同。因此，明确用户需求是民宿选址和产品设计的重要前提。一般而言，明确客户需求应包括以下三个步骤。

第一，锁定目标群体。确定民宿要接待的主力人群是听歌看书的年轻人，是喜好喝茶看景的中年人，还是消磨时光的老年人。要根据某一类群体的选择作出具体的安排，避免"老少咸宜"。

第二，为目标群体进行"画像"，即给其打上属性标签。例如，喜欢喝茶看景的中年人特征包括：事业有成、思想传统、经济基础较好等，还可以按照年龄、性别、习惯进行进一步细分。

第三，分析目标群体的行为模式和"触点"感受。对目标群体的消费习惯进行收集、对比，分析该类用户行为背后的动因，为日后选址提供依据。例如，年轻群体喜欢挑战自我，针对这类细分市场，民宿在选址时可考虑周边是否有户外拓展的资源。

（三）分析自身的优势

结合对民宿宏观、中观角度的消费市场的分析，努力挖掘自身的优势，明确民宿的定位。例如，有些民宿主深谙茶艺，可以在民宿定位时多倾向于融合传统文化的体验；有些民宿主喜欢音乐，可以面向文艺青年群体开设民宿等。总之，能够最大化地结合自身的喜好和优势，进行优质资源的有效整合是保证民宿可持续发展的最佳路径。

三、调研了解民宿建立的政策

民宿属于新兴的旅游住宿方式，很多地方政策法规并不明朗，不同地区的政府也有着不同的态度，这就决定了所需办理证件的难易程度。民宿选定地址之前必须要和当地的行政单位进行沟通，确保各级行政机构和当地居民的支持。民宿建立的政策主要包括资质政策和环保政策。

（一）资质政策

第一，宅基地政策。很多风景秀丽的村落的民宿都是租赁当地村民的宅基地改建的，但宅基地的相关文件和法律并没有表明可以将地或房屋用于经营，而且宅基地重新营建的建筑是不被国家承认的。

第二，经营资质政策。住宿产品的几大资质包括工商的营业执照、消防的开业许可、公安的特种行业许可和外宾接待许可、卫生许可、食药监的餐饮许可等。国内一线城市对于这些资质的办理要求标准基本相同，而一些郊区和偏远地区政策各有不一，所以很多民宿并不具备办理资质的相应条件。

（二）环保政策

环保政策是指做民宿要提前了解政府对排污设备系统的政策要求和标准以及未来的规划，否则被官方部门勒令停业，或拆除违章建筑会让民宿投资者付出惨痛代价。尤其是有一些民宿选址在景区，开在景区固然有很大优势，但景区的未来规划和治理是单体民宿难以抗衡的。因此，在民宿开办前要综合权衡。

第二节　民宿选址

好的选址是成功的一半，选址不理想，后期其他方面做得再成熟也会事倍功半。从我国民宿蓬勃发展的几个地区来看，每个地区民宿发展的起源和特征各有不同，成熟的民宿及民宿聚集区无不具备极佳的选址条件。不同的民宿选址决定了不同的民宿发展方向和路径。

一、民宿选址的重要意义

选址是决定民宿经营成败的第一要素，位置的选择将显著影响实际运营的效益和成本，最终决定民宿是否能够经营下去。选址是制定经营目标和经营战略的重要依据。民宿在制定经营目标和经营战略时，需要考虑很多因素，其中包括对选址进行研究，从而为民宿制定经营目标提供依据，并在此基础上按照顾客构成及需求特点，确定促销战略。

（1）好的民宿选址可以给客人带来独特的体验。开民宿不仅仅靠情怀，更要为客人提供独特的体验，这种独特性大多来自消费者因为空间的转换而获得的不同感受，如城市居民来乡村消费，东部居民在云南、西藏等西部地区感受到的文化差异等。

（2）独特的民宿选址可以体现民宿产品的差异性。民宿产品不仅仅是一张床、一间屋，更多的是环境。民宿产品的差异性主要体现在周边环境的不同。徽州的民宿发展是基于当地特色的古宅，川藏线的民宿则起源于骑行者的栖息地。

（3）好的民宿选址可以大大降低民宿的初期投入和将来的运营成本。在民宿业有一句话叫"如果选址选好了，躺着也能赚钱；如果选址选不好，绞尽脑汁也得亏钱"。例如，2016年融资就已经超过1亿元的诗莉莉选址均是洱海、丽江、漓江等国内稀缺的景观资源所在地。

二、民宿选址的影响因素

（一）区位

按照对应的区位和市场，民宿可以划分为不同类型。不同类型民宿选址特点不同，重点介绍城市依托型、景区依托型和乡村体验型民宿的选址（见表3-1）。

1. 城市依托型民宿的区位选择

城市依托型民宿，首先出现在一线城市或城市群近郊，主要市场群体一部分是来该城市旅游，又想获得当地生活体验，不愿意选择千篇一律的城市酒店的消费群体；另一部分是期望到城市近郊休闲放松的旅游消费群体，这部分消费者往往没有明确的目的，仅仅是想远离快节奏的城市生活，获得身心的放松。目前，我国一线城市集聚了大量城市依托型民宿，其以深度融入当地居民生活场景、具有竞争力的价格优势逐步成为城市旅游休闲度假客人的首选。

2. 景区依托型民宿的区位选择

景区依托型民宿是依托景区景点的吸引力，借助先天的旅游住宿市场发展而成的，其与周边娱乐、餐饮等旅游配套共同形成旅游区的旅游服务体系，其选址与旅游区及周边配套关系密切。例如，我国的洱海周边、丽江古城就集聚了大量的景区依托型民宿，这些地区以独特的地理气候、绝佳的湖景、山景和人文资源吸引了大量观光旅游的消费人群。

3. 乡村体验型民宿的区位选择

乡村体验型民宿是指在一些比较原生态的村庄、林地、山地和田地等地区建设的民宿，主要面向有乡土情结、渴望呼吸乡间新鲜空气和体验乡村慢节奏生活的消费者。这类民宿周围并没有开发成熟的景区，大多依托纯天然的田野环境和自然资源来吸引客人。目前，很多民宿投资者都落户于我国一、二线城郊，新建小院或对原来的农宅进行改造，提供外部环境乡村化，内部装修现代化的舒适住宿产品。

表 3-1　不同民宿类型选址要求

民宿类型	选址要求
城市依托型民宿	一线城市或城市群近郊
景区依托型民宿	著名景点或风景区等自然条件优越地区
乡村体验型民宿	以乡村生活、乡村环境为主要吸引力的乡村
民俗型民宿	地方性传统艺术或特色文化突出的地区
历史文化型	古城、古镇附近

（二）环境

1. 自然环境

自然环境是指民宿所在地的生态。无论是优雅独特的城市民宿，还是安逸舒适的乡村民宿，抑或是景色宜人的景区民宿，环境卫生都是重中之重。民宿在选址时应关注周围的环境是否干净、整洁，附近是否有污染型企业，生活垃圾处理是否有序，是否有乱改乱建现象等，最终要确保民宿内外部环境能够给客人带来舒适的入住体验。

2. 人文环境

民宿相对于传统住宿产品最大的区别就是其所在地的地域风俗文化。因此，民宿的建设应该要依托当地的人文环境，能够让客人体验到最有特色的生活方式。如白色的大理、绿色的莫干山、彩色的九寨沟、豪迈的泰山、优雅的上海……民宿的选址应该能够充分体现当地的风情和民俗风貌，展现民宿的"情怀"。

（三）交通

客人的"综合到达体验"是民宿选址时必须要考虑的前提。无论选址离客人远近，尽量保证客人到达民宿所花费的时间是适度的并且体验轻松。因此，民宿选址要关注交通因素，主要包括以下两个方面。

1. 交通工具

交通是决定民宿客人是否愿意到店的重要因素。民宿的选址要远离喧嚣，整体景色效果都要好，但又不能太过遥远，要选择在公路畅通或者高铁、飞机等通行工具较为方便的地方，确保各种交通工具能够无缝对接。

2. 行程时长

一般来说，民宿选址在交通方面遵循的原则是"三小时原则"。例如，以大城市为中心，民宿距离要控制在 60~200 公里，也就是确保客人能够通过驾车 1~3 小时内能达到。或者当民宿离高铁站或机场很近，那高铁或机+坐车不超过 3 个小时也可以考虑。同时，到达民宿的"最后一公里"也非常重要。例如，有的民宿开在半山腰，那要具备较高的公路交通条件，步行距离应该控制在一定范围之内。如果客人开了半天车到了山脚下，还要再爬几百级台阶才能到达民宿，相信客人一定会"望而却步"。

（四）资源

民宿选址时要考虑的资源主要有两种，包括先天性的自然资源和补充民宿功能的其他业态资源。

1. 自然资源

自然资源是指能够给客人带来美好体验的环境事物。一般来说，民宿选址方圆20公里内，最好有4A级旅游景区或者国家森林公园、旅游保护区。推开窗户能够看到优秀的自然风景一定会给民宿大大加分。在选址时，占有的这类资源越多，资源禀赋也就越强。在项目设计建设中，也要充分利用这些资源使其成为吸引游客的重要载体。

2. 其他配套资源

在旅游产业所需要的食、住、行、游、购、娱六大要素中，民宿仅仅提供"住"以及"食"的功能。实际上，民宿很难把其他要素都囊括其中，难以建立整个旅游服务体系。但客人在消费过程中，如果没有其他可供游玩或娱乐的设施，入住体验将非常单调，缺乏吸引力。因此，餐饮、SPA、有机农场、儿童游乐等业态会给游客体验带来很大的提升。医疗、安保等社会服务类资源可以为旅游消费者提供保障，也可以大大提高民宿的吸引力。民宿需要合理的配套业态补充，同时应充分考虑区域的联动效应，与周边业态形成互动。

（五）设施

民宿所在地的设施配置情况是保证民宿能够正常运营的基本条件，如果民宿所建区域的配套设施不全面，建设成本和运营成本也会增高。在选址时，民宿要关注以下要素：地表水系水质达标，生活饮用水达标，主要道路要平整可通行机动车辆，有稳定的供水、供电及排污系统，具备合理的电容量和基本的通信条件，具备合格的消防安全条件等。尤其在一些距离城镇较远的村落所有基础设施都要在确定选址时做系统的规划。

第三节　民宿开办程序

民宿的开办是个系统工程，包含着若干环节，各个环节之间相互联系，因此可以根据各个环节的逻辑关系分解为若干步骤。

一、市场调研，形成开办意向

开办民宿的市场调研，包括旅游市场的调研、周边农业旅游项目的调研、竞争对手的调研、金融市场的调研、所需项目投资价格的调研、自然与社会的调研和有关政策条规的调研等。通过定量的或定性的、抽样的或全面的调研，在了解真情、实情的基础上，形成开办意向，包括选址意向、项目意向和目标意向。

二、总体策划，形成开办思路

总体策划是在形成开办意向的基础上，形成以开办宗旨、开办目标、开办原则、开办内容、功能设置、市场定位、投资预测、融资谋略、项目分期、基本步骤、经营方略、组织管理等为主要内容的总体方案，具体地完整地表达开办思路，为总体规划提供依据。总体策划实际上是一种战略谋划，是开办民宿的灵魂，起着十分关键的作用。一般应委托有关单位或专家承担，尤其是投资在千万元以上的大中型项目，更要重视抓好总体策划工作。

民宿的总体策划，是在民宿开办前期经市场调研、形成开办意向的基础上进行的，通过策划来修正、完善开办商的开办意向，使开办意向系统化、成熟化，并形成开办的总体策划方案。由于总体策划方案是指导整个开办工作的纲领及决定最终发展的大方向，所以总体策划是开办民宿的战略环节。

三、总体规划，形成开办方案

开办民宿的总体规划是把通过总体策划所形成的开办思路以规划文本和规划图的方式更具体地表达出来。总体规划包括功能规划、项目设置、项目组合、项目布局、管线分布、经济分析、风险防范、实施步骤、经营策略、组织方式、投资流量等内容。如果开办选址的方位是在城市规划的范围之内，总体规划则必须与城市总体规划相接轨。

四、方案论证，形成可行性分析

根据总体策划完成总体规划并形成开办方案后，还必须委托有关评估单位做方案论证，进行可行性分析，以找出开办方案的利弊，为方案的修订、调整和实施提供科学依据。进行可行性分析，只有对市场调研基础和工程要素有充分了解，才能对开办的风险作出准确的判断，并对方案是否可行作出正确的判定。

五、项目设计，形成操作方案

只有当方案经过论证，并认定可行之后，才能进行项目设计，否则就会因走弯路而造成投入的浪费。项目设计是对规划所最终确定的具体项目，通过工程设计形成可操作的方案。项目设计主要是为下一步的项目实施提供施工的文本说明和相应的施工图，并为工程的监理和验收提供依据和标准。

六、项目实施，形成开办成果

项目实施是进入破土动工的阶段，并使开办逐步转入营运时期。一般是在完成一定的基础设施之后，进入具体项目的实施。项目实施要从总体策划方案中经论证确定的逻辑起点，即起步项目着手，必须重视其带动作用、示范作用和试运行作用。常言道"万事开头难"，因此必须作为开办重点来抓。

七、手续办理，完善法律程序

按照国家有关的法规，民宿的创办需要办理各种手续，方可经营。

八、组织培训，提高员工素质

要想员工在民宿的各个工作岗位上不仅能胜任工作，而且能够做得出色，赢得游客的好评，就必须加强对员工的培训。民宿员工培训是民宿人力资源管理的重要工作之一。充分开发和利用民宿人力资源，不断提高民宿的服务与管理水平，是实现民宿最佳经济效益的重要手段。

> **延伸阅读**
>
> **《广东省民宿管理暂行办法》中关于民宿开办要求和程序的规定**
> （2019年9月1日施行）
>
> **第二章　开办要求和程序**
>
> 第九条　民宿客房规模参照《旅游民宿基本要求与评价》（LB/T 065—2017）执行，单幢建筑的客房数量应当不超过14间（套）。单幢建筑客房数量超过前述规模的经营接待旅客住宿的场所，应当依照旅馆业相关法律、法规或者规章进行管理。
>
> 对利用围龙屋、四角楼等特色建筑或者其他条件开办的民宿，有关地级以上市人民政府可以结合当地实际，在相应提高消防安全技术要求的前提下，适当放宽前款规定的

民宿规模要求。

第十条　民宿选址应当符合空间规划的相关规定，并应当避开易发山洪、泥石流等自然灾害的高风险区域。

第十一条　民宿建筑应当符合国家有关房屋质量安全的标准和要求。

改建的民宿建筑，不得破坏建筑主体和承重结构，必要时还应采取加固措施并进行安全鉴定，确保建筑使用安全。

民宿建筑风貌应当与当地景观环境相协调。

第十二条　位于镇（不包括县城镇）、乡、村庄的，利用村民自建住宅进行改造的民宿，其消防安全要求按照《住房城乡建设部 公安部 国家旅游局关于印发农家乐（民宿）建筑防火导则（试行）的通知》（建村〔2017〕50号）执行。

利用其他住宅进行改造的民宿，其场所规模及消防安全要求可以参照前款所述文件执行。

利用住宅以外的其他民用建筑进行改造的民宿，其消防安全应当符合《建筑设计防火规范》（GB 50016）要求。

第十三条　民宿经营应当符合以下治安管理基本要求：

（一）安装治安主管部门认可的民宿住客信息采集系统，按照规定进行住客实名登记和从业人员身份信息登记，并按照要求上报治安主管部门；

（二）配备必要的防盗、视频监控等安全技术防范设施。

第十四条　民宿应当保持环境卫生整洁，加强卫生管理，公共用品用具要一客一换一消毒，一次性用品用具要一客一换。

直接为顾客服务的人员应当持有效健康证明。

第十五条　民宿兼营食品销售和餐饮服务的，应当遵守食品安全相关法律、法规、规章以及食品安全相关标准的规定，规范经营，保证食品安全。

第十六条　民宿污水不得排入饮用水源，有条件的民宿应当接入污水管网，或者配备必要的污水处理设施。生活垃圾应当分类处理。

第十七条　民宿经营者应当自觉遵守法律法规和村规民约，尊重当地民俗，维护环境卫生，创建主客共享、文明和谐的旅游环境。

第十八条　民宿经营者应当依法申请商事登记，商事登记机关应当将其申请登记的经营范围登记为"民宿服务"。

兼营食品销售和餐饮服务的民宿，应当依法取得食品经营许可。

第十九条　开办民宿旅游经营实行登记制度。民宿登记应当遵循便民原则。

民宿登记由县级以上人民政府旅游主管部门负责。民宿所在地的乡镇人民政府、街道办事处受旅游主管部门委托，具体办理民宿登记工作。办理民宿登记不得收取费用。

民宿登记信息应当与有关监管部门共享。

第二十条　民宿登记事项包括：

（一）民宿名称、地址、经营者姓名及联系方式；

（二）民宿建筑面积、建筑层数、客房数量；

（三）民宿建筑权属及类别；

（四）营业执照。

从事食品销售、餐饮服务的，还应当提供食品经营许可凭证。

民宿经营者应当对其提供的登记事项信息或者材料的真实性负责，不得隐瞒真实情况或者提交虚假材料。

第二十一条　民宿经营者应当自领取营业执照之日起20个工作日内，向民宿所在地的乡镇人民政府、街道办事处申请登记，提交民宿登记事项相关信息和材料，并承诺按照本办法规定的民宿开办要求以及相关规范开展经营活动。

乡镇人民政府、街道办事处在收到民宿登记申请后，对登记事项相关信息、材料齐全的，当场予以登记，并提供登记回执；对信息、材料不齐全的，应当一次性告知补正。

民宿登记事项发生变化的，民宿经营者应当在30日内办理登记事项变更手续。

资料来源：广东省人民政府网站（http://www.gd.gov.cn/zwgk/wjk/qbwj/yfl/content/post_2519133.html）

本章小结

本章对于民宿的调研和选址，以及开办程序进行了全面说明。民宿选址之前要加强民宿调研，充分掌握民宿行业发展现状和发展趋势，明确民宿的性质和定位，了解民宿建立的政策，为民宿选址做好充分的准备。民宿选址时，要综合考虑区位、环境、交通、资源、设施等的关键因素。了解民宿开办程序，为民宿开业做充分准备。

 思考与练习

1. 民宿调研主要内容有哪些？

2. 民宿选址的影响因素是哪些？

3. 你所在地区的民宿开办程序和要求是怎样的？

第四章　民宿产品开发

案例导学

以民宿为载体的产业产品开发

民宿作为一种旧乡愁与新乡土相结合的产物,被称为"有温度的住宿、有灵魂的生活",正好迎合了当今"走心"的消费需求。然而,当文艺、怀旧逐渐泛滥后,民宿的竞争变得越来越激烈:

一是民宿设计方面。很多人认为民宿设计仅限于装修设计、客房设计等刚性主题设计,其实不然。二是体验度方面。越来越多的游客开始要求"不仅仅是租住"的增值体验,民宿产品面临着升级迭代。三是收入方面。大多数民宿的收入来源主要是客房收入,收入来源单一且有一定的局限性,民宿经营在多面夹击中陷入困局。

如何突破困局,焕发新生是民宿经营亟须解决的问题。

在市场竞争、消费者需求的推动下,做长产业链,拓展相关功能,实现多产业联动,这既是民宿拓宽收入来源的重要渠道,也是为消费者提供多元化选择的重要方式。因而,民宿产业产品开发是民宿发展创新的主要着力点。那么,民宿产业产品的开发又该怎么做呢?民宿产业产品的开发分为线上、线下两个部分。

其中,线下产品开发分两步走:第一步是要丰富前台产品类型,第二步是要提升后台产品的高附加值。

前台产品是以民宿产业为基础,以当地一二三产业资源为禀赋,通过"民宿+"的形式,为消费者打造可观、可游、可品、可住、可行、可体验的多元化主题产品。这一方面可以满足大众消费者的一般性、普适性需求,另一方面可以实现民宿产业前台产品的旅游化链条延伸,进而拓宽民宿的收入来源。松阳云上平田民宿,就是在丰富前端产品后摇身变成了具有国际范儿的深山民宿村。这个原本只有几百人的偏远小村庄,经过哈佛、清华、港大等建筑设计大咖们的设计,不仅拥有了民宿、餐厅、农耕博物馆、展览馆等公共交流空间,还配套有茶室、咖啡店、乡村酒吧、垂钓中心等休闲娱乐场所,集住宿、餐饮、购物、农产品销售等功能于一体，让消费者住有所娱、娱有所得。

后台产品是指民宿结合当下消费热点，根据客户的需求适销对路的开发主题产品，如亲子主题产品、康养主题产品、研学教育主题产品等。后台产品的开发，一方面通过场景氛围的营造可以提高客户的体验度；另一方面可以获取稳定的消费群体，进而有效解决民宿淡旺季供需不平衡的问题。例如，民宿亲子主题产品的开发，可以通过设计亲子主题客房、设置亲子游乐设施、配套儿童生活用品等方式，打造沉浸式亲子互动场景，提高客户体验感；休闲农业产品的开发，可以通过设置农事体验活动、举办农事节庆活动等方式，邀请客户参与其中，让客户切身体验农事乐趣。近年来，民宿经营者纷纷推出了"民宿＋亲子""民宿＋自驾""民宿＋红色""民宿＋古城"等主题产品，以为不同需求的消费者提供一站式深度体验。

民宿主题产品

精品民宿"先生的院子"，便是通过主打亲子风成为很多家庭出游的首选地。在整体环境营造上，其民宿内部小到手工画笔，大到家具装饰，无不充满亲子元素；在体验度上，民宿开发了古法织布、乡村绘画、管家教学、粘豆画、手工剪纸、乡村小火车、自然盒制作、老爷爷讲故事等一系列丰富的体验活动，致力于给亲子家庭提供一个乐翻天的休闲度假地。

依托原生态民宿作为流量入口，通过体验经济与场景营销，带动当地特色农产品的线上销售，是民宿线上产品的常见模式。2015年，北京延庆下虎叫村和企业合作，做起"隐居乡里·山楂小院"主题民宿。将老宅院落进行设计修缮，打造自然、淳朴的田园生活体验。

山楂是下虎叫村的传统特产，民宿运营方从选品开始，严格按照食品标准化程序，将山楂果熬制成味道可口、包装现代的山楂汁，一瓶野生山楂汁的原料、制作、灌装、人工成本在10元左右，市场销售价格为50元。"山楂小院"温馨的民宿体验、贴心的管家服务、健康的农特产品，结合场景营销，野生山楂汁成为都市住客喜爱的爆款饮品。同时，民宿运营方通过微信公众号，搭建电商小程序平台，推出"大山的礼物"系列农产品，上线甜糯玉米、有机小米、国光苹果、山核桃等当地特产，打造"线下体验＋线下复购"的销售模式，实现多渠道营收。一条"民宿＋农产品电商"的产业链，就这样建立起来。

对于个体型民宿，"民宿＋电商"同样值得借鉴：以民宿为流量入口，为带货进行流量的二次分发，打造独具当地特色的爆款产品，搭建线上社群和渠道，通过线下的"场景＋体验"，形成持续的线上"转化＋复购"，构成"产品—场景—流量—转化—复购"的销售闭环。

综合而言，基于民宿的长远发展，需要从产品供给侧出发，通过衍生相关配套产业，如产销、加工、娱乐、疗养、体育、创意、农业、研学等，形成产业生态系统，推动"住民宿"向"玩民宿、品民宿、恋民宿"的转变，这样才能让民宿突破困局，鲜活且长久地立足于住宿体系之中。

资料来源：腾讯网（https://xw.qq.com/cmsid/20200310A0W17300?f=newdc）

第一节 民宿产品的概念与构成

一、民宿产品的概念

每种产品都有两方面的内容：特征和益处。前者指的是产品本身的有形特征，如客房的大小、设施与装饰，后者指的是使用产品给顾客带来的益处。从供给者的角度来看，民宿产品是指民宿企业为客人提供的能够满足客人某种需求的、任何有形的、可以计量的物品和附着在有形物品之上的无形服务之和。它由若干个不同要素组合而成，不仅包括具体的民宿产品，如客房、餐饮等，还包括各种服务。

二、民宿产品的构成

一般认为，民宿产品由五个部分组成，每部分都可能给客人带来不同的感受和利益。

第一，地理位置。民宿的地理位置是指其与机场、车站、码头、商务中心、旅游景点的距离及其周围的环境状况。这些都是客人选择民宿时需要考虑的因素。地理位置的好坏意味着可进入性与交通是否方便，周围环境是否良好等。

第二，设备与设施。民宿的设施设备是指民宿的建筑设计、规模、结构以及建筑内部的设备与格局等，包括客房、餐厅、酒吧、会议室等。民宿设计是否新颖，风格是否独特，外表是否美观，安全状况如何等都会影响客人的选择。

第三，服务。包括服务内容、方式、态度、效率等。民宿所提供的服务种类和质量是客人选择与评价酒店时的重要指标，优质的服务应体现在服务态度、服务技能、服务效率、服务理念，以及环境的舒适、安全与卫生等方面。

第四，形象。指客人对设施服务、地理位置与内外环境等各种因素的印象的综合与总和。设施、服务、地理位置对民宿形象极为重要，但店名、外观、氛围等对于形象亦能起到重要作用。形象可以通过宣传加以树立和改善，然后一家民宿的最终形象取决于客人——他们的印象,他们的评论,他们的口碑。

第五,价格。价格既表示了民宿通过其地理位置、设施与设备、服务和形象给予客人的价值,也表示了客人从上述因素所获得的满足。

因此,从客人的角度看,民宿产品是客人通过支付一定的时间、精力和金钱所获得的一连串的生理满足、经济满足、社会满足、心理满足或不满足的结合体。客人眼中的民宿产品,不仅仅是他在消费过程中所购买的一个床位、一个餐厅座位、一次接送服务等,而是民宿资源、设施设备等有形产品与民宿服务人员提供的一系列无形服务的综合体。

三、民宿产品的特征

民宿产品作为住宿类产品,首先具有以下共有的特征:

(一)有形产品与无形服务的结合

客房、餐饮、菜肴、各种康乐设施都是有形产品。但是,客人的住宿、用餐与活动,几乎时时刻刻都离不开工作人员提供的服务——无形服务。无形服务比有形产品更为重要。

(二)不可储存性

对住宿类产品而言,这至少有两层含义。首先,客房、会议室等,一天不出租,一天就不能创造价值。它们作为住宿产品的组成部分是不能像工农业产品那样储存起来,日后再卖。其次,无形服务同样不可储存。

(三)生产与消费的同步性

民宿产品的生产(提供服务)是根据客人的即时需要而定时进行的,即民宿的各种服务是与客人的消费同步进行的。通常是边服务边消费,等服务结束时消费亦同时结束。因此,民宿产品的生产必须以顾客来到民宿消费为前提,即以顾客需求为前提。顾客直接介入民宿产品的生产过程,在直接消费中检验民宿产品的质量,并以自己的亲身感受表明他们的满意程度。民宿产品的生产、交换、消费在空间上往往同时并存,即当民宿服务人员向顾客提供服务的时候,也正是顾客在消费的时候。

(四)季节性

民宿产品的生产与消费具有季节性的特征,特定时间、特定区域的市场需求有淡旺季之分,呈周期性变化。如周末、国家法定节假日是民宿产品生产与消费的旺季,民宿所在区域的旅游旺季也是本民宿产品生产与消费的旺季。

此外,民宿产品还具有以下的自身特征。

1. 依附性

民宿的出现最初是作为旅游旺季时的住宿补充，大多都建在旅游景区附近，所以具有很强的依附性。在我国台湾地区，学者通过回归分析发现民宿与休闲农渔业、风景特定区、海水浴场、高尔夫球场、国家公园、森林游乐区、温泉、湿地、古道、瀑布、水库湖泊、形象商圈商店街及观光游乐业有显著关联，说明民宿之发展与观光资源有关。

2. 地方性

作为"小而美"非标准化住宿的民宿，其"美"的来源就在于充满着地方风味。建筑材质、房屋布局、室内装饰、设备设施、餐饮菜肴、庭院设计等都呈现着本地风貌。民宿不仅满足了游客的住宿功能，更是承担着深度体验的地方载体。

3. 互动性

深度体验的旅游除了投射在有形产品赋予的地方性特征外，无形服务更是深化了游客的地方氛围体验，而这种无形服务来源于民宿中主客交往的互动过程。主客的闲暇聊天、农事体验、景点咨询、安全提醒、代订服务等都让游客感觉到个性化、定制化需求的满足。

这种互动性让民宿充满了浓浓的人情味。民宿主人正是民宿区别于传统酒店的关键所在，民宿文化从某种程度上说是老板或老板娘文化。在传统酒店服务业，游客接触的基本都是标准化服务的服务员，所有的沟通甚至微笑都是标准化的，缺少了人与人之间的温度的传递。而在民宿中，则是朋友与亲人的感觉。有人曾说过民宿卖的是主人的故事，一个有故事会讲故事的主人才能吸引大批游客来这儿听故事写故事。一个个有情怀的故事，让产品独具魅力，让游客深度体验，入乡随俗。

4. 家居性

Airbnb 的民宿广告语是"与房东互动，了解当地民俗"，全民宿网的是"慢享生活之旅"，去民宿网的是"不一样的旅行"，去哪儿网的是"住的就是家"。民宿与传统的酒店住宿呈现出不一样的体验感，在装修风格、物品摆放、服务提供方面更接地气，个性化、定制化，使游客感觉像在自己家里一样舒适自如。

第二节 民宿产品组合与策略的选择

一、民宿产品组合

大多数顾客进民宿不是来消费单个分类产品的，而是消费分类产品的组合。因此，民宿仍然需要经营多个产品项目和产品品种，以避免经营风险。例如，民宿不仅提供住宿，还有特色餐饮、茶道、花道、文化体验活动等。

产品的功能组合，也称为产品的搭配，是指一个企业提供给市场的全部产品线和产品项目的组合或搭配。民宿产品功能组合也就是民宿经营的全部产品线的组合方式或搭配。民宿产品组合有一定的宽度（广度）、长度、深度和关联度。

从数学角度来说，宽度、长度和深度的内容越多，组合出来的局部产品就越多。但这并不一定是经济、有效的。产品种类越多，成本越高，投入的服务就越多，质量也越难以保证，所以民宿要根据自身的人力、物力、财力及风格特色来选定产品组合规模；否则，一味追求产品多样化，不断开设新服务项目，摊子铺得太大，将难以收到预期效果。

二、民宿产品组合的策略

民宿产品组合的宽度、长度、深度和关联度在经营决策上具有重要意义。民宿可以通过扩大或缩减原有产品组合的策略来更好地发展。民宿应该采取哪种组合策略，主要取决于该民宿的目标消费者对各种产品的需求情况、民宿自身的生产能力及其竞争对手所采取的产品组合策略。一般来说，民宿可以采用的产品组合方式有以下几种：

（一）增加产品组合的宽度

拓宽民宿产品组合的宽度，可以满足不同层次、不同特征消费者的需求，使其占领更大的市场份额，提高市场占有率，提高民宿的知名度和美誉度，并进一步把市场上的良好声誉用于新增的产品，分散民宿经营的风险，增强竞争力。

（二）减少民宿产品组合的宽度

在市场竞争非常激烈时，为了充分发挥民宿资源的最大效用，民宿也可以选择放弃部分产品，集中力量经营特色产品，减少资金的占用，提高资金利用率，及时为市场提供适销对路的产品，降低民宿经营成本。

（三）增加民宿产品组合的深度

增加民宿产品组合的深度，即增加民宿产品品种，从而能在市场细分的基础上扩大市场规模，满足不同消费者的需求，提高市场占有率，生产上实现量少类多，有利于经济效益的提高。

（四）减少民宿产品组合的深度

较少的民宿产品组合，便于民宿集中力量发挥专长，开发新产品，创建名牌产品，来吸引消费者，以增加单种产品的销售量，从而通过规模生产降低民宿的生产成本。

（五）增加或减少产品组合的一致性

加强民宿产品组合的一致性，在特定区域内赢得好的声誉，或者减少产品组合的一致性，以进入各种不同的领域。

总之，民宿产品组合的目的在于：在既定的价格范围内增加产品附加值，强调民宿产品的可靠性，树立良好的企业形象。运用独特的设计或风格，使自己的产品比竞争对手的产品更好、更物有所值。

三、民宿产品策略的选择

民宿产品的主要特征是有形设施和无形服务的结合，从这一点来看，民宿产品策略的选择实际上指民宿用哪些产品和服务来满足市场的需求。这种选择在许多情况下表明了民宿主的战略性思想，也是发展民宿的基本思路。

（一）单一化产品策略和多样化产品策略

这里指的是民宿的经营范围。一家民宿可以把自己的经营集中在较小的范围之内，如传统的食与宿两个方面，甚至仅提供住宿，配以必要而简单的服务。如果条件许可，一家民宿也可以扩大经营范围，以食宿为基础，提供康乐等其他设施，还可以经营与当地民俗文化有关的各种活动，如民俗体验、亲子活动等。

民宿不能盲目着眼于旅游高消费项目。客人对民宿的产品和服务的需求存在着巨大的差异。如果人、财、物条件有限，那么，只要定位恰当，经营有方，一家设备简单、经营范围有限的民宿同样能创造出良好的经济效益来。在旅游资源丰富且便捷的区域，民宿的产品即便只有住宿，或再加简单的早餐，都会给民宿带来良好的收益。

而对于那些本身可作为旅游目的地的民宿，比如坐落于风景度假区周边的民宿，民宿产品就需要相应地更丰富一些，让前来住宿的各人有事可做。于是，除了客房产品，民宿需要开发更多相关产品，比如本地特色的餐饮产品，可以是精品宴席，也可以是亲自动手来体验的手制点心，或者对茶文化的体验。还可以增加如亲子活动、小型会议、团建等活动，从而提升民宿的吸引力，获取收益。

究竟采取单一化产品策略还是多样化产品策略，取决于民宿具备的人力、物力，取决于民宿的定位，更取决于市场需求。

（二）标准化产品策略和差异化产品策略

1. 标准化产品策略

标准化产品策略不只是指民宿应该建立各种规章制度，加强培训与质量管理，以保证自己提供的产品与服务达到一定的标准与水平，更重要的是指民宿提供的产品与服务能够为更多旅游者所接受，达到一个相对的高标准。

尽管民宿被称为"非标住宿",但是对于住惯了酒店的客人而言,民宿除了应具备自有的风格外,其某些硬件设施要求也必须达到一定的标准。比如,即便是经济型酒店,也会拥有独立的卫生间,因此对于那些由旧屋改造的民宿,即便原本不具备独立卫浴,也需要在改造的时候充分考虑并满足客人这一需求。事实上,为了增加客人的入住舒适度,提升民宿的吸引力,很多民宿的客房产品在硬件设施上完全不输于高端酒店,不仅设有独立卫浴,配置中档甚至高档的卫浴用品,还会铺设地暖以弥补单个空调在冬日供暖的不足,甚至提供名品寝具,增设现代化、信息化的客房用品。

2. 差异化产品策略

整体产品概念告诉我们,在市场经济条件下,竞争既是延伸,也是差异化产品。差异化产品策略指的是,民宿在市场竞争中不断开发与提供新产品、新服务,强调自己的产品服务不同于竞争者,优于竞争者,进而使客人更偏爱自己的产品与服务。

实现差异化策略的关键在于,民宿必须创造自己的独特卖点。独特卖点指的是一家民宿在同质市场上提供不同于其他民宿的产品与服务。可见独特卖点即是差异,而这种差异,就民宿产品而言,可以是有形的(客房装饰、菜肴糕点),也可以是无形的(微笑服务、个别关照)。差异的形式可以是产品属性上的区别,如民宿设施的优劣,也可以是销售环境上的区别,包括广告宣传、营业推广的技巧、范围等方面的差异。不管何种差异,都必须具有两个特点才能真正成为独特卖点:一是对于客人来说,这种差异必须具有一定的重要性;二是应该使客人感觉到这种差别。

一个民宿的独特卖点越多,越突出,该民宿在产品销售中便越多一分优势,多一分成功的机会。

第三节 民宿新产品开发

一、民宿新产品的概念与种类

(一)民宿新产品的概念

民宿新产品是指与老产品在技术、功能、结构、规格、实物、服务等方面存在差异的产品。它是与新技术、新设计、新需求相联系的产品。它有两个含义:从经营者的角度看,民宿新产品是本店以前从未生产和销售过的产品;从消费者的角度看,只要是与现有产品不同的民宿产品或者凡是能给消费者带来某种新的满足、新的利益的产品和服务均可称为民宿新产品。

(二）民宿新产品的种类

1. 全新型产品

全新型产品是指为了满足人们的需求，开拓全新市场而运用现代科技手段创新的产品，这种产品在市场上从未出现过，主要是针对民宿产品的核心部分进行创新，如新开发的菜肴，新研制的预订、结算或客户管理系统等。对于现代民宿而言，可以开发的全新产品主要是一些功能性的设施设备、全新的体验活动及其全新的组合与管理模式。

2. 换代型新产品

换代型新产品是指在现有产品的基础上，作出重大变革后所形成的产品，主要是针对民宿产品的形式部分进行改进。比如，客房重新设计装修、民宿的分体式空调改为中央空调加地暖等。

3. 改进型新产品

改进型新产品是指在原有产品的基础上，不进行重大变革，仅对原有产品进行局部形式的改变，主要是针对民宿产品的延伸部分进行改进。比如，更换服务人员的服饰、根据当地居民的口味变化对菜单进行部分调整。这是民宿吸引消费者、保持和拓展民宿市场的一种重要手段。

4. 仿制型新产品

仿制型新产品是指市场上已经存在、本民宿对该产品进行引进或仿制后经营的产品。这种仿制型产品还应包括在国际市场上已经出现但在国内市场上尚属首次问世的新产品。

二、民宿新产品开发的原则

在设计和开发民宿新产品时，必须遵循以下几项基本原则，这样产品才能具有持久的生命力。

（一）市场导向原则

这是设计和开发新产品原则中最重要的一条。新产品的设计和开发必须在调查研究的基础上，首先考虑客人也就是市场的需求。这种需求可以不是现实的，只是潜在的，但它必须是真实的，在许多时候是可以量化的。

不断设计创新产品的最终目的就是要更快、更多地将产品销售出去。因此，民宿产品开发与设计必须牢固树立市场观念，以市场需求作为产品创新的出发点。要树立市场观念，应做到以下几点：

（1）要根据社会经济发展及对外开放的实际情况进行市场定位，确定客源市场的主体和重点，明确产品开发的针对性，提高经济效益。

（2）要根据市场定位，调查和分析市场需求和供给，把握目标市场的需求特点、规模、档次、水平及变化规律和趋势，从而形成适销对路的民宿产品。

（3）针对市场需求，对各类产品进行筛选、加工或再创造，然后设计、开发和组合成具有竞争力的产品，并推向市场。

（二）产品特色化原则

求新是人们普遍具有的一种心理。进行民宿新产品设计和开发必须注意和利用这种求新心理，这样新产品便可能因其"新奇""独特"而对客人具吸引力。这种新奇、独特的特色化产品可以有其物质表现形式，如建筑外观的设计、房间的装修、餐具的式样、菜单的外观等，它们都是看得见、摸得着的。也可以不具有特定的物质表现形式。例如，有些民宿客人，每一次外出归来回到房间都会感到种种细微变化：鲜花已经更换，写字台已经整理干净，烟灰缸已一尘不染、焕然一新。这是民宿给予客人的特色精细服务。在特色化原则的民宿产品开发与设计中，需要考虑以下几点。

（1）应以民宿资源及其所在环境为基础，进行产品的设计和开发，特别要注意在其产品设计中注入文化因素，建设文化型民宿，以提升民宿及其产品的吸引力。

（2）要充分考虑产品的品位、质量及规模，产品的特色，努力开发具有影响力的拳头产品和名牌产品。

（3）要随时跟踪分析产品的市场生命周期，根据不同时期目标市场的变化和需求，及时开发和设计适销对路的新产品，不断改造和完善老产品，从而保持民宿企业的持续发展。

（三）合理的经济效益原则

经营民宿业的重要目的之一是获取利润。设计和开发民宿新产品的目的之一也是为了保证新产品给民宿创造利益。因此，进行可行性研究很有必要。大的项目（扩建或新建）应该进行可行性研究，小的需要投资的项目也不要把可行性研究看作可有可无。

讲究经济效益，要处理好近期与远期的关系。有时，新增的某一设施在一定时期内未给民宿带来良好的经济效益，甚至可能造成亏损，如一些体育健身设施包括游泳池和桑拿浴室。但是需要考虑从长远来说，这项产品能否带来长期持续的经营收益。

（四）不断完善充实原则

任何产品都不可能从一开始就是十全十美、毫无改进余地的，民宿产品更是如此。一项新产品在推出之初可能受到旅游者的欢迎，从而给民宿带来良好的经济效益，但我们不能因此而满足，以为万事大吉，只等客人上门即可。相反，应该不断改进，不断完善，不断创新，才能吸引越来越多的旅游者，创造出越来越好的经济效益来。

三、民宿产品开发的内容

民宿并不只是住宿的地方，它最主要的功能是将当地的人文、自然景观与生态特色融合在一起，让旅客融入当地的生活。因此，民宿产品的开发可以从以下几个方面来着手。

（一）民宿的风格

民宿应结合所在地域、民俗风情等，开发风格独具的民宿产品。从建筑的风格，到内部装修装饰的风格，都要与当地文化与现代美感相融合，促进自然与人文景观的协调，充分体现民宿的质朴的生态美，提升游客的审美体验。

民宿的风格还体现在民宿主人的个人风格上。有一种说法，民宿卖的是情怀，而这种情怀就是主人的情怀，是主人的故事，通过民宿这一载体，与客人共享。民宿主人可以通过自媒体的方式，用文字或直播的方式分享生活和感悟，拍摄微电影等，把自己的粉丝吸引而来。或将当地文化或者故事进行编辑，以二维码的方式呈现，让游客可以通过手机扫码，进行解读和学习，也能增加互动体验，比如藏红包、捉迷藏等。

（二）民宿的内部设计

民宿是体验经济和共享经济下的产物，民宿主题百花齐放，有古朴回归自然的民宿，也有与现代生活科技相融合的民宿。

在民宿的布置和装饰方面，民宿主人可发挥创意进行创意布局，将自我对生活文化的感悟融入其中。根据民宿所在地的文化特色，民宿的内部设计可充分使用文化元素，装点文化产品，让客人足不出户，就能感受到当地浓郁的文化氛围。有些民宿提供餐食，就可以使用当地的原生态的食材，在公共区域进行展示，让游客参与其中，在餐饮体验中感受当地文化。

现代化、信息化的手段也可以纳入房间的设计中。民宿的交互性特点也需要民宿主人营造一个别具特色的公共区域，更便于让来自各地的旅客与民宿主人一起交流分享互动。

（三）民宿的服务

民宿作为旅游产业的新业态，自诞生起便以独特的主题和格调吸引游客的眼球，而民宿若想获得长足发展，必然要不断改进服务项目和服务内容并使服务向着个性化、多元化、精细化方向发展，那么"私人订制"便是精品民宿改进服务的一个突破口。

不同主题风格的民宿除了外观建筑布局、内部装修、室内陈设摆件等设计体现既定的主题之外，对客服务设施和服务用品的设计也应该沿用该主题，设计系列用品，也可作为伴手礼相赠。采用私人订制法改进服务用品、新服务项目受益颇多。其一，起到品牌宣传和主题强化作用，能够加深游客对民宿的印象，有利于提高游客对民宿的好感，从而可能产生回头客效应；其二，促进二次消费，生活用品是必不可少的消费品，无论在目的地还是客源地，客房简单的生活用品满含独特情调，对游客而言无疑是一种惊喜，甚至产生购买欲望，促进购物行为的产生。

民宿体验除了静态的创意建筑和实物展示，还需要在民俗活动、乡土特色中去展示。创意的点子活动将点燃游客的旅行记忆。以旅游者为主导，从路线、方式和服务着手为客户量身打造的具有浓郁个人专属风格的旅行。提供空间和材料，邀请当地人教游客品尝特色小吃、体验手工蜡染、手工草鞋等制作，让游客参与其中，深度体验。可以从本土特色服饰、民俗演艺、饮食文化等方面深入挖掘特色所在，开发出适合游客的物品或体验，让游客尽情融入当地感受文化的同时，也能捎带一些特色伴手礼，将记忆打包带回家。这样在宣扬文化的同时，也提升了当地旅游产业的附加值。

四、民宿产品的开发过程

（一）产品构思与筛选

民宿产品开发的第一个阶段就是实施调研，搜集产品构思。民宿产品创意来源不仅仅是依靠民宿主，而是多方面的，如民宿的其他员工（管家）、消费者、竞争者、产品研发专家、分销商和供应商等。其中，最具发言权的当数民宿产品的直接使用者（消费者）和民宿服务的直接提供者（民宿主）。他们能真实地了解市场需求，并提出最客观的产品构思。

1. 民宿内部公众

民宿内部公众即民宿的主人以及民宿的其他工作人员。其中，民宿主人或管家或其他直接服务于宾客的员工的创意，是民宿内部创意的主要来源。他们与客户直接接触，能及时了解顾客的需求、意见和建议，他们的创意最能体现顾客的需求。民宿的服务人员在直接对客服务中，常常能观察和洞悉到客人偏好及他们乐意接受的产品，他们的构思能直接反映顾客的意见。

2. 消费者

民宿通过分析消费者反馈的意见和建议，开发出迎合他们需求的产品，从而更好地满足消费者的需求，留住老顾客，吸引新顾客。

3. 竞争者

民宿产品的构思有的来源于竞争对手产品的启发。民宿有时采取分析竞争对手的产品宣传信息或亲自到竞争对手的民宿去消费的方法进行产品的模仿或借鉴。

4. 分销商和供应商

分销商直接与市场接触，能提供特定消费者的需求信息，为民宿提供产品构思的最新信息。供应商能及时向民宿提供有关新技术和新材料的信息，有助于产品构思的形成。

5. 其他来源

除上述来源外，民宿还可以通过网络、行业专家等途径获得产品构思。

通过第一个阶段产生的大量构思，并不都能付诸实施，要对这些构思比较评价，摒弃获利较小或亏损的产品构思，保留少数几个有吸引力和切实可行的构思。在进行筛选时，要考虑民宿的内外部条件及经营能力，即评价产品构思与民宿经营目标是否一致，如一致则保留，如不一致则放弃。评价民宿是否有经营新产品的技术、生产销售和财务等方面的能力，如有则保留，如无则放弃。评价民宿是否具备开发新产品的时机，如有则保留，如无则放弃。

（二）产品研制与开发

首先，对构思成形的产品进行商业分析。商业分析是预测一种产品概念在市场上的适应性和发展能力。包括预测产品的销售量、成本、利润额及收益率，预测产品开发对投入、成本费用、利润的影响，确定目标市场、预测市场趋势、分析产品的市场竞争状况等。

其次，在对产品进行商业分析后，确定该产品有开发价值，就进入产品的实际开发阶段。将产品概念研制成样品，该样品应满足以下三个条件，即消费者认为该样品体现了产品概念报告书中所描述的关键属性；在正常使用情况下，该产品能安全地发挥其功能；该产品能以预计的制造成本生产出来。

最后，在开发服务性产品时，除了必须注意服务产品的实体性要素外，还要注意服务产品传递系统的建立与测试。

（三）产品上市

在产品正式上市前，需要进行产品的试产试销。民宿将产品样本研制出来之后，就要根据企业自身的目标市场状况，制定相应的营销组合策略，及时将部分样品投放到市场中去，初步获悉消费者对该样品的反应，改进完善产品，调整市场营销策略。

在通过前期的分析和试验后，一旦民宿决定将产品商品化，就要处理好产品上市的成本费用、上市的时机、上市的地点、面向的目标市场及应采取的营销组合策略等方面的问题。

1. 新产品上市的时机

一般民宿在完成产品的试产试销后，应尽快将产品投放市场。但是，如果此时竞争者的产品开发工作也已完成,那么就要视情况而定。一是先行上市。这样民宿就能获得先行者优势,优先选择分销商,优先占领市场。二是平行进入。这样民宿就能与竞争对手共同分担产品上市推广的促销费用。三是推迟上市。这样竞争者已经为产品促销付出了代价,产品已经被消费者接受,消费者也会对产品提出改进意见,后进入的民宿就可以节省促销费用,提供更能满足消费者需求的产品。

2. 新产品上市的地点

民宿新产品在哪个城市或地区上市,还是在某几个城市、地区同时上市,民宿主人需要就不同城市和地区的消费者对该产品的需求强度进行评价选择。

3. 面向的目标市场及策略

特定的产品往往是为特定的目标市场设计的,只能满足这部分顾客群的需求。因此,特定的产品应到相应的人群中去推广促销,如民宿的亲子活动应面向都市家庭市场去营销,营销策略也应有针对性。

(四)搜集反馈

新产品在市场上销售一定时间后,通常会暴露出一定的缺陷。因此,民宿主人应时常对客人进行跟踪回访,搜集宾客对该产品的意见和建议,不断改进产品,提高产品质量。同时,消费者的信息反馈往往将成为下一个新产品创意的重要来源。

五、民宿产品创新策略

社会经济的发展和科学技术的进步,使民宿产品的科技含量进一步提高,升级换代速度日益加快,行业的竞争也越来越激烈,因此,不断创新产品是提高民宿核心竞争力的必然趋势。根据民宿产品的整体规划,产品创新的战略重点主要由核心产品、形式产品、期望产品、附加产品、潜在产品五个方面构成。民宿产品创新应遵循市场导向原则和产品特色化原则,不断创新其产品和服务。同时,民宿还应根据社会环境及发展趋势,充分利用自身的资源,选择适合自己的产品创新策略。

(一)长短结合策略

这种策略也称为储备策略:既考虑到民宿的短期利益,又考虑到民宿的长期利益,着眼于民宿的长期、稳定、可持续发展。采取这策略的民宿应该有四种产品:一是正在生产和销售的产品;二是正在研制或已研制成功,等待适当时机投放市场的产品;三是正在研究设计的产品;四是开始市场调研、处于产品构思、创意阶段的产品。

(二)主导产品策略

任何民宿都应尽量提供类型齐全的产品,但还要拥有自己的特色和主导产品。主导产品是民宿自身的资源条件和客源市场双向驱动的产物,在一定时间内相对稳定。

（三）高低结合策略

高低结合策略是指高档产品与低档产品相结合，以满足不同消费层次的需求，提高民宿经营的覆盖面。

（四）创新与模仿策略

创新与模仿策略，即不同革新程度的策略，是指民宿根据不同细分市场的需求，为了占领市场，获得经济效益，而灵活采取的一种策略。它包括全部新策略、拿来主义策略、仿制改进策略等。

本章小结

民宿产品是民宿经营制胜的核心。一个成功的民宿需要针对目标客源市场，选择和开发适合民宿本身的产品及产品组合，并且随着市场的变化，不断开发和推出新产品，提升民宿的核心竞争力，这样才能使民宿经营立于不败之地。

思考与练习

1. 什么是民宿产品？
2. 民宿产品具有哪些特点？
3. 民宿产品组合选择的策略有哪些？
4. 民宿产品开发的原则是什么？

第五章 民宿的组织安排

第一节 民宿组织架构

组织架构，又称组织结构，是指对于工作任务如何进行分工、分组和协调合作。组织架构是表明组织各部分排列顺序、空间位置、聚散状态、联系方式以及各要素之间相互关系的一种模式，是整个管理系统的"框架"。和其他组织一样，民宿也应该具有自己的组织架构。

民宿的规模大小、市场定位、等级、服务产品等因素不同，因此组织架构也会有所不同。在现今这个快速发展的社会，民宿只有根据自己的实际情况设计符合自己个性需求的机构设置，才能应对激烈的市场竞争，才能培育与市场抗衡的能力。

民宿的组织机构是民宿工作职能的主要依靠。组织机构的设置必须以顾客满意为目标，以提升产品服务品质为原则。一个沟通顺畅、设置合理、机构人员精简、人工成本节约、能满足客人要求的组织机构尤为重要。

一、单体民宿的组织机构

对于单体民宿而言，房间数量的多少决定其组织机构的设置。

房间数量在2~5间的民宿，民宿主一人可身兼数职：创始人、老板娘（老板）、前台、保洁阿姨、公众号运营人员、夜间值班人员、向导、司机。其组织机构可简单地划分为：民宿主+员工。此模式下民宿主和员工基本为多面手，一人可以承担若干工作任务（见图5-1）。

对于房间数量较多（5间以上）的民宿，涉及的工作繁杂专业，必须要有一个靠谱的团队和专业分工，其组织机构可以划分为：民宿主+前台+清扫员+民宿管家（见图5-2）。

第五章 民宿的组织安排

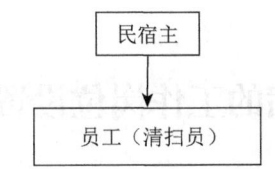

图 5-1 小型民宿组织结构图

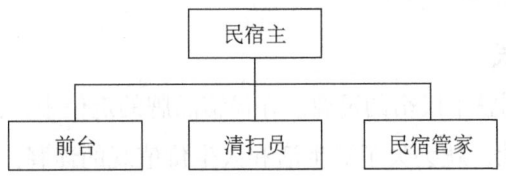

图 5-2 中型民宿组织结构图

二、连锁民宿的组织机构

连锁经营的民宿除了每家门店有相应的组织机构设置以外，还需要有一个强大的高管即运营团队，如 CEO+ 设计部总经理＋运营部总经理＋工程部总经理＋运营部副总经理。

每家门店的团队搭建中，人力、财务、采购、市场与销售、预订、客房、管家、餐厅、厨房、宾客活动、工程，每个部门或者分支的工作都缺一不可，这些工作内容不需要细分到独立部门，但是需要有专人来负责相应模块的运营。每家门店组织结构可参考单体民宿组织结构设置（见图 5-3）。

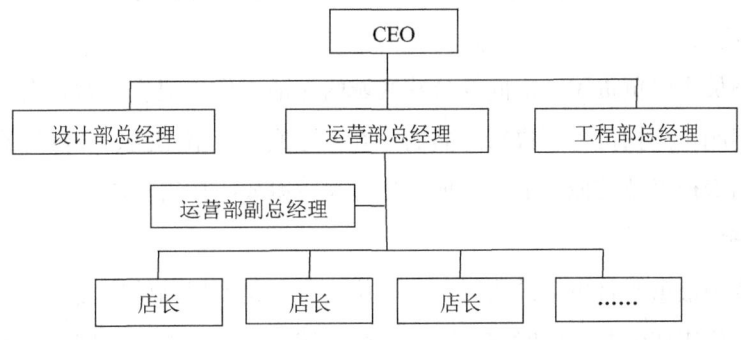

图 5-3 连锁民宿组织结构图

第二节　民宿的工作岗位设置与岗位职责

一、民宿的工作岗位设置

（一）民宿主/店长

民宿的主人关系到整个民宿的灵魂。在民宿品牌的定位中，民宿不能没有"主人"。缺少了"主人"的概念，就丢失了对生活和人生价值观的诠释。民宿主可以是当地人，也可以是来了当地不愿离开的外地人。民宿主人（老板娘/老板）带给客人的是一种有"温情"的服务，而很多民宿主本身也是有情怀的人，"老板娘情怀"这个词也是这样而来的。民宿主经营的不仅是家店，更是一个家。将民宿主人自身的兴趣特长、专业优势以及过往经历，打造成一个专属的故事，就是一种情怀。

连锁民宿品牌每家店会有一位店长实际负责民宿的运营与管理，店长一般都是在有经验的民宿管家团队中选择出来的对工作充满热情和激情的那些人。

（二）前台

民宿前台一般不大，除了给客人办理入住登记、结账离店手续之外，主要负责接听电话，协调安排工作，以及行李寄存服务。民宿入住系统不同于标准住宿业，有些民宿客人甚至直接在房内由民宿管家办理入住，前台负责录入客人身份信息以备相关部门检查。此外，前台还需密切关注民宿的安全问题，提高安全防范意识。

（三）清扫员

民宿清扫员主要负责民宿房间及公共区域的保洁工作。卫生问题是出门在外的人们永远关心的问题。清扫员需要进行床品的一客一更换，卫浴用品、杯具的消毒，地面的清洁，垃圾的清理以及其他细节的整理，让客人住得放心住得舒心。

（四）管家

民宿团队中最重要且事务最为繁杂的职位，一定是非民宿管家莫属。管家主要负责客人抵店前、住店期间与离店时三个阶段的全面接待工作，要在基础工作流程之外为客人带来更大的惊喜和感动。

首先一点就是经验。不比其他的岗位，管家这一职位没有太多的时间重新再来学习管理经营之类的理论知识，需要的是本身就具备相关方面的技能和曾经带领团队成功的经验；其次，需要比其他职位的员工对行业有更多的热情。相较于其他的岗位而言，管家的重要性和稳定性会要求更高，故而一定要在一开始选择的时候多加斟酌。

(五) 其他

1. 厨师

有些民宿设有厨房，可以提供餐饮服务，那就需要寻找有特色的厨师，如当地菜厨师，为客人提供地道的本地菜肴；如烘焙，为客人带来西点体验；如西餐，让客人感受不一样的异国风味。餐饮要有特色，厨师很重要。

2. 司机

很多民宿位于乡村郊外，对于非自驾游的客人而言，交通是一大问题。民宿专车接送为客人提供点到点的服务，也是民宿的一大卖点。司机可以由民宿员工甚至老板兼任。

3. 导游

为客人量身定制旅游线路，体验不一样的当地风情也是民宿的又一卖点。民宿老板、管家可以兼任导游这一工作。

4. 客服

相对而言，对民宿客服的要求就没有像管家那样严格，可以是普通的大学生、上班时间相对自由的都市年轻人兼职，或者稳稳当当的全职客服。民宿客服主要负责的内容就是在OTA平台上与客人进行初步的沟通，确认订单后通过聊天的形式给客人介绍民宿的相关信息等。对于这个岗位最重要的一点要求，就是责任心和细心。因为很多的民宿主，尤其是不仅仅只有一间民宿运营的民宿主，可能会存在同时在好几个平台上挂房源的情况，客服不仅要了解每个平台上的相关房源，还要在订单预订出去的同时及时关闭其他平台上的信息，所以责任心和细致程度是相当重要的。另外，作为服务行业的客服，本身一定要有足够的耐心和素养，在和形形色色不同程度的人交流的过程中，要做到情绪稳定，不可焦躁。

其实，很多的民宿主基本上都是自己会充当客服的一个角色，但是面对规模逐渐扩大的情况，招收一个或几个靠谱的客服，一定能给自己省下更多的时间，带来其他方面更大的收益。

二、民宿的工作岗位职责

(一) 岗位职责描述

岗位职责通常是由岗位名称、管理层级关系、基本职责、工作内容和任职资格等内容组成。标准住宿企业（酒店）一般都会有一套完备的岗位职责描述；民宿属于非标准住宿业，体量小，组织机构相对简单，其岗位职责主要需要涵盖如下内容：岗位名称、基本职责、工作内容和任职资格。

(二)岗位职责描述范例

1. 企业1：民宿管家岗位职责

（1）岗位介绍：

管家服务主要负责管理民宿订单，接受房客预订，接待房客并解决房客住宿遇到的问题，对客服务和房源管理。对客服务包括房客的入住接待服务，以及房客入住期间的需求提供服务。房源管理包括房屋的卫生管理，硬件设施设备管理、物资管理及各类房屋日常费用缴纳管理。

（2）岗位职责：

①全面负责所辖民宿项目的经营管理；

②管理民宿订单，接受房客预订，接待房客并解决房客住宿遇到的问题；

③维护各类运营指标，通过咨询转化过程，最终完成订单，能协助团队完成销售任务；

④负责与筹建对接，对预上线房屋进行验房，安排上线前深度保洁；

⑤负责提前与房客联系沟通，了解抵离店时间，在房客抵店前，做好客人抵达的迎候工作或引导客人自助入住；

⑥负责房客抵达前的查房工作，客人抵店前做好客房间的检查工作，引导客人至客房介绍周边信息；

⑦负责征询房客住店期间的意见，了解房客的需求，确保客人的需求得以适时解决和安排；

⑧负责准确了解当地旅游和商务信息等资料，适时向房客提供建议；

⑨负责欢送客人离店，安排保洁服务；

⑩负责各房源易耗品及时选购和补充；

⑪负责各房源每月水电气费用缴纳；

⑫负责对管理的房源的养护工作，包括房屋设施设备检查、房屋维修、房屋物品盘点等，确保房屋状态良好；

⑬负责房源解约相关工作，易耗品处理、水电费核对、与房东交接房屋等。

2. 企业2：民宿管家岗位职责

①熟悉精品民宿的产品知识及服务标准；

②根据项目经理/项目助理下达的当日工作指令、接待任务，实时掌握欲抵宾客信息；

③结合项目地的具体实际，提前告知客户本地的天气、交通等信息，提前做好服务准备；

④入住客户抵达项目地,第一时间接待客户,引领客户入住;

⑤与客户保持良好的沟通,介绍项目特色,了解客户各方面的需求和意见,及时反馈到项目经理/项目助理,根据指令解决问题;

⑥负责宾客从入住到退房的全程贴心服务,包括客房服务、餐饮服务、宾客活动等;

⑦作为客户服务的主导者,为宾客提供优质专业的管家服务,让客户有回家的感觉;

⑧及时有效地了解客户投诉,第一时间上报项目经理/项目助理,协调处理问题;

⑨维护小院的各项设备设施,安全排查;

⑩完成项目经理/项目助理安排的其他工作。

> **延伸阅读**
>
> ### 民宿管家养成记:有想法还得有体力 既是知己也是管家
>
> 这两天,时养山居的民宿管家郭曦可是忙得四脚朝天,从早晨一睁眼到晚上12点,脑子和嘴基本就没停过。
>
> 受疫情影响,近郊游成为热门,郭曦所在的时养山居也迎来疫情发生以来的第一个"客流小高峰"。有人说民宿管家是诗意且自由的,实际上,作为民宿主最为得力的助手,他们背后有着有很多想不到的琐碎日常。
>
> **上得厅堂下得厨房 大事小事全得管**
>
> 时养山居位于章丘区石子口村,锦阳关西、齐长城脚下。在这里,石头墙、茅草顶、古街小巷蜿蜒;石磨、石板、石瓮,山间花草相映成趣,充分展现了乡间之美。
>
> "五一"小长假期间,时养山居只启用了60%的房间,眼下基本处于满员状态。设想中,郭曦的生活是这样的——把房间细节布置成自己喜欢的模样,插花、看书、迎来送往、谈天说地。但谈到管家的日常,郭曦表示:"你可能对我们有误解。"怎么个误解法呢?以她"五一"假期的工作安排为例——
>
> 每天清晨,伴随着鸟鸣声,郭曦将准备好的"温馨提示"发给要入住的客人,"5月天气变幻无常,为了准确起见,我们把发送时间从头天晚上改到当天早晨"。除了提醒当天的温度、湿度,还要提醒客人备好外套、做好防护等。
>
> 最近客人太多,民宿里的阿姨们忙不过来,发完短信后,郭曦和同事要自己上手做早餐。一份清粥、几个花卷、一份山间小咸菜,送上的是山间的味道。忙活完早餐,就得忙着接待客人。等阿姨做完基础的打扫后,郭曦和同事需要再一次检查房间的角落、

被套、浴巾……哪里缺什么，她会第一时间联系同事补齐。若是有空闲的话，他们还会去山里转转，捡回一些山间野花、树枝，或者石头、枯藤，供设计师挑选布置房间。待客人入住后，他们也要随时做好准备，满足客人的需求。所以，当记者问，一个管家需要具备哪些素质时？郭曦和同事异口同声地说——要体力好。

夜深人静时，郭曦还要考虑未来要做的民宿活动策划，或者推送一些诗情画意的公号文章。5月1号这天晚上，她回到房间，洗去一身疲惫后，还要准备第二天直播需要用的稿件。

尽管刚31岁，但郭曦已经具备了丰富的民宿管家经验。2016年，因为一些事情，曾作为地产策划的郭曦辞职去了昆明散心，并留在那里开了一间三层小楼的客栈，她还常带着客人四处玩耍。"这也是南方民宿和北方民宿的不同，像咱们这里的民宿，多是一家人或者同事一起前来，大多时候他们并不需要管家陪同游玩。"

回忆起那段时间，郭曦用"苦乐参半"来形容。彼时，客栈已经发展到了中末期，民宿日渐兴起。考虑到孩子上学等事宜，郭曦回到济南，来到了时养山居。她说，是老板的经营理念打动了她，她也想让时养山居所倡导的"乡村生活美学"，走进更多人的心中。

郭曦表示，民宿带来的是一种朋友甚至家人的亲切感，管家作为"主人"给客人所带来的感受至关重要。除了体力好，做管家还需要具备哪些技能？在时养山居的创始人孙同山看来，一名好的民宿管家，就要琴棋书画诗酒茶，样样精通，岁月静好是他们，养花喂鸡也得是他们。"每天迎来送往这么多客人，你若具备丰富的知识面，至少可以跟他们聊聊爱好，让他们在这里得到放松。"

资料来源：舜网 - 济南时报（https://news.e23.cn/jnnews/2020-05-03/2020050300018.html）

三、个性化、特色化的员工服务

民宿虽然属于非标准住宿业，但其服务过程中也必须符合标准化的操作流程，比如客房清洁消毒工作的开展、前台办理入住登记的流程等。但在此类标准化操作之外，民宿之所以吸引客人的就是其个性化的地方，如独特的选址、个性化的设计、当地的菜肴、当地的民风民俗等。其中，民宿员工的服务品质，尤其是个性化、特色化的民宿服务是最打动客人的，也是民宿赢得口碑的一个最大亮点。因此，民宿里的每一个服务人员都需要被充分挖掘和调动起服务热情，展示愉快的精神状态，激发主观能动性，为客人创造流程之外的好服务。

延伸阅读

民宿首先是一个"家"

民宿不同于传统的饭店、旅馆，未必需要高级奢华的设施，但它要让投宿者感受到民宿主人的热情与服务，这是一种宾至如归的体验。民宿首先是一个"家"。从民宿起源与最初的经营者来看，大部分是民宿的主人，或是归乡者，对民宿注入了情怀——一种浸入骨子里的乡情。

民宿代表一种态度，外来者与其说是住进一间民宿，倒不如说是住进了主人的情怀里。及至后来民宿经营者变成运营者，由于过多地加入了商业化开发，甚至出现了连锁性品牌输出，由单门店变为规模化，由家庭化变成企业化，由民宿主人变为民宿投资方，其经营模式的人性和亲情化，也就随之淡化和转变。商业化和产业化与民宿产生的初衷显得格格不入，逐渐偏离了民宿的真正含义和原始动机。

一、基于"问俗"诉求，需要乡土化

民宿应该能够让投宿者体验当地民俗风情，体味有别于平素的自然、文化与生产生活方式。例如，贵州是一个多民族共居的省份，其民族、民间和民俗文化对于旅居者是最具风情、最具魅力、最有吸引力的。黔东南西江千户苗寨乐耘阁·私宿创始人向辉曾提出"打造原生态的文化体验，田园乡野特色的休息环境，一个乡村就是一个乡土文化博物馆，一个民宿讲述一个乡村历史故事"，这是有道理的。

民宿一旦与地域的、原真的民俗文化结合，其风格、功能、产品也就有了依托。在推崇差异化文化体验的休闲旅游时代，如果民宿设计者和经营者只是关注建筑风貌、装修风格，而不注重浸透在民宿骨子里的地域性风物化、风俗化、风情化和风味化的产品内容，可能就与民宿所产生和赖以生存发展的市场背道而驰了。

二、基于"定制"诉求，需要个性化

从目前国内民宿主要消费人群看，主要是城市周边游客和外地游客，30岁至40岁的已婚中产阶层居多，这与民宿的定义基本吻合。该群体消费能力强、生活品质要求高，有定制化住宿服务诉求。定制化预示着高端化和个性化，高端化不仅是装修层次，还有环境、位置、服务的优劣。个性化是满足投宿者的差异化需求，包括选址上的因地制宜、建设上的因势而造、产品上的因人而异等。

以五星级酒店的住宿体验为例，当客人入住时，就是他们在创造自己在五星级酒店的生活方式。而民宿主人则会主动根据住宿者的情况提供富于亲情、未必高端的生活方式。

当然，个性化不能排斥标准化，标准化也不会带来个性化的消亡。民宿是服务产品，而服务必须要有标准化作为保障，如服务设施、接待设施、管理设施等硬件上须标准化，但服务内容、手段等方面就完全可以个性化。准确地说，民宿应该是以标准化为保障的个性化商品，重要的是不断有超出客人期望的精细服务。

资料来源：2019年5月25日《中国文化报》

第三节　民宿人员管理

一、民宿的人员配备

（一）单体民宿

对于单体民宿而言，需要配备的人员主要包括民宿主、管家、前台、清扫员这几个基本的岗位。此外，可根据民宿自身特点增设相应岗位。例如，提供餐饮服务的需要配备厨师及后厨人员，后厨人员可由清扫员兼任，也有一些民宿与乡村村民合作，厨师就是当地的村民来兼职；还有一些岗位如司机、导游可以由本民宿内员工兼任。民宿主要注意挖掘民宿员工潜能，更大化地发挥每一位员工的效能。同时要与当地村民保持良好的合作关系，广为建立个人的人脉圈子，以便在淡旺季可以及时满足民宿用工需求。

（二）连锁品牌民宿

连锁品牌民宿每家独立门店的人员配备基本与单体民宿类似，岗位及人员配置无太大差异。但在做品牌化及对外扩展的计划时，要注意人力资源的开发及培养。例如，培养有潜力的店长及管家队伍，在吸引本地居民就业的同时，有计划地引入年轻的团队进行培养发展，为下一门店的开业物色合适人才。

二、民宿人员配备原则

民宿成本主要是租金和人力成本，如果可以把某些功能性区域整合，让工作人员同时兼顾若干职责，那么在配备人员时，就能减少岗位设置，将员工整体运用起来，才能降低人员成本。举一个反面的例子，丽江有家民宿，在一层的门口设置了前台，但整个大厅和其他功能区都在二层，客人无论什么时候到访，前台都是空着的。这种情况下，这个前台的设置没有任何意义，还给客人留下生意萧条冷清的印象。

民宿是服务行业，人性化的民宿服务需要人来提供，民宿里"人"的要素非常重要。"节约人力成本，开发人力资源，创造最大价值"是民宿经营必须考虑的问题。

（一）高薪养人

为了减少人员流动性，"薪酬领先"是一个重要的做法。民宿管家的工资水平高于市场平均水平，提供行业内较高水平的待遇和条件，员工也会回报更好的工作状态，给客人提供更贴心的服务。

（二）培养复合型人才

创业初期的民宿更应该找全能型的伙伴，除了基本的工作能力以外，如果还会做饭、拍照、写文，那就是捡到宝了。当然，如果对方没有这样的加分项，那么只要人够机灵，也愿意学习，后期花时间慢慢培养，能达到身兼多职的水平，也是可以节省人力成本的。

（三）在地性

民宿经营要与当地民众和谐共存，为当地民众创造就业机会。民宿管家可以在本地居民中挑选合适人选进行培养，同时也能减少人员流动性。管家、前台按照本地人、外地人1∶1比例进行招聘，一般的优先顺序是人品、性格和善、可塑性强、有团队意识。1∶1的比例是因为一般外地员工更容易上手工作，但是稳定性不够；本地人稳定度高，但需要时间来培养。保洁、厨师、采购基本要当地人，基本要求是真正有工作的需求和团队意识。

（四）价值观认同

如果说民宿是一种诗与远方的美好，那么民宿从业者就是制造这份美好的幕后人物。美好的背后是大量辛苦和琐碎的工作，很多年轻人来了之后才发现，一地鸡毛的日常粉碎了原来他们对于民宿风花雪月的想象。树立民宿的自我价值观，同时给年轻人充分的信任，也是留住年轻人的方法之一。当员工认同民宿主的价值观，对工作有兴趣，那么他就会留下来，和民宿共同成长。

（五）学习和成长空间

给予员工可预见的晋升机制与职业发展规划也是有效方式之一。这一条原则主要适用于资本推动的品牌民宿，因为有了公司化的运作，员工有了更多的上升空间、更明确的晋升机制，招人留人的问题就不是那么迫切。员工觉得在这不仅仅是个磨炼场，是个跳板，更是个平台，是个安心的职业环境。建立这样的心灵屏障，更易留住核心人才。

单体民宿也应该在培养人才上注重学习和成长空间的设置，让员工在工作之余通过培训、访问交流等形式拓宽视野、提升技能，从而更好地为民宿服务。

三、民宿人员招聘及培训体系

在民宿的运常过程中，员工管理需要分三个阶段，根据不同需求进行招聘。

1. 第一阶段（创业初期也同样适用）：顺手、信任、听话

因为民宿刚开业，也就是创业初期，各方面都不成熟，这个时候找身边熟悉并且干活积极的人较合适，毕竟民宿就是家，每天各种琐碎的小事要处理。这时候以亲属或是熟人为主，这样大家做事民宿主心里有底，便于工作的安排与开展，同时，因为知根知底，可以更好地进行互补工作，其中最重要的一点是信任。

2. 第二阶段（稳定期）：梯队

民宿运营到一定时期，基本上是半年左右，需要有持续的人员培养机制，可以通过各类招聘网等渠道，招聘相对应的人才。比如，OTA专业人才、客房管家、厨艺好的阿姨、甜品师或者咖啡师等，根据店内具体的情况分析，确保人员跟上店里经营情况。

3. 第三阶段（成熟期）：快速批量复制基础员工

民宿运营到成熟稳定期的时候，民宿主要有能对新进员工做到快速地培养培训的能力，使之能迅速上手，做到用人而不依赖人。

民宿需要拥有系统的培训体系。每个新入职员工都需要进行1~3个月的培训，理论+实操的培训使得员工在短时间内就融入企业文化，不仅习得工作技能，更对企业文化产生认可，从而更好地为民宿和客人服务。

四、日常劳动力安排

（一）预测工作量

民宿淡旺季特征明显，尤其是乡村民宿，双休日、节假日往往一房难求，工作日客情较淡，因此需要预测客房出租率与工作量，确定所需要的员工数，做到客情忙时事事有人做，闲时人人有事做。

（二）淡旺季人员合理安排

由于淡旺季客流量的差别，对应则是淡旺季工作量的差别，尤其体现在客房打扫卫生人员数量上。要灵活安排人员，如旺季所有员工没有特殊情况停止休息，工作日采取补休制度。同时可以通过兼职形式来招聘清扫客房的人员或者义工。

下面以浙江金华昱栈民宿为例说明民宿劳动力的安排：

（1）员工编制。昱栈民宿12间房间，1间杂货房。9名员工，其中1人管家，8名员工，全部是当地的村民。

（2）班次安排。平时2人早班，2人中班，2人夜班，1人休息，1人管家（正常班），1人杂货房（正常班），双休日客情较好，安排早班3人。

早班：6:30~16:00

中班：13:00~22:00

夜班：22：00~次日 6：30

（3）工作职责。昱栈民宿分工不分家，员工基本都是多面手，日常工作职责：

引领客人从村口到客栈；

前台入住、退房、预订服务，饮料、咖啡服务；

客房清扫、厨房、餐厅、庭院等公共区域清扫；

做早餐并负责提供早餐服务；

采购每天的菜品原料（管家负责）；

负责餐具洗涤、抹布洗涤。

（三）采用小组作业制

民宿许多工作尤其是客房清扫工作、搬运布草等工作，劳动强度较大，既可以采用各人单干的形式，也可以采用两人一组的形式进行。采用两人小组的工作方式，不仅可以提高员工的工作效率，还利于降低劳动强度、增加员工工作安全系数。

> 延伸阅读
>
> **大理町隐民宿：民宿留不住人？这 5 个法则解决你的"人才危机"**
>
> 对很多民宿经营者来说，留不住人是一个特别头疼的问题，好不容易培养起来的员工，说走就走，不仅浪费培训资源，更影响公司业务。招不到合适的人，或者是招到人才之后留不住人，然后"365 天都在招人"就几乎成了民宿经营者的常态。尤其偏远地区的乡村民宿而言，招人就更为困难。
>
> 疫情过后，有人离职，就有人入职，怎样解决目前的"人才危机"？
>
> **一、员工本地化原则最能留人**
>
> 不是所有人都想出去看看，在大理、拉萨、香格里拉等旅游重地，很多年轻人一直深爱并陪伴着自己的家乡。如果民宿内员工更新换代太快，不妨把招聘重点放在返乡创业青年、返乡优秀大学生的身上。对于本地的文化、饮食、传统、地理交通相对熟络，有一定阅历，稳定性高，还有一颗特别想要挣钱的欲望。
>
> **二、开启合伙人模式，让员工成为民宿的主人**
>
> 一个人会持久并且百分百用全力的时候，那一定是做自己的事情的时候。怎样让员工把这家民宿当作自己的事业，一个方法是金钱，另一个就是权力。若民宿效益可观，可根据情况承诺年终分红；若是维持生存都比较吃力，建议权力赋能。不要只是把员工当作执行者，要让他们真正参与到民宿的运营中来。影响员工去留的是薪资，但对于有梦想、干劲十足的年轻员工来说，赋予其权力，给予其机会，让他创造比几千块钱更有

价值。

三、员工的认同感比金钱更有效

很多民宿主一听企业价值观这个词，也许会不由得翻白眼：小微住宿哪里来的企业价值观。一个民宿主的价值观，换个词就是个人魅力。员工认可老板这个人，和认可这个公司这个人一样重要。价值观和薪酬都能留人，但是员工对于企业或老板的认同感比金钱更能持久，并且会在工作中全力以赴。武侠小说中的教派教义，便是这个原理。

四、提供可预见的晋升机制和职业发展规划

这世界上可能有不想当将军的小兵，但是绝没有想做一辈子前台的年轻人。但看到这里，大家可能会说：不就是画饼嘛，我几乎和每个人都画了，可还是走了呀。画饼，不如喂他吃饼。如果员工想走得更高，那就运营管理的书、OTA运营的实操课等工具不要吝啬，让他看到你在帮他，比让他希望你会帮他要好得多。

五、身兼多职，不是培养人而是赶人

别做梦了，懂管理、善沟通，还能弹弹吉他给客人助兴，也能摄影、写文案，这样的人估计只能在影视剧里去寻找。无论老板怎样撒情怀，但对于身兼多职的员工来说，他会越来越觉得自己就是一个打杂的。而且人的精力有限，压力越大，员工越想走。

资料来源：腾讯网（https://new.qq.com/omn/20200226/20200226A0RLBR00.html?pc）

本章小结

较标准化住宿业而言，民宿组织机构的建立受条框限制较少，适应于民宿房间少、功能相对单一的特点，岗位设置上体现层级精简化，员工多面手，主人（老板）亲上阵等趋势，但麻雀虽小五脏俱全，任何一个岗位缺一不可。

思考与练习

1. 谈谈民宿的设立过程中哪些岗位是必不可少的？为什么？

2. 调研题：

（1）调研1~2家不同规模的民宿，考察其组织机构及员工配备。

（2）假设未来你要筹建一家5间客房的乡村民宿，通过走访调研，画出你要筹建的乡村民宿的组织机构图及员工配备。

第六章 民宿的日常服务与管理

案例导学

除了专业和热情，民宿服务还需必会的十要素

衡量一个民宿服务人员是否优秀，除要看是否具备一定的专业知识及能力和微笑友好的服务态度两项"硬指标"外，还要看在下面10个方面是否具有多种服务技能体现。也就是说，一个优秀的民宿服务人员，除具备专业化、流程化、个性化服务品质外，下面10项服务体现更是一种超越自我、追求卓越的表现。

一、真情服务

在对客服务中，热情不能少，真情更可贵。热情很容易做到，要做到真情自然流露在服务的全过程中，可没那么容易，搞不好还会弄巧成拙，画蛇添足。

所谓真情服务，就是要求每一个服务生把客人当作自己的亲人一样看待，真心实意、心甘情愿地为他（她）服务，发乎情、发乎心，不矫揉造作，不惺惺作态，一切在自然而然中体现好客之道和服务技巧。

二、随时服务

也叫随机服务。在对客服务中，有量化的服务分工、服务流程、服务标准、服务时限，这些是构成做好服务的基本内涵。但如果是仅仅囿于条框的服务体系而生搬硬套、墨守成规，服务的价值就会大打折扣。

例如，客人问正进行餐饮服务的服务生，医务室如何去？服务生借手头活忙而随手一指随便应付一下就了事，客人就会对先期好的服务印象留下遗憾甚至反感，这是服务生随时服务意识不强的表现。因此，可以说，随时（机）服务又是一种主动服务的表现，是规范化服务程序中没有固定公式的服务。

三、超值服务

每一个客人进入民宿消费前，心中都装着一个期待值。例如，期待饭菜可口，物美价廉；住得卫生，舒适安全；娱乐项目齐全，富有特色等。

如果这些基本的期待值能够得到满足，算是初步完成了店方与客人的心理融合和价值认同。如果在此期间或第二次光顾的时候，我们能够做到出品更好、服务更周全、服务项目更精彩，甚至包括能够记住客人的名字和固定消费偏好等，客人就更会有物超所值的感觉，久而久之，该客人必定会成为民宿的固定而忠诚的客户。

四、精细服务

俗话说"细微之处见精神"，民宿服务无大事，多是一些细微琐碎小事。小事做细做精才能达到做好，做不细做不精就可能做不好。因此，在细微之处下功夫，是每一个优秀服务生必须锻炼的一门功课。某些客房服务员在碰到外地客人询问"××地方如何去时"，不是简单地指一下方向和道路就了事，而是拿出一份市内地图，详细介绍其方位、坐车路线、里程数、可能碰到的相同地名或相似建筑物名称等，令客人一目了然，倍感服务之细微和周到。

五、距离服务

民宿服务不仅要热情，而且要得体，要能够把握服务的分寸和距离，该到位时要在位到位，该保持一定距离时应该坚持做到距离服务，既不太近也不太远。例如，两情侣在西餐厅举行烛光晚餐，两个服务生一左一右站在边上"殷勤"备至，一会儿加水，一会儿换碟，弄得两情侣兴趣索然、扫兴而归；还有卫生间的服务生，目不转睛地站在客人旁边盯住客人，热情过了头，让人无所适从……距离产生美，太近或太远都是不适宜的，掌握得好与不好是衡量服务生是否灵活与优秀的标准之一。

六、隐形服务

在服务过程中，我们既要提供有形的服务，又要提供无形服务或隐形服务，也就是说，在一些特定的服务过程中，隐形服务更能满足和照顾客人的潜在需求，比有形服务更能体现尊重客人隐私、传扬民宿品质的作用。例如，上面所讲的卫生间服务；还有例如利用客人去吃晚饭之机开夜床，就比客人在时开夜床效果要好得多；如此时再带送一枝玫瑰放在床头，效果就更好，比当面送一大束花的效果还要好，浪漫与温馨在不经意间表露无遗，怎不令人难忘呢？

七、贴心服务

服务虽有距离、间隔、频率、标准之分，但有一点不能因为服务形式与内容不同而疏忽的，那就是贴心服务。无论客人老幼、男女、国籍不同，但都有一个共同的愿望：渴望得到民宿人员的贴心服务，尤其是心灵的融通与慰藉，一解离乡之愁和离别之苦。

八、婉拒服务

世界上任何再高知名度的民宿，在满足客人的需求方面，不是无限度的，而是有限度的。那么对于提供不了的服务需求或是非理性的要求，优秀的服务生会使用委婉的拒绝艺术，而不是简单而生硬地告知"没办法做到""民宿没有这项服务""不可能提供"等。

九、远程服务

不要以为民宿所提供的服务都是即时服务、当面服务，殊不知，在当今信息化时代，民宿也有远程服务的义务和内容。例如，客人通过互联网预订、远程电话预订、第三方预订等，虽然见不了面甚至信息交流不对称，但其服务的快慢与好坏同样影响民宿的品质与品牌。因此，在此过程中，一个优秀服务人员不仅能够当面做好服务工作，而且同样能够充分选用先进的营销网络及时做好远程服务，为民宿创造无限商机和赢得客人赞誉。

十、错位服务

虽然民宿服务分工明确，各司其职，但有时又避免不了交叉服务的可能，因为客人的即时消费意向可能发生在民宿某时某地某种情境下，这个时候，民宿就会出现错位服务现象。如果缺乏一定的应变能力和专业知识的话，服务时就有可能手忙脚乱，疲于应付，错失民宿赚钱的好机会。

资料来源：携程酒店大学（https://www.sohu.com/a/301762983_653908）

第一节　民宿前台接待服务

民宿对客服务是指服务人员面对面地为客人提供各种服务，满足客人提出的各类符合情理的要求。掌握各项对客服务工作的程序和标准，才能更好地输送服务，提高客人的满意度。

民宿的前台接待服务包括总机服务、客房预订服务、迎宾服务、入住接待服务。

一、总机服务

电话是对客服务的桥梁，民宿总机的服务质量直接影响客人对民宿的印象，总机服务在对客服务及民宿经营管理过程中发挥着非常重要和不可替代的作用。民宿一般不专门设置总机，通常是前台接待员兼任。

（一）接听电话服务

接听电话服务程序和标准：

1. 及时接听

前厅服务人员听到电话铃声，要立即接电话。在三响之内接听，铃声不应超过三声，这样才能体现民宿的工作效率。

2. 问好并自报家门

接听电话要求用普通话。通话时，听筒一头应放在耳朵上，话筒一头置于唇下约五厘米处；中途若需与他人交谈，就用另一手捂住话筒。简单问候，迅速报出民宿名称。

3. 认真接听

接听电话时，要精力集中，如两部电话同时铃响，先接其中一个，向对方致歉，请其稍等一下，迅速接另一个电话。

4. 使用礼貌用语

接打电话时要注意使用礼貌用语，任何时候，不能使用"喂""不知道""什么""不在""我很忙"或者随便挂断电话。热情、修辞恰当的语句是电话回答成功的一半，因而不要用非正规、非专业化以及不礼貌的词语。

5. 做好记录

若是重要的事，应做记录。记录时要重复对方的话，以检验是否无误。电话接听完毕之前，不要忘记复述一遍来电的要点，防止记录错误或者偏差而带来的误会。

6. 结束通话

以对方挂断电话方为通话完毕，任何时候不得用力掷听筒。要等对方先挂断，然后自己再轻轻放下话筒。

（二）叫醒服务

叫醒服务程序和标准：

1. 接受叫醒

（1）问清宾客房号、姓名及叫醒时间；

（2）复述并确认宾客的叫醒要求；

（3）填写叫醒记录表。

2. 使用定时钟

在定时钟上定时。

3. 叫醒宾客

（1）定时钟响后，用电话叫醒宾客："××先生（女士），早上好，叫醒您的时间到了，祝您一天愉快。"

（2）若无人应答，隔三分钟再叫一次。

（3）若再次无人应答时，应到客人的房间，查明原因，采取措施。

4. 注销

在叫醒记录表上登记注销。

二、客房预订服务和入住准备服务

民宿的客房预订是指在客人抵店前对民宿客房的预告订约。民宿的利润收入靠的是成功地出租客房，让宾客使用民宿的其他设施。预订服务可以开拓市场，稳定、提高客房出租率；可以掌握客源动态，预测民宿未来业务。

（一）客房预订服务

客房预订程序和标准：

1. 了解宾客需要

仔细阅读网络信息，了解宾客需要及客人情况：预订人及宾客姓名、联系电话、到店及离店时间、要求的房间类型及间数、房间价格及附加服务。

2. 查看房态

检查房间状况。

3. 接收预订

确认书里要有说明民宿保证类预订和预订未到的收费规定。

4. 复述核对订房

将下载的订房信息输入计算机，确保计算机中有预订信息，信息输入准确。

5. 发出订单

回复确认，发出订单。

6. 留存资料

按照预订的到店日期存放在资料夹中以便查找订房资料。

（二）入住准备服务

入住准备服务程序和标准：

1. 主动联系

确认客人订单后，第一时间找到客人联系方式，添加客人微信。

2. 搜集客人资料

（1）告知客人已经预订成功。

（2）询问客人出行有关信息：乘坐的交通工具、抵达时间。

（3）出行目的：旅游、商务还是度假等。

（4）同行情况是否有孩童或者老人。

（5）饮食方面有哪些禁忌。

（6）有没有行程安排。

3. 告知客人相关信息

给客人发送民宿地图信息及乘车信息。如果客人自驾游,需告知客人行车路线。

三、迎宾服务

迎宾服务是民宿直接为客人提供迎客和送客,并且提供运送行李的相关服务,是民宿的服务质量门面。客人抵店时的迎接服务工作,时间不长,影响却很大,往往会给客人留下深刻的印象。民宿需提供热情礼貌、主动周到的服务。

让客人轻松抵达民宿入住是一切接待的基础。客人到达的是一个陌生的地方,提前和客人沟通使客人了解入住程序非常重要。民宿管家需要尽可能地亲自接待第一次来访的客人,帮助客人了解当地及客房的安全使用事项。

迎宾服务程序和标准:

1. 联系宾客

(1)使用电话、短信、微信等快捷联系方式与客人在第一时间取得联系。

(2)发送目的地地图定位,目的地楼体外观图片及附近地标建筑物图片,给出详细的到店指引。

(3)了解客人到店时间。

2. 迎接

(1)站立在路口或者停车场。

(2)随时准备迎接客人的到来。

3. 迎候

主动问候客人、自我介绍,视情况询问客人是否需要帮助提拿行李。

4. 引领客人到民宿前台

(1)在客人左前方或右前方约一米处引领客人,途中介绍民宿情况,当地风土人情,热情回答客人的问题。

(2)引领客人到前台办理登记入住手续。

四、入住接待服务

民宿的入住接待是民宿工作的核心内容。服务的好坏直接影响客人的感知度。

入住登记服务程序和标准:

1. 问候客人

(1)热情友好地问候客人,向客人表示欢迎,主动为客人提供帮助。

(2)主动确认客人姓名并称呼客人。

2. 办理入住手续

（1）办理入住手续时和客人确认房费与房型。

（2）在最短时间内为客人办理完入住手续。

3. 准备钥匙

（1）为客人准备钥匙、匙包："这是您的钥匙，您的房号是×××。"

（2）介绍用早餐时间与地点。

4. 信息储存

（1）接待完毕后，立即将所有有关信息输入电脑，包括：客人姓名、地址、付款方式、国籍、护照号码、离店日期等。

（2）检查信息的正确性。

（3）登记单存档，以便随时查询。

第二节　民宿客房服务

一、客房服务的重要性

客房是游客到达民宿后主要享受的产品，也是游客所在时间最长的地方。游客对民宿的需求首先是对房间的需求，所以客房产品是民宿经营的主要产品，也是民宿创收的"营业中心"，在民宿中占有重要的地位。

（一）客房是民宿经济收入的主要来源

民宿的经济收入主要来源于三部分，即客房收入、餐饮收入、其他收入。其中，通过为游客提供住宿服务项目而取得经济收入，一般占民宿总收入的65%左右，收入稳定。从利润角度分析，客房经营成本比其他部门都小，所以说客房是民宿经济收入的主要来源。

（二）客房是民宿向游客提供服务的基础部门

客房是民宿的主体，是民宿存在的基础。在民宿建筑中，客房占70%~80%。客房满足了游客休息、睡眠、会客等需求，客房所提供的一系列服务是民宿服务的主要组成部分。游客到民宿来主要是享受乡野的田园气息，感受大自然的魅力和纯朴的民俗文化，而所有的这些都可以在民宿所提供的客房中感受到，所以客房所提供的服务就是最核心的服务。

（三）客房是民宿服务质量的重要标志

客房是游客在民宿逗留时间最长的场所，游客对客房更需要有"家"的感觉。因此，客房的卫生是否清洁，服务人员的服务态度是否热情、周到，服务项目是否丰富等，对游客有着直接影响，是游客衡量"价"和"值"是否相符的主要依据。客房服务质量是衡量整个民宿服务质量的重要标志。

二、引领客人进房服务

客人住店期间，不仅要求客房清洁、舒适，还要求提供相应的服务，客房服务是民宿服务的重要组成部分。

引领客人进房程序和标准：

1. 引领客人进房

（1）在客人左前方或右前方约一米处引领客人，途中介绍民宿情况，热情回答客人的问题。

（2）到房门口后，告知客人这就是他的房间，用客人的钥匙将门开。

（3）打开房门后，退到门边，请客人先进房间。

2. 介绍房内设备设施

（1）视情况向客人简单介绍客房，如果客人比较疲劳或熟悉客房设施设备，则不需介绍。

（2）告诉客人联系方式，以便有事联系。

（3）祝客人住得愉快，面向客人关上房门，退出房间。

3. 做记录

在"管家服务日报表"上做好记录。

三、住店服务

（一）开夜床服务

为了让客人有一个舒适的睡眠环境，一些高档的民宿为客人提供开夜床服务。夜床服务主要包括三项工作：房间整理、开夜床、卫生间整理。

开夜床服务程序和标准：

1. 进入客房

（1）按进房程序进入客房。

（2）如客房有"请勿打扰"标志，不能进房。

2. 开灯

逐一开亮房灯，检查是否正常。

3. 拉窗帘

拉上厚薄两层窗帘。

4. 开夜床

（1）双床间住一位客人，一般开临近卫生间的那张床，折角开向靠床头柜一侧；住两人，则各自开靠床头柜的一侧。

（2）大床间住一位客人，开有床头柜一侧；住两人，则开两侧。

5. 放置晚安卡等物品

将晚安卡、遥控器、拖鞋放在规定的位置。

6. 打开电视开关

检查电视频道设定是否正确，音像是否清晰，并将其调至规定的频道。

7. 收集烟缸及杯具

（1）将脏烟缸放入卫生间备洗。

（2）杯具最好采用更换的方式。

8. 收集垃圾

（1）收集房内垃圾，将垃圾倒入大垃圾袋内。

（2）清洁垃圾桶，更换垃圾袋。

9. 整理客房

整理客房内零乱的物品，使之归位。

10. 补充客用品

（1）补充房间客用消耗品。

（2）如有加床，需按规定添加客用物品。

11. 整理卫生间

（1）清洗烟缸等用过的器皿，擦干后归位。

（2）清洁客人用过的卫生洁具。

（3）将防滑垫平铺在淋浴间地面上。

（4）如果是浴缸，将浴帘开三分之二。浴帘底部放入浴缸内；将地巾展开，平铺在紧靠浴缸的地面上。

（5）补充卫生间消耗品。

12. 自我检查

检查有无遗漏之处。

13. 关灯离房

（1）客人不在房间，关灯（保留床头灯），关门离房。

（2）客人在房间，则需礼貌地向客人道晚安后退出房间。

14. 填写报表

按要求填写"管家服务日报表"。

（二）加床服务

加床服务是民宿提供的服务项目之一，通常分加成人床与婴儿床。

1. 加床服务程序和标准

（1）做好记录

接到加床服务的通知后，服务员立即在工作单上做好记录。

（2）准备物品

将添加的物品送至客房。如客人在房内，主动询问客人，按客人要求摆放好加床；如客人无特别要求，将加床放在规定的位置。

（3）铺床

按铺床程序铺好床。

（4）添补客用品

按要求添补杯具、茶叶及卫生间客用消耗品。

（5）关门离房

将门轻轻关上。

（6）填写报表

按要求在工作单上做好记录。

2. 加婴儿床服务程序和标准

（1）做好记录

接到有关提供婴儿床服务的通知后，应立即做好记录。

（2）加放婴儿床

将婴儿床放在房间适当的位置，按要求铺床。

（3）补充客用品

提供婴儿床服务的客房应增加以下客用品：儿童香皂1块，沐浴液1瓶，小方巾1条，脸巾1条，儿童牙具1套，儿童拖鞋1双。

（4）填写报表

按要求在工作单上做好记录。

（三）租借物品服务

除提供给客人最基本的住宿条件以外，民宿还需购置一定数量的常用物品以满足客人的需求。可供客人租借的物品通常有充电器、旅游洁具包、台灯、婴儿洗澡盆、防过敏枕头、接线板等。

租借物品服务程序和标准：

1. 做好记录

问清客人要求租借的用品，在"管家服务日报表"上注明物品名称、编号和租借时间。

2. 将物品送进客房

（1）将客人需租借的物品送至客人房间。

（2）根据情况向客人演示物品的使用方法。

3. 收回被借物品

客人退房时，及时收回租借物品。

4. 清洁、消毒租借物品

租借物品清洁、消毒后，放回原处。

四、离店服务

员工应重视客人离店工作，并做好结账、送客等服务工作，给客人留下良好的最后印象。

（一）结账服务

结账服务程序和标准：

1. 接到宾客离店结账信息

主动问候，核对退房宾客姓名、房号，并收回钥匙。

2. 取出账单

（1）同行宾客结账，将一起结账的房间转入同一房间或同一账号，点击总账打印账单并检查同行房号，以免漏结。

（2）取出宾客账单。

（3）询问宾客结账方式。

3. 结账

（1）宾客核对账单无误后，在电脑中给宾客做结账。

（2）如是现金结账，打印发票及将找零一起递交宾客。

（3）如是信用卡结账，则按程序刷卡入账。

（4）如是微信、支付宝结账，则在手机上确认钱款是否到账。

4. 呈递发票

（1）呈递发票给宾客。

（2）结账手续办理完毕，向宾客致谢，欢迎宾客的再次光临！

5. 其他工作

（1）可以送给客人一瓶矿泉水或者其他的小礼品。

（2）适时发短信询问客人是否安全到达。

（二）走客房检查

客人离店退房时仔细及时检查，发现问题需及时报告。

走客房检查程序和标准：

1. 接到宾客离店结账信息

（1）迅速进房，仔细检查。

（2）特别留意枕头底下、床底、抽屉、淋浴间的置物架等处的检查。

2. 报告查房情况

（1）如有遗留物品，立即报总台送还客人；来不及送还的，交总台登记处理。

（2）检查客房设备和用品有无损坏和丢失；如有，应及时通知总台。

（三）客人遗留物品处理程序

客人遗留物品处理程序和标准：

1. 登记

收到客人遗留物品时，管家应记录在"客人遗留物品登记表"上，写明拾获日期、地点、物品名称、拾获者姓名。

2. 分类

遗留物品可分两类：

（1）贵重物品：珠宝、信用卡、支票、现金、相机、手表、商务资料、身份证、护照等。

（2）非贵重物品：眼镜、毛巾等日常用品等。

3. 保管

（1）所有遗留物品都必须保存在失物储藏柜。

（2）贵重物品与非贵重物品分开存放，贵重物品应专人管理。

4. 认领

（1）如有失主认领遗留物品，需验明其证件，且由领取人在遗留物品登记本上签名；领取贵重物品需留有领取人身份证件的影印件，由管家现场监督、签字，以备查核。

（2）若客人打电话来寻找遗留物品，需问清情况并积极查询；若遗留物品与客人所述相符，则要问清客人领取的方式。

（四）送客服务

送客服务是客房服务全过程的最后一个环节，此项工作做得好，能加深来宾的印象，使客人高兴而来，满意而归。

送客服务程序和标准：

1. 准备工作

（1）掌握客人离店准确时间。

（2）主动询问客人离店前还需要办理的事项，如是否要用餐、帮助整理行李等。

（3）征求客人意见，并提醒客人检查自己的行李物品。

2. 送别客人

（1）协助客人搬运行李。

（2）主动热情地将客人送到门口，以敬语向客人告别。

第三节　民宿餐饮服务

案例导学

民宿餐饮："一人份"引领"新食尚"

木质饭盒分成六格，分别装着一小份玉米、馒头、面包、咸菜、水果和白灼青菜……这是前天上午上海游客王新涵在东钱湖心宿福泉民宿吃到的"一人份"早餐。"种类多，我就着这些连喝了两碗粥，一点都没有浪费。"王新涵说，他是第一次在旅游途中吃上定制早餐。

"这种早餐方式在宋朝被称为'定食'，既丰盛、又节约。"民宿投资人徐恒勇告诉笔者，他查找了许多历史典籍，才找到了这种以饭盒定量供应的早餐方式。"我们一开始尝试过自助餐这种形式，但浪费太大了，所以才想到'一人份'定量供应方式。"徐恒勇说，这种仿宋式"定食"，不但让大家吃得饱，还很有文化和仪式感，绝大多数人能一顿吃完。

以往，为了体现热情好客，许多民宿的早餐参照酒店自助式，中午和晚上的桌餐不摆满一桌子菜不罢休。"也就是图个面子，其实每次看到大盘的剩菜是很心痛的。"象山"朝山暮海"民宿主人聂文华告诉笔者，他已经把餐食供应形式全部换成了"一人份"方式。

在客人预订房间时，聂文华就问清入住的具体人数和口味喜好，精打细算配置早餐，做到小份多量、吃完再添；午餐和晚餐取消点菜制，按照每人100元的标准统一配置。"八个人、十个人的，通过'八仙过海'这种围炉方式，让大家品尝虾、梭子蟹、蛏子等'一锅鲜'，而不是像往常那样一道菜一道菜地做；对于两三个人的，我们推出订制服务，四个海鲜六道菜，让他们能尝到地道的象山海鲜。"聂文华说，从上周起，民宿每天的食材采购成本与餐厨垃圾量同比均呈下降趋势。

资料来源：2020年8月23日《潇湘晨报》

"民以食为天"，饮食是满足人类生存的最基本活动。民宿通过出售菜肴、酒水及相关服务来满足游客的饮食需求。餐饮服务集中体现了一个地区的民风民俗、文化传承、历史沿革乃至宗教习俗。游客在餐厅不仅可以品尝风味各异的美味佳肴，还可以领略不同情调的饮食文化。

一、餐饮服务的重要性

（一）餐饮是民宿特色表现的重要组成部分

美食是体现民宿特色的重要组成部分，也是游客到当地旅游的最期待享受的内容。因此，餐饮是民宿经营的重要组成部分，也是体现民宿特色的重要内容。

（二）餐饮服务直接影响民宿的声誉和形象

餐饮服务人员为游客提供服务，是对客的面对面服务，所以她们的一举一动、只言片语都会在游客心目中产生深刻印象。游客可以根据餐饮的食品、饮料、质量及服务态度等来判断一个民宿的服务质量和管理水平的高低。因此，游客对民宿最直接的感官评价都是根据餐饮来评价的。

（三）餐饮为民宿创造可观的经济收入

餐饮收入是民宿重要的收入之一。餐饮收入是一个弹性的收入，虽然每家民宿的餐位是固定的，但是餐饮部的工作效率和专业化服务水平所产生的日接待人数和人均消费是不固定的，所以餐饮的收入伸缩性很大，一般民宿的餐饮收入占民宿收入的1/3。

二、餐饮服务的特点

餐饮服务是民宿员工为就餐客人提供餐饮产品的一系列活动，可分为直接对客的前台服务和间接对客的后台服务。前台服务是指餐饮营业点面对面为游客提供的服务，而后台服务则是指仓库、厨房等游客视线不能触及的部门为餐饮产品的生产、服务所做的一系列工作。前台服务与后台服务相辅相成，后台服务是前台服务的基础，前台服务是后台服务的继续与完善。

（一）无形性

无形性是服务产品的共性。尽管餐饮产品是具有实物形态的产品，它仍具有服务无形性特点，即看不见、摸不着，且不可能数量化。餐饮服务的无形性是指就餐游客只有在购买并享用餐饮产品后，才能凭借其生理与心理的满足程度来评估其优劣。事实上，大多数餐饮消费者选择一家餐厅时，往往只凭他们所得到的有关这家餐厅的信息，如从广告、亲朋好友的"鲜美可口、清洁卫生、价廉物美、环境优美"的宣传介绍中作出购买的决定。至于他们的选择正确与否，只能在他们亲临、享用之后，凭生理、心理的满足度来评估、判断。

正因为服务的这一特性决定了餐饮产品无专利性的命运。因此，餐饮企业必须明确餐饮产品的革新、创新的重要性，并充分认识到餐饮产品的生命周期是极其短暂的。

（二）一次性

餐饮服务的一次性是指餐饮服务只能当次享用，过时则不能再使用。这与航班的座位、饭店的客房、电影院的座位一样，当飞机空着一半座位起飞、饭店一天的客房出租率是30%、午场偌大的电影院只有十几位观众，那么，飞机的空位、饭店的空房、电影院的空位便成了无法挽回的损失。它们永远失去了这一天的销售机会，即使第二天客满也无济于事，因为前一天失去的收入永远无法弥补回来。这就要求餐饮企业应接待好每一位游客，提高每一位就餐游客的满意程度，才能使他们再次光临。

（三）直接性

餐饮服务的直接性是指餐饮产品的生产、销售、消费几乎是同步进行的，即企业的生产过程就是客人的消费过程。这意味着餐厅既是餐饮产品的生产场所，又是餐饮产品的销售场所，这就要求餐饮企业既要注重服务过程，还要重视就餐环境。

（四）差异性

餐饮服务的差异性主要表现为两个方面：一方面，不同的餐饮服务员由于年龄、性别、性格、受教育程度及工作经历的差异，他们为游客提供的服务肯定不尽相同；另一方面，同一服务员在不同的场合、不同的时间，其服务态度、服务效果等也会有一定的差异。这就要求餐饮企业应制定服务标准，并加强服务过程的控制。

三、餐饮管理的内容

（一）正确对餐饮内容定位

根据民宿市场环境和内部条件，认真做好市场调查，选准目标市场和客源对象，搞好市场定位，并据此确定民宿的经营风味、花色品种、经营方针、经营策略、产品价格，保证市场定位始终适应目标市场的需求变化。

（二）做好餐饮经营的预测和预算

根据市场定位和经营策略、经营措施，在市场调查与分析的基础上，认真做好市场预测，合理确定预算目标，编制餐饮管理经营计划，确定民宿餐饮的收入、成本和利润目标。

（三）做好食品原材料采购

根据计划目标和业务需求，做好采购业务、库房管理、领料发料的工作，保证生产的需要。

（四）安排好厨房生产组织

根据餐厅的经营风味，合理安排生产流程，继承和发扬烹调艺术，组织好厨房生产过程，保证产品质量。

（五）做好销售管理，提供优质服务

根据餐饮性质和风味提供优良就餐环境，合理安排服务程序，做好餐厅服务过程的组织工作，确保提供高质量、高效率的服务，满足游客物质和精神享受的需要，扩大销售，增加经济收入。

（六）做好成本核算和成本控制

制定标准成本和消耗定额，加强成本控制，做好成本考核和成本分析，降低劳动消耗，以获取优良的经济效益。

四、餐饮服务的基本程序

（一）早餐服务

多数民宿提供早餐服务，早餐可分两种方式提供：自助早餐与套餐小吃。

1. 自助早餐服务

（1）准备工作步骤和标准

①了解情况。了解当天早餐预计人数。

②开餐厅门。开餐厅空调，开空调应闭合所有窗户及窗纱。

③检查早餐台卫生，准备餐具。仔细检查早餐台卫生，准备充足的各式餐具。

④预热。布菲炉添加酒精，点火预热。打开粥桶、恒温炉、热水器、蒸笼电源提前预热。

⑤调配各式冷热饮、豆浆等。根据标准比例调配出品各式冷热饮，包括橙汁、柠檬水、红茶、咖啡、豆浆等。豆浆和咖啡旁各准备糖盅、不锈钢勺、搅拌棒。

⑥出品。冷菜出品摆放时注意荤素、颜色、口味搭配。糕点出品摆盘要注意干净美观，糕点不可超出盘边，盘内无面包屑。出品布菲炉内热菜，冬天应注意保温。出品白粥及其他粥类，应保持粥桶外干净。所有菜品配备相应的餐夹、公勺。

⑦再次检查。再次检查自身仪容仪表和早餐准备工作。

（2）自助早餐服务步骤和标准

①欢迎客人。客人到餐厅时，员工亲切、友善地问候客人，使用礼貌用语："早上好，欢迎光临！"

②提供服务。客人开始取自助餐时，打开所有保温炉盖，主动指引客人拿取餐。巡视餐台，随时注意所有菜肴剩余分量。如客人告知需打包时，应帮忙拿取一次性餐具。

③送别客人。客人离开餐厅时，热情礼貌送客，眼光平视客人，使用礼貌用语："请慢走，欢迎下次光临！"提醒客人带好随身物品及行李。

④结束工作。收回所有餐台上使用过的餐夹及密封各类调料酱汁。回收菜品，将所有菜品回收到厨房，厨房人员负责回收菜品。清洁餐厅卫生，关闭灯光、空调，关闭电视。将门口早餐指示牌收回餐厅。

（3）自助餐台服务注意事项

①应特别注意餐台卫生。

②冷菜盘边缘应保持干净，使用口布擦拭溢出汤汁，餐台上不可有残留菜物。

③随时归位被客人混用的自助餐夹，脏的餐夹及时更换。

④添菜时间不得超过2分钟，空位应摆放正在添菜提示牌。

⑤餐中应随时关注酒精燃烧情况，及时添加酒精保证炉温。

⑥餐台上发现有破损、污渍餐具应立刻撤走。

⑦发现菜品有问题应立即撤走并报备管家处理。

⑧任何情况下不得使餐台上餐具空缺。

2. 早餐套餐服务

套餐指一整套的饭菜组合。套餐的种类很多，民宿可以根据预期的目标来组合不同规格的产品打包销售来满足要求，消费者可按个人的消费标准或口味喜好来选择适合自己的组合套餐品种。民宿因体量小，住客数量不多尤其是旅游淡季，早餐用餐人数少，采用自助餐方式不容易操作。所以不少民宿采用套餐的方式为客人提供早餐服务。

①早餐提供的种类。早餐提供的种类要灵活多变，在保证食物质量的前提下，根据季节及食物价格，灵活更新早餐提供种类。

②量化食物。做到某些食物提供量与客人数量对应，如为每位客人提供一杯牛奶或两个鸡蛋。在准备时候，也可以稍多备一些，防止出现客人不够吃的情况。

③在餐桌上张贴"节约食物"等宣传标语，提醒客人不要浪费。

④根据每天客人剩余食物量做数据统计分析，选择更换食物种类及数量。例如，规定每天每人两个鸡蛋，经过几个月的数据表明，80%的客人只吃了一个鸡蛋，那么接下来就可以更换鸡蛋的供应量了。

下面提供某民宿餐饮服务供学习参考：

- 早餐套餐

    套餐A：蓝莓+脱脂奶+鸡蛋+玉米+西蓝花

    套餐B：营肉包+鸡蛋蔬菜饼+红枣枸杞汤套餐

    C：过桥米线、特色小吃

- 商务午餐套餐

    A：海鲷鱼套饭套餐

    B：铜锅饭

- 当地特色晚餐菜品

    供应火烧猪肉、永平黄鸡、泥鳅钻豆腐、土八碗等

（二）散客用餐服务

1. 餐前准备

民宿餐饮服务员在营业前，岗前列队站好，由民宿负责人分配布置当日工作。按服务程序做好开餐前的准备工作，这是做好服务工作的开始。

（1）环境准备

一要地面光：扫地、擦地板；二要四周洁：擦门窗玻璃、楼梯扶手、拂去墙壁、衣帽柜、装饰物等处灰尘；三要桌椅净，桌面无油、水迹，桌腿、椅背、椅腿擦净，检查有无松动、坏损，若有应及时修补；四要打扫工作台：工作台应干净、清洁、无灰尘、油污；五要调好室内灯光。

（2）物品准备

根据餐厅类别，将所需餐具、用具消毒后叠放在备餐间或备餐桌上：①所需餐具有餐碟、味碟、小汤碗、小汤匙、筷子等；②所需用具有台布、餐巾、小毛巾、调料壶、牙签筒、烟灰缸等；③备好供应的酒水饮料、茶叶、开水、冰块等；④在开业前，应熟悉当日菜单、品种、价格、主料、辅料。

（3）心理准备

在接待服务中，民宿服务员要做好应对各种情况的心理准备。来民宿用餐各种各样的游客都有，由于年龄、职业、身份、地区、性别的不同，因此用餐目的、标准及要求也各不相同，餐厅服务员要能做到眼观六路、耳听八方，处处留心，时时细心。

（4）仪容仪表准备

对服务员仪容仪表的总体要求是端庄典雅、庄重大方，给人以亲切、可信赖的印象。服务员上岗要精神饱满，注意力集中，面带微笑，举止庄重，落落大方，以最佳的精神状态做好开业前的准备。

2. 餐中服务

（1）迎宾引领

微笑问候。游客进入餐厅时，要有专职的迎宾员或餐厅经理站在餐厅门口热情迎接，礼貌问候，并说："您好！欢迎光临！""您好！您一共几位？""您好！请您随我来。"迎宾要面带微笑，真诚热情，目光正视，使游客一进门就留下一个美好的印象。

主动引领。迎宾员问候接待游客后，应根据游客的人数或要求，将其引领到合适的位置。为游客拉椅让座。拉椅时，餐厅服务员要用双手握住椅背，将椅向后拉一步请游客走到桌前，再将椅推回原处，并请游客入座，以示对游客的尊敬。

（2）点菜上茶

游客入座后，把菜单呈给游客。给游客5~10分钟选菜的时间。为在座的每一位游客斟茶。斟茶先从主宾开始，有老人的情况下，先由长辈开始。斟茶不要太满，七成为宜。

（3）订菜和酒水

民宿的订餐和正式的酒店相比，相对比较简单。一般游客都是到放有食物的保鲜柜点餐，而且菜肴相对比较简单，都是以当地特色的菜肴为主。餐厅服务员应向游客介绍本地的特色菜肴或者是自家养殖的畜禽。在订菜时，和游客说明计价方式。餐厅服务员应主动向游客介绍本餐厅经营的各种酒水饮料，认真记录游客所订的酒水饮料名称。另外，还可以向游客介绍当地具有特色的各种酒水饮料。

（4）传递菜肴订单

游客订菜后，餐厅服务员要将订菜单分别送到厨房、吧台和账台。送到厨房的一联要根据游客订餐情况分别准确地送到冷菜间、热菜间和面点间，以便厨师照单准备。目前许多餐饮企业为了防止厨房出菜上错桌，大都采用在传菜单上夹夹子的做法。餐厅服务员将特制的夹子夹在传菜单上，厨师把菜做好后将夹子夹在盘边。每个夹子上都写有游客所在餐桌的号码，传菜员将菜传到桌旁，将夹子取下，把菜盘送到餐桌上。

（5）上酒水饮料和上菜服务

上酒水饮料时，当着游客的面示瓶、开瓶。开瓶的操作要迅速安全，同时不要发出不必要的响声。酒瓶开瓶后，餐厅服务员应立刻为游客斟倒第一杯酒，斟酒后将酒瓶放在餐桌的适当位置，为上菜做好准备。

上菜服务中最重要的一点是，要保证菜肴应有的温度。中餐上菜的服务顺序是冷菜先上，接着上热菜、主食、汤，最后上餐后点心、水果等。

具体要求有以下四点：

①餐厅服务员每上一道菜都要及时报菜名。如果是风味菜肴，还要介绍口味和吃法，以增加游客的兴趣。

②餐厅服务员在上菜时，动作要轻稳，注意不要将汤汁洒在餐台上，更不可洒在游客的衣服上。如果餐桌上已摆满了菜盘，餐厅服务员可先整理一下台面，然后再上菜。上菜时，要使用服务敬语提醒游客，防止出现意外。

③上有配食佐料的菜肴时，应将主菜与配汁同时上桌，或者是先上佐料再上主菜。

④掌握好上菜的节奏。上菜的顺序要正确，上菜的速度不一定是越快越好。服务员为游客上第一道菜时，要主动对游客讲："对不起，让您久等了！"上完最后一道菜时也应该提醒游客："您的菜上齐了，请慢用！"让游客心中有数。

（6）用餐服务

菜上桌后，游客在用餐时，服务员应该不断地主动为游客服务，来体现其良好的服务素质。此时，餐厅服务员应该在所负责的餐台附近巡视，及时发现游客的需求。在规定的时间内，当发现游客所选菜品没有上齐时，要立即与传菜员联系，尽快上菜。同时，还应随时注意餐台台面的清洁工作。

3. 餐后收尾

（1）结账收款

游客用餐后期，服务员应准备好游客的账单，并核对有无差错。当游客提出结账时马上送上，并礼貌地小声告诉游客应付金额，然后根据游客的付款方式正确地为游客结账。

（2）送客

当游客用餐完全结束后，餐厅服务员要为游客续添茶水；当游客欲起身离开时，餐厅务员要主动上前协助拉椅，并提醒游客带好随身的物品。热情礼貌地向游客告别，并欢迎游客再次光临。

（3）后续工作

游客离开餐台后，各值台区域的服务员应进行收台清扫工作。撤掉用过的餐具，按照规定的要求重新布置台面，摆好桌椅，清扫地面。

分类清洗、消毒各种餐具用品，将用过的毛巾等布草送去清洗。

补充各种消耗用品，将餐具柜收拾整齐。

引座员整理游客意见，填写餐厅记录簿并向经理报告。

收款员及时结算本餐收入，按正规渠道交账款。

第四节 民宿清洁保养管理

清洁保养是民宿日常管理的主要工作。清洁保养工作的好坏直接影响到客人对民宿产品的满意度，同时也直接影响民宿的形象、氛围和经济效益。

一、制定清洁保养制度

民宿的国家行业标准《旅游民宿基本要求与评价》（LB/T 065—2019）对民宿基础性的卫生、安全、服务方面的规范作出了规定。在卫生服务方面，标准要求客房床单、被套、枕套、毛巾等应做到每客必换，公用物品应一客一消毒；客房卫生间应有防潮通风措施，每天全面清理一次，公用物品应一客一消毒等。

民宿行业正向标准化、规范化的道路上迈进，必须重视相关制度的建设，使民宿客房、餐厅、会议室等清洁保养工作做到有章可循。有关清洁保养质量管理制度主要有：

1. 民宿清洁保养操作程序制度

（1）民宿日常清洁保养制度等

（2）民宿定期清洁保养计划卫生制度

（3）民宿杀菌消毒制度

（4）民宿清洁保养检查制度

2. 民宿质量检查分析制度

（1）民宿质量检查制度

（2）质量分析制度

（3）质量分析报告制度

（4）质量档案管理制度

制定质量制度时，需注意结合本民宿的情况，需具可操作性。另外，定性、定量的标准尽可能量化，便于员工对标准的掌握和日常检查考核。制定了制度，关键是落实执行。例如，员工培训制度每家民宿都有，但个别民宿执行力度不够，制度流于形式，影响了服务质量。

二、民宿清洁保养内容

(一) 民宿客房日常清洁

1. 客房日常清洁的内容

（1）物品整理

服务员要按照民宿规定和统一要求，整理和铺设游客使用过的床铺，整理游客的物品、用具，以及整理游客使用过的民宿衣物（睡衣、拖鞋等）。一般不整理游客房间里的私人用品和衣物。

（2）打扫除尘

打扫除尘包括用扫把扫清地面，用吸尘器吸地毯、沙发上的灰尘，用抹布擦拭门、窗、桌柜、灯罩、电视机等各种家具设备，以及倒掉烟灰缸中的烟灰、纸篓里的垃圾。

（3）擦洗卫生间

擦洗卫生间包括擦洗脸台、马桶、浴缸、水龙头等卫生洁具，擦洗四周瓷砖及地面，以及擦亮镜面及各种金属挂杆。

（4）更换及补充用品

服务员要按要求更换床单、床垫、枕套、面巾、手巾、浴巾、脚垫巾等棉织品，补充文具用品、火柴、茶叶、卫生纸、肥皂、淋浴液、牙膏、牙刷等供应品。

（5）检查设备

检查设备包括检查水龙头、抽水马桶等设备能否正常工作，检查灯具、电视机、音响设备、电话机、电吹风等电器设备的用电安全指数和性能是否正常，检查家具、用品等是否有损坏。

2. 客房清扫的基本方法

客房清扫的基本方法如下：

①从上到下。抹拭衣柜时应从衣柜上部抹起，逐渐向下抹。

②从里到外。特别是最后的吸尘和检查工作，由里到外工作既能保证整洁，又可防止遗漏。

③先铺后抹。房间清扫应先铺床，后抹家具物品。如果先抹尘、后铺床，扬起的灰尘又会重新落在家具物品上。

④环形清理。家具物品的摆设是沿房间四壁环形布置的，因此在清洁房间时，亦应按顺时针或逆时针方向进行环形清扫，以求时效和避免遗漏。

⑤干、湿分开。擦拭不同的家具设备及物品的抹布，应严格区别使用。例如，房间

的灯具、电视机屏幕、床头板等只能使用干抹布,以避免污染墙纸和发生危险。

⑥先卧室后卫生间。卫生间清洁是带水操作,清洁后服务员的鞋下可能有水渍,后清扫可以避免在房间走动造成的重复污染。

⑦注意墙角。墙角往往是蜘蛛结网和尘土积存之处,也是服务员容易忽视的地方,需要留意打扫。

3. 客房日常清洁整理的程序

客房的日常清洁整理要合理安排时间,原则是及时、方便、不打扰游客。通常游客外出,就及时清洁整理。在不打扰游客的情况下为他们提供悄无声息的服务,保证客房的清洁、整齐和美观。

①敲门,等候房里面回应,然后再进入房间。

②拉开房内所有的窗帘,让光透进来。

③打开窗户,打开厕所和浴室的门,让室内的空气流通。

④收集杯子及烟灰缸,清理烟灰缸,然后置于浴室的洗手盘内备洗。

⑤收集房内垃圾,倒进房口车的垃圾袋中,清洁垃圾箱。

⑥收掉所有食用完的餐盘及餐具,暂放于房口处或先收回工作间去。

⑦收拾睡过的床铺,将床单等布草放进房口车的布草袋中。

⑧重新整理所有的床铺。

⑨清理浴室和厕所,将用后的毛巾放回布草袋中。

⑩重新摆放毛巾及浴室的供应品。

⑪补充房间各种用品,如清洗水壶、水杯和烟灰缸等。

⑫关闭窗户、关上窗帘。

⑬再观察房间一遍,留意是否留下及漏补用品,家具、床铺是否放好。

⑭关掉所有灯具、关闭房门。

4. 走客房的清扫

对当天结账离店游客房间的清扫,就是走客房的清扫。走客房清扫的程序可以用9个字来概括:进、撤、铺、洗、抹、补、吸、检、灯(登)。具体内容包括以下几点。

(1)进

①缓缓地把门推开,房门打开着至工作结束为止。打开电灯,检查有无故障。

②把小垫毯放在卫生间门口的地毯上,清洁篮(或清洁小桶)放在卫生间云石台面一侧。

③把窗帘、窗纱拉开,使室内光线充足,便于清扫。

④打开窗户,让房间空气流通。

（2）撤

①放水冲掉马桶内的污物，接着用清洁剂喷洒"两缸"：面盆、马桶。然后，撤走客人用过的"三巾（面巾、方巾、浴巾）"。

②按次序检查衣柜、组合柜的抽屉，遗留物品应在第一时间交给前台，并在卫生日报表上做好记录。

③用房间垃圾桶收垃圾，如果烟灰缸的烟头还没有熄灭，必须熄灭后方可倒进垃圾桶，以免引起火灾。

④撤掉用过的杯具、加床或餐具。

⑤清理床铺。将用过的床单撤走，放入房门口车一端的布草袋里。

（3）铺

一般民宿都采用简单的中式铺床的形式，床铺好以后，应该先打扫卫生间，以便留一定的时间，等因铺床而扬起的灰尘落下后，再用抹布除尘。

（4）洗

卫生间是游客最容易挑剔的地方，必须严格按操作规程进行，使之达到规定的卫生标准。

①用清洁剂再次喷洒"两缸"。

②处理纸篓垃圾。将旧剃刀片、碎肥皂，以及用过的浴液瓶、发液瓶、牙膏等扔进垃圾桶一起倒掉。

③洗烟灰缸、香皂碟。

④洗刷洗手盆，注意洗手盆水龙头上的污渍。

⑤用沐浴喷头放水冲洗墙壁。

⑥用有标记的毛球洗马桶、厕板和盖板，并要特别注意刷干净坐厕的出水口、入水口、厕内壁和底座等。

⑦用干抹布抹干烟灰缸、香皂碟、面巾纸盒、卫生间灯开关、插座、镜子、云石台、洗手盆及水龙头、面巾架、卷纸架（卫生纸架）、电话、墙壁、卫生间门板等。

⑧将抹干净的垃圾桶放回原位，将抹干净的烟灰缸摆回原处。

⑨用专用的抹地布将卫生间的地面抹净。清洁后的卫生间一定要做到整洁、干净、干燥，无异味、无脏迹、无皂迹和水迹。

（5）抹

①从门外开始抹起至门、门的内外，并注意门把手和门后的安全图的抹拭。

②按顺（或逆）时针方向，从上到下，把房间的家具、物品抹一遍，并要注意家具的底部及边角位均要抹到。

注意区别干、湿抹布的使用。对镜子、灯具、电视机等设备物品应用干抹布，家具软面料上的灰尘要用专门的除尘器具，墙纸上的灰尘切忌用湿抹布擦拭。

检查房内电器设备。在抹尘的过程中应注意检查电视机、音响、电话、灯泡等电器设备是否有损坏，一经发现立即报修，并做好记录。

除干擦以外，房内设施、设备如有污迹或不光滑，还要借助于洗涤剂等物品对家具进行清洁等工作。

（6）补

①补充卫生间内的用品，按统一要求整齐摆放。

②面巾纸、卷纸要折角，既美观又方便宾客使用。

③"三巾"按规定位置摆放整齐。

④补充房内物品，均需按民宿要求规格摆放整齐。

房间物品的补充要根据民宿规定的品种数量及摆放要求补充、补足、放好。注意商标面向游客。

（7）吸

先把吸尘器电线理顺，插上电源，把吸尘器拿进房间再开机。

①先从窗口吸起（有阳台的房间从阳台吸起）。

②吸地毯时要先逆纹，后顺纹方向推把。

③吸边角位置时，有家具阻挡的地方，先移动家具，吸尘后复位。

④吸卫生间地板时，要注意转换拖把的功能，使其适宜硬地板。地板有水的地方不能吸，防止漏电和发生意外。吸尘时，要注意把隐藏在地板缝隙里的头发吸走。

（8）检

检就是自我检查。房间清扫完毕，客房服务员应回顾一下房间，看打扫得是否干净、物品是否齐全、摆放是否符合要求、清洁用品或工具是否有留下。最后，还须检查窗帘窗纱是否拉上，空调开关是否拨到适当位置。

（9）灯（登）

①将房内的灯全部熄灭。

②将房门轻轻关上。取回"正在清洁"牌。

③登记进、离房的时间和做房的内容。

（二）大厅清扫整理

大厅是客人活动的中心，它的设计和装饰风格将给客人很深的印象，而大厅的清洁卫生更会引起客人的关注，是评价民宿服务水平的最重要依据。大厅的清洁工作是民宿卫生工作的重点所在。

大厅清扫整理程序和操作要领：

1. 准备工作

准备好地拖、清洁桶、抹布等清洁工具、用品。

2. 清除地面杂物

用扫把扫除大厅地面上的杂物。

3. 拖地

①将地拖头浸泡在清洁液中，再用拖把拧干机去除多余的水分。

②用后退式拖地方法拖地，较重的污渍可重复拖几次，直至污渍完全去除。

③拖头脏后，在装有清水的桶内清洗，再用拖把拧干机去除多余的水分。

4. 整理休息区

①清理桌椅及沙发上的纸屑、果皮。

②用半干湿抹布擦去桌椅上的污渍。

③随时整理归位大厅休息区供客人休息的沙发、桌椅、茶几等。

5. 其他工作

①清除花盆中的杂物。

②剪除花卉植物的枯枝败叶。

盆栽花卉植物有生机，花盆干净、无杂物。

6. 结束工作

清洁工具、用品并归位，待地面完全干透后再撤警示牌。

（三）餐厅清扫整理

餐厅卫生特别需要及时维护与清洁，因为餐厅开餐时，各种意外都有可能发生，如调味汁倾倒在地面上、咖啡或饮料倒在椅子上，应尽快设法去除污渍。

餐厅清扫整理程序和操作要领：

1. 准备工作

准备好地拖、清洁桶、抹布等清洁工具、用品。

2. 擦拭餐桌、餐椅

用半干湿抹布擦拭餐桌、餐椅，必要时蘸上清洁餐椅剂擦拭。餐后及时清洁，保持干净。

3. 清除地面杂物

用扫把扫除餐厅地面上的杂物。

4. 拖地

①将地拖头浸泡在清洁液中，再用拖把拧干机去除多余的水分。

②用后退式拖地方法拖地，较重的污渍可重复拖几次，直至污渍完全去除。
③拖头脏后，在装有清水的桶内清洗，再用拖把拧干机去除多余的水分。

5. 清倒垃圾

将垃圾清倒干净，垃圾桶擦净，换上干净的垃圾袋。严格执行民宿节能降耗和绿色民宿的质量标准。

6. 结束工作

清洁工具、用品并归位，待地面完全干透后再撤去警示牌。妥善存放清洁工具、用品。

餐厅是客人用餐的地方，清洁工作选择在非用餐时间进行，需要选用合适的清洁工具、清洁剂和清洗方法。清洁工具要小巧、无噪声，清洗用的抹布需干净、美观，化学清洁剂选用不带异味的。

（四）后台区域的清洁保养

民宿后台区域一般包含厨房、库房、员工休息区等。后台区域不同的地面材料应采用不同的清洁方法，如地砖类的地面需安排检查拖扫地面，随时清理掉在地面的各类碎屑或洒落的饮料汁、菜汤等。后台区域的各通风口、空口、电灯，应定期安排清洁工作。消防栓和灭火器等需要经常擦拭，保证消防栓内干净、无杂物，灭火器上无灰尘。厨房卫生涉及食品安全，是民宿清洁卫生的重点。

下面介绍某民宿厨房卫生管理制度及标准，供学习参考：

①厨房烹调加工食物用过的废水必须及时排除。
②地面天花板、墙壁、门窗应坚固美观，所有孔、洞、缝、隙应予填实密封，并保持整洁，以免蟑螂、老鼠隐身躲藏或进出。
③定期清洗抽油烟设备。
④工作厨台、橱柜下内侧及厨房死角，应特别注意清扫，防止残留食物腐蚀。
⑤食物应在工作台上操作加工，并将生熟食物分开处理，刀、菜墩、抹布等必须保持清洁、卫生。
⑥食物应保持新鲜、清洁、卫生，并于清洗后分类用塑料袋包紧，或装在有盖容器内分别储放冷藏区或冷冻区，要确定做到勿将食物在生活常温中暴露太久。
⑦凡易腐败的食物，应储藏在0℃以下冷藏容器内；熟的与生的食物分开储放，防止食物间串味；冷藏室应配备脱臭剂。
⑧调味品应以适当容器装盛，使用后随即加盖；所有器皿及菜点均不得与地面或污垢接触。
⑨污物桶、泔水桶应备有盖子；泔水当夜倒除，不在厨房隔夜；泔水桶四周应经常

保持干净。

⑩开餐结束后应彻底进行厨房清洁扫除工作，用具应集中处置；杀虫剂应与洗涤剂分开放置，并指定专人管理。

⑪员工上班时需穿戴工作服帽，按规定围腰裙系带操作，服装干净、整洁。

三、重视民宿卫生工作

卫生指杀菌消毒，使物品及环境达到生化标准。据研究调查，卫生是民宿住客最关心的问题，如果卫生工作不过关，不仅影响民宿的品牌、口碑，还会对住客的身心造成很大的影响。

（一）常用的消毒方法

常用的消毒方法有两类。

1. 物理消毒法

物理消毒法是指用湿热、干热、紫外线等物理因素达到消毒目的的方法，如煮沸消毒法。

2. 化学消毒法

化学消毒法是利用化学药物作用于病原体，使其蛋白质产生不可逆转的损伤，从而起到杀菌的作用。常用的化学消毒剂有漂白粉、氯亚明、84消毒液、高锰酸钾、来苏水等。

（二）常用消毒液剂的配制

1. 漂白粉消毒剂的配制

漂白粉又称含氯石灰，呈灰白色粉末状，有氯气味。漂白粉消毒液使用广泛，配制浓度为3‰的溶液，均匀搅拌溶解后即可用于客房茶具、棉织物和房间的消毒，同时也可用于水果的消毒。另外，还可配制5%的溶液，用于卫生间消毒。

漂白粉消毒液需现配现用，不宜久放，放置时间过长容易失效。另外，漂白粉消毒液不适宜用于对金属制品的消毒。

2. 氯亚明消毒液的配制

氯亚明又称氯胺，呈白色或微黄色粉末状。配制浓度3‰的溶液，适用于客房内空气及表面物品的消毒，也可用于食物的消毒。氯亚明消毒液不宜久放，放置时间过长容易失效。一般配好的溶液只能使用一天，且不适宜对金属制品的消毒。

3. 84消毒液的配制

84消毒液是一种高效、速效、无毒、去污力强的消毒液，能快速杀灭甲乙型肝炎、骨髓炎病毒和细菌芽孢等各类病菌。配制浓度为2‰~5‰的溶液，适用于茶具、酒具、蔬菜、水果、家具、玻璃、塑料制品的清洗和消毒。84消毒液原液对棉织物、金属有腐蚀性，易伤皮肤，使用时必须先稀释。

（三）民宿各区域及物品的消毒

1. 客房的消毒

客房应定期进行预防性消毒，保持卫生，预防疾病的传播。消毒的主要工作有：每天通风换气、日光照射或化学消毒剂杀虫灭菌。

客房的消毒程序和消毒方法：

（1）通风换气

室外日光消毒，利用阳光的紫外线作用消灭室内的病菌。

通风，改善室内空气质量，防止细菌、螨虫滋生。

（2）擦拭消毒

定期使用2%的来苏水溶液、3‰的氯亚明溶液或0.5%84消毒液擦拭房间家具、设备，进行消毒。

消毒完毕紧闭门窗约2小时，然后打开窗户通风。

（3）喷洒消毒

定期用1%~5%的漂白溶液对房间死角进行消毒，或用空气清新剂等进行喷洒。

（4）特殊工作

遇到住客患传染性疾病或死亡，及时对房间进行消毒，保持房间卫生，防止疾病的传播。

2. 卫生间的消毒

卫生间的清洁卫生是住客特别重视的，而卫生间的设备用品易被病菌污染，所以，卫生间必须每天彻底清扫、定期消毒，确保处于清洁卫生水准。

卫生间的消毒程序和操作要领：

（1）通风换气

打开换气扇，改善卫生间的空气环境，防止细菌、螨虫等滋生。

（2）消毒

①日常清理卫生间时用含消毒功效的清洁剂擦洗卫生洁具，用清水冲净并用专用抹布擦干。

②定期使用5%的漂白粉澄清液擦拭，使用2%~3%的来苏水擦拭消毒，使用浓度为5‰的84消毒液进行擦拭消毒。

③消毒完毕要紧闭门窗约2小时，然后进行通风。

（3）特殊工作

如住客患肠道或呼吸道疾病，应用以上方法对卫生间进行多次消毒。

3. 餐具、杯具消毒

餐具、客房杯具消毒对保证宾客身心健康，防止病从口入，防止疾病传染具有极其重要的意义。凡是盛装直接进口食物、饮料的杯盘碗碟及所有小件餐具都要实行消毒。

杯具消毒主要有三种方法：消毒剂消毒、消毒柜消毒、蒸汽消毒法。民宿应设有专用消毒柜和保洁柜，餐具、杯具集中到消毒间进行清洗和消毒处理。

餐具、杯具的消毒程序和操作要领：

（1）准备工作

①在消毒间的洗涤槽内注满清水。

②按一定比例兑入消毒剂，为泡洗杯具做准备。

（2）清洁杯具

①将杯具内残留物沥出，倒入垃圾桶内。

②用清水冲洗杯具。

③根据杯具脏污情况，可加适量洗涤剂洗涤。

（3）杯具消毒

①将杯具浸泡在准备好的消毒液中。

②消毒时间根据消毒剂的使用说明而定。

（4）洗净擦干

①用清水冲洗干净、滴干。

②用专用抹布擦净杯具。

（5）存放

取出已消毒茶杯、口杯，储存到封闭的保洁柜里备用。

（6）登记

在消毒记录表上做好登记，记录消毒时间和操作者姓名。

擦拭杯具的抹布必须清洁卫生，专布专用。餐具、客房杯具还可以采用煮沸消毒法与蒸汽消毒法，简单易操作。

（四）除虫灭害工作

除虫灭害是指消灭民宿的蚊子、苍蝇、蟑螂、蚂蚁、老鼠等害虫，主要工作如下：

1. 定期喷杀虫剂

定期喷杀虫剂。按说明比例配制杀虫剂，保证杀虫效果。

2. 毒杀虫害

对虫害的滋生地，如床下、墙角、卫生间需施放药物进行毒杀，被杀灭的害虫须及时清除干净。

3. 堵洞

对老鼠经常出没的地方须堵洞，防止其进入房间。

4. 灭杀

在冬春季节更替时，需提前对虫害可能出没之处进行灭杀工作，防止天气转暖后出现虫害。

（五）员工个人卫生

为保证客人的健康，防止疾病的传播，民宿员工应定期检查身体，持健康证上岗，并严格执行上下班更换工作制服制度。

四、民宿清洁保养质量管理

（一）制定清洁保养质量标准

要进行质量控制和管理，就必须制定相应的标准，采用标准化的管理是保证民宿产品质量稳定性的基本要求。

1. 客房清洁保养质量标准

客房感官标准总体要求：视觉上要求清洁整齐，用手擦要求一尘不染，空气清新无异味，室内无噪声污染。

（1）客房卧室清洁保养质量标准

房门：开门顺利无阻、无杂声；门扇门框清洁，门扇平整无破损、无划痕；门锁转动灵活；窥镜光亮透视度高；安全链无锈迹；房门号码清楚；门把手无污渍。

天花板：天花板无裂痕，无污垢、水或层面脱落；墙角无污垢、蜘蛛网。

墙壁：墙面光洁；壁灯无灰尘，开关完好；墙上悬挂画牢固完好，端正。

窗户：窗帘洁净，悬挂位置适当；挂钩轨道灵活，无脱落；双层窗帘闭合灵活，无破损；窗框玻璃光亮洁净。

空调：运行无杂音；空调器过滤网定期清洗更换；制冷或制暖迅速，温度适中。

电视机：整体无尘，四框干净；图像清晰无挂尘；电视遥控器按键灵活，无污渍。

灯具：灯泡、灯架无灰尘；灯罩清洁，颜色光鲜。

床头控制柜：柜面柜架无污渍、无手印、无积尘，四角无磕碰裂痕。各种旋钮灵敏、有效，定期对柜面及各旋钮消毒。

地面：地面清洁、光亮、无污渍，地面四周无纸、毛发、烟灰。

沙发：沙发面干净无破损，沙发折面处无积尘，沙发弹簧无缺损。

杯具：杯面、杯底无水痕，清洁光亮；杯口光滑、无裂纹；托盘清洁干净；摆放位置符合要求。

垃圾桶：垃圾桶内外清洁干净，无污；桶内放置垃圾袋。

床铺：床铺铺叠美观平整，质量达标；床单、被套、枕头等针织品干净。

（2）客房卫生间清洁保养质量标准

门框：门框、门扇无水渍、无污渍、无积尘；门后挂衣钩无松动、无锈迹；门把手要消毒，使用灵活、方便；双重内锁操作正常。

天花板：表面干净，无水滴，防水矿棉无开胶现象；天花板墙角无落灰积尘。

墙壁：墙壁光洁，无水流；抽风口无积尘；瓷砖无破损、脱落；不锈钢扶手及毛巾架洁净；墙面光洁。

地面：地面清洁、光亮、无污渍，地面四周无纸屑、毛发、烟灰；地面无积水、积垢。

坐便器：无异味，外壁、上盖及马桶圈洁净、无污渍；坐便器内里无尿碱、尿迹、水印；水箱清洁、无滴漏水现象。

浴缸：四周无污流，无油垢；浴帘干净，无溅渍。浴缸扶手光亮，香皂盒无皂垢，浴缸底部无水锈、无毛发。

面盆：面盆台面及瓷盆内壁无油渍、水渍、皂渍、毛发等，表面洁净光亮；龙头及水龙头无滴水现象；下水塞无脏物；下水系统正常，水流通畅；冷热水喉操作正常，水温达标。

镜子：表面洁净光亮，照人清晰；无皂流、无溅流、无水珠；无破裂，无水银层起皮现象。

易耗品：浴液、浴帽、香皂、梳子、漱口杯、面巾纸、厕纸、卫生袋、牙刷、牙膏等按标准配齐，摆放整齐有序。

垃圾桶：桶内外清洁，不积存垃圾、污物。

灯具：灯泡表面无灰尘，灯罩无积尘、无污渍，灯泡使用正常。

毛巾：毛巾洁净柔软，数量配齐、摆放整齐。

气味：空气清新无异味。

2. 餐厅清洁保养质量标准

餐桌：表面无浮灰、无油渍，横梁、桌腿干净、光亮、无蛛网、无吊灰。

玻璃转盘：表面无水渍、无油渍、无指纹，光亮、透明。

餐椅：表面无破损、无污渍，不晃动。

工作台：外表无污渍、无破损，内部物品摆放有规则、整齐，开启自如。

工作柜：餐具分类摆放整齐，抽屉底部垫有干净口布，外表洁净，柜门、抽屉开启自如。

地面：地面清洁、光亮、无污渍，地面四周无纸屑、烟灰。

瓷器餐具：无破损、无食物残渣、无水渍、无油渍、无指纹，摆放分类、整齐。

玻璃杯具：无破损、无水渍，透明、光亮，无指纹，摆放分类、整齐。

不锈钢器皿：干净、无水渍、无指纹，清洁、光亮，摆放分类、整齐。

布草：清洁、无破损、无污渍，熨烫平整，折叠整齐，小毛巾干净、无异味。

菜单：整洁、无破损、无毛边或卷角，无涂改、无油渍。

托盘：清洁、无油腻，每天进行蒸汽消毒。

门厅厅内：光洁、无污斑、无手印，厅内整洁、舒适，无异味。

室内环境：绿色植物无浮灰、无枯枝败叶、修剪整齐，盆外无污渍、无浮灰，盆内无杂物；厅内空气清新、温度适宜；家具摆放错落有致，沙发上无污渍，各种饰品整洁、无浮灰；墙面饰物挂放工整、无浮灰。

3. 厨房清洁保养质量标准

灶台和橱柜：清洁完好，无油垢，无垃圾，各种用具、用品摆放整齐有序，无私人物品。

排烟罩：清洁完好，罩面滤油网里面的照明灯具均无油垢。

调料缸：干净整洁，调料盒无积水、油垢，各种调料充足，未变质。

砧板：无霉斑、积垢，开餐工作结束时要竖放。

冰箱：清洁完好，表面无锈迹、污渍，冰箱内干净、无积水、无异味，摆放整齐，做到鱼肉分开，生熟分开。

所有炊具、盛器：清洁完好，无锈迹，无污垢。

蒸柜：内外清洁无杂物，无遗留物。

地面：无油垢、污渍、杂物。

食品加工机械：完好，无残留垃圾、碎屑，无油腻、积垢。

垃圾箱（桶）：加盖盖好，四周无积散垃圾，每餐结束及时清运。

水池：清洁，无油垢、污渍及杂物。

货架上：各种蔬菜、海鲜摆放整齐，各种料盒干净、无污渍。

厨房门窗：清洁完好，无油垢，无积尘，无破损。

物品：摆放整齐有序，各种不锈钢用具干净、光亮，无污渍、油垢。

（二）加强检查，保证质量

1. 建立检查制度

民宿清洁保养需由店长或管家进行检查，此外要充分调动员工的积极性，发挥员工的作用。

（1）员工自查

员工自查，要求员工每整理一间客房、清扫一个餐厅，要对客房、餐厅的清洁卫生状况、物品的摆放和设备家具等进行检查。员工自查的重点：客房、餐厅设施设备是否好用、正常，用品是否按规定的标准、数量摆放。员工自查的好处是：加强员工的责任心，提高清洁保养工作的合格率，减轻店长与管家的工作量，增进工作环境的和谐与协调。

（2）店长、管家检查

店长、管家检查的主要作用：拾遗补漏。由于繁忙、疲惫等原因，员工也难免会有疏漏之处。对于业务尚不熟练的员工来说，店长、管家的检查是一种帮助和指导。

2. 检查方法

为提高清洁保养质量检查的效率，保证清洁保养检查的效果，检查应充分运用看、摸、试、听、嗅等方法，对客房、餐厅、大厅、厨房等处进行全方位的检查。

①查看。看是清洁保养质量检查的主要方法。检查时，要查看客房、餐厅、大厅、厨房等处是否清洁卫生，物品是否配备齐全并按规定摆放，设备是否处于正常、完好状态，整体效果是否整洁、美观。

②擦拭。管理人员查房时，对有些不易查看或难以查看清楚的地方，如线、边角旮旯等，需用手擦拭，检查是否干净。

③试用。民宿设施设备运转是否正常、良好，除查看外，还需试用，如试用水龙头放水、使用电视机等。

④耳朵听。室内噪声是否在允许范围内，日常检查主要靠听来判断。检查设施设备，在看、试的同时，还需用耳听是否有异常声响，如水龙头是否有滴、漏水声，空调噪声是否过大等。

⑤鼻子闻。客房、餐厅、会议室内是否有异味、空气是否清新，需要靠嗅觉器官来判断。

3. 检查程序

检查客房、餐厅、大厅、厨房等处清洁保养质量时须按一定程序进行，认真仔细，不能有疏漏。下面提供客房检查程序供学习参考：

首先，按进房程序进入客房。

其次，检查卧室。

①房门：无指印，锁完好，安全指示图等完好齐全，安全链、窥镜、把手等完好。

②墙面和天花板：无蛛网、斑渍，无油漆脱落，墙纸无起泡、起翘等现象。

③护墙板、地脚线：清洁无尘、完好。

④地面：地面干净，无斑渍、无杂物。

⑤床：铺法正确，床上用品干净，床下无垃圾，床垫按期翻转。

⑥硬质家具：干净明亮，无刮伤痕迹，位置正确。

⑦软面家具：无尘无渍，如需要则作修补、洗涤标记。

⑧抽屉：干净，使用灵活自如，把手完好无损。

⑨电话机：无尘无渍，指示牌清晰完好，话筒无异味，功能正常。

⑩镜子与画框：框架无尘，镜面明亮，位置端正。

⑪灯具：灯泡清洁，功率正确，使用正常，灯罩干净、接缝面墙。

⑫垃圾桶：状态完好而清洁。

⑬电视与音响：清洁，使用正常，频道应设在民宿规定挡，音量调在民宿规定挡。

⑭壁橱：衣架的品种、数量正确且干净，门、橱底、橱壁和格架清洁完好。

⑮窗帘：干净、完好，拉合自如。

⑯窗户：清洁明亮，窗台与窗框干净完好，开启自如。

⑰空调：滤网干净，工作正常，温控符合要求.

⑱客用品：数量、品种齐全，状态完好，摆放位置正确。

再次，检查卫生间。

①门：前后两面干净，状态完好。

②墙面：清洁、完好。

③天花板：无尘、无渍，完好无损。

④地面：清洁无尘、无毛发，地砖接缝处完好。

⑤浴缸及淋浴间：内外清洁，电镀器具干净明亮，肥皂缸干净，浴缸塞、淋浴器、排水阀和开关龙头等清洁完好，瓷砖接缝干净、无霉斑，浴帘干净完好，浴帘扣齐全，晾衣绳使用自如。

⑥脸盆及大理石台面：干净，电镀器具光亮，水阀使用正常，镜面明净，灯具完好。

⑦坐便器：里外干净，使用状态良好无损坏，冲水流畅。

⑧排风机：清洁，运转正常，噪声低，室内无异味。

⑨客用品：品种、数量齐全，状态完好，摆放位置正确。

最后，填写相关报表。

> **延伸阅读**
>
> ### 途家推出"安心住"服务，升级解决民宿行业卫生问题
>
> 对消费者来讲，最大的担心莫过于满怀期待订了房子，但入住后却被房屋及床品卫生等最基础的服务无情地打败，酒店行业如此，民宿行业也是如此。东方卫报通过对近5000名受访者的调研结果显示，有62.61%的消费者担心民宿房间卫生及洗漱问题。为此，民宿预订平台途家适时对之前推出的"放心洗"服务进行了全新升级，进一步推动非标住宿标准化的战略落地，在房东端将消费者最关注的卫生、安全问题作为最高优先级的产品方案进行解决。
>
> 针对房东群体推出了"安心住"服务，从床上用品及洗漱用品一客一换、房屋一客一扫，以及智能门锁四大服务模块入手，为消费者提供最基础的卫生保障，打造安全、卫生的住宿环境，通过集约化管理，解决房东单独培训保洁阿姨、洗涤床品之痛，全面助力房东经营。
>
> 据了解，房东签订"安心住"协议时，每套房屋仅需缴纳1000元保证金，即可获得等值的现金抵用券、价值千元智能门锁一套，以及协议期内五星级床品的不限次使用。举例来说，在北京一套一居室的保洁服务的市场均价为50元、洗涤一套自有床品需要花费20~40元不等，而途家安心住服务只需39元，不仅包含房屋保洁，还包含床品及洗漱用品的更换。途家为消费者及房东提供的服务一直以高标准著称，在"安心住"服务中，途家更是通过有效的绩效管理及系统监控，对各个环节加以严控，以保证高品质的服务质量。
>
> 在对床品、毛巾浴巾和易耗品的选择上，途家对标星级酒店的标准，同时，毛巾浴巾和易耗品，统一塑封处理，保证一客一换。布草洗涤会按照四星级标准遴选厂商，拒绝小工厂黑作坊强酸强碱的洗涤方式威胁消费者健康。在保洁服务上，途家制定了一整套的SOP流程。从查房、房屋打扫、清洁厨房卫生间等重灾区、布草及短期易耗品铺设、检查拍照等环节进行了严格规定，清理垃圾、关窗甚至蚊香片的摆放等细节都包含其中。途家会针对这一套SOP流程对保洁人员进行岗前培训，正式上岗前还须通过"笔试＋实操"考核，最终由专业导师带领试岗，通过后方可单独为用户提供服务，服务过程将被系统完整记录。
>
> 与此同时，途家网还建立了包含消费者评价、房东评价、内部独立的质监部门抽检、暗访，设立举报电话等一套完整的服务质量的监督体系，将服务人员的服务质量分

为两个等级,分别将处以重新培训、直接淘汰的处置措施。"通过打造'安心住'产品,途家为住宿行业卫生乱象开出了自己的药方,我们希望通过途家网订房的用户,不管是在广州订的房子,还是在北京订的房子,房屋建筑风格、内部装修和周边配套是个性化的,但最基础的安全及卫生条件是一致的,睡觉的床是可以放心躺下去的,洗漱用品是放心使用的。今后,我们还会针对该产品不断进行优化,比如针对线下入住的房屋和线上看到的房屋不一致等问题,依靠更加可靠的系统及算法,为消费者提供房源验证服务,真正做到'所订即所住',进一步保障用户的体验,让民宿成为可以让用户放心选择、安心入住的住宿新方式。"途家安心住产品负责人表示。

资料来源:搜狐网(https://www.sohu.com/a/190378862_768668)

第五节 民宿物资管理

物资是民宿服务的物质基础,物资采购管理是民宿管理的重要内容。民宿设备用品品种多、投资大,管理是否科学合理,将直接影响到民宿的服务质量及经济效益。因此,管理人员要加强物资采购与日常的管理,在满足客人需求、保证服务质量的前提下,努力降低成本,提高经济效益。

一、民宿物资的采购管理

民宿采购管理工作是民宿日常管理、成本控制的一个重要环节,同时,采购工作的好坏将直接影响到整个民宿向客人提供产品及服务的质量。

采购工作的管理与控制,主要由民宿店长负责。采购工作涉及民宿的成本控制以及客房、餐饮等生产和服务部门,还有外部众多的供应商、中间商,涉及面广,情况复杂。要做好对采购工作的管理,涉及面广,店长必须抓好以下几个方面的工作。

(一)学习商品知识,提高采购技能

在现实生活中,购买质次价高的假冒伪劣商品,吃亏上当的事屡见不鲜,一个很重要的原因就缺乏必要的商品知识,对所购买的商品不了解,结果损害民宿客人的利益,而且使企业本身蒙受不应有的,甚至是巨大的损失。

1. 商品知识

包括商品的特性、产地、规格、用途、质量、价格、供应商情况等。

2. 采购技能

学习采购的基本技能、方法,了解并掌握物品供求信息,了解各类物品的特性和分

类方法，提高与供货商洽谈业务的技巧以及商定供货条款等的能力。

（二）了解市场行情，控制采购成本

民宿店长需要了解市场行情，要随物资特点而定，对时令物品，因供求情况和价格变化快，需要随时掌握其变化；对季节性强的物品，如鱼类商品等，需摸清生产周期，掌握采购最佳时机；对用量较大的日用品，要进行专题调查，根据采购的质、量、时间要求进行选择，如从外地进货还要了解运输的情况和运输费用的高低。

市场上需要了解的内容有：货物来自什么渠道？可从哪些供货单位采购到哪些物品？各个供货单位提供物品的质量、价格如何等。采购时应尽可能地多了解市场行情，做到货比三家：同质比价、同价比质，从而有效地控制采购成本。

（三）控制食品的采购价格

1. 规定采购价格

通过详细的市场价格调查后，民宿对餐饮所需的某些食品提出购货限价。采购员必须在限价以内进行采购，不得超过。限价商品的品种一般是指每日采购的新鲜蔬果肉类。

2. 规定购货渠道和供应单位

采购部门只能去那些指定的供货单位购货，或者只许购置来自规定渠道的食品，如香烟、洋酒等。

3. 向生产单位直接采购

对采购批量大的物品，应尽可能向生产单位直接采购，并要求以优惠价格供应。

4. 根据市场行情适时采购

当某些食品在市场上供过于求、价格低廉时，又是民宿大量需要的，只要符合质量并能储存的，可趁此机会购进，以备价格回升时使用。当应时食品上市、预计价格可能下跌时，采购量应尽能减少，只要够用即可，等到价格稳定时再行添购。

二、民宿的设备管理

设备管理是民宿日常管理的重要内容，加强对设备的管理，有利于保证民宿产品尤其是客房产品质量、延长设备的使用寿命、减少设备维修更新的资金投入。

（一）设备的资产管理

1. 建立账卡

购进设备后，民宿管理人员必须严格查验，建立设备登记档案，将需用的设备按进货时的发票编号、分类、注册，记下品种、规格、型号、数量、价值以及使用区域。每个使用单位（一般以一个区域为一个单位）将所管理的设备登记在小组设备账本上（见

表6-1)。

表 6-1 设备账本

名称	编号	规格	数量	领出	结存	建账日期	经手人

（1）分类

所有的设备均需分类，分类要细致。

（2）准备账本

通常设备有多少种，账本就应有多少页。每一页应登记品种、规格、数量等项目。

（3）编号

在建设备档案时，要按一定的分类法进行分类编号，使每件设备都有分类号，以便管理。设备的编号，一般采用三节编码法。第一节表明设备种类，第二节表明使用区域，第三节表示设备编号。如客房的床垫可写成：C3-6-5，C——家具类，3——客房区域，6——床垫，5——床垫的编号。

（4）建卡

在建账的基础上设备还要建立相应的档案卡（见表6-2）。建卡要求做到"账卡相符"，即档案卡登记设备的品种、数量要与小组账本相符，以便核对控制。设备在使用过程中发生维修、变动、损坏等情况，都应在档案卡片及相关账册上做好登记；设备的使用状况也要做好记录，以便全面掌设备维修情况。

表 6-2 设备档案卡

名称	购买日期	供应商	价格
型号 出外维修		编号	
日期	价格	维修项目	修理方式

2. 建立设备的历史档案

为全面掌据设备的使用情况、加强对设备的管理，除了建立设备账卡外，还应建立设备的历史档案。客房、餐厅、会议室、厨房以及公共区域的设备，均须设有历史档案，主要内容有：设备的种类和数量、装修或启用日期、规格特征和历次维修保养记录等。

（二）设备的日常管理

1. 建立日常保养制度

应根据民宿家具设备的使用特性，制定设备的保养周期和保养质量要求，并严格执行。例如，房间铜器每天用擦铜剂擦拭一次，家具每月用家具蜡保养一次，电冰箱每周除霜一次等。

2. 定期检查

为保证设备运行良好、及时发现隐患，对民宿各类设备还应制定定期检查制度，发现问题及时处理。

3. 及时维修

设备一旦出现问题，应及时进行维修，否则小问题易变成大问题，增加维修工作量，缩短设备的使用寿命。设备维修有两种：一是小维修，二是大维修。小维修是对设备进行局部的修理或更换部分小零件，恢复其使用性能，在短时间内即可完成；大维修是对设备进行全面的修理，需花费较长时间更换主要部件来恢复其使用功能。

4. 重视员工培训

员工必须参加设备培训，学习和掌握所使用设备的原理、结构、性能、使用、维护、维修及技术安全等方面的知识，强化设备操作技能训练。

三、民宿的用品管理

民宿用品的选购、储存、配置、使用、控制等各环节的工作做得好坏，直接关系到民宿的档次高低、宾客的满意程度以及民宿的经济效益。

（一）用品库存管理

做好用品的保管，可以减少用品的损耗，保证周转。良好的库存条件及合理的物流管理程序是搞好用品保管工作的两个必要条件。

1. 库存条件

①库房需保持清洁、整齐、干燥。

②货架应采用开放式，货架与货架之间要有一定的间距，以利通风。

③进库用品需按性质、特点、类别分别堆放，及时码放。

④加强库房安全管理，做到"四防"，即：防火、防盗、防鼠疫虫蛀、防霉变。

2. 物流管理

①严格验收。

②分类上架摆放。

③进出货物及时填写货卡，做到"有货必有卡，卡货必相符"。

④遵循"先进先出"的原则，应经常检查在库物品，发现霉变、破损及时填写报损单，报请店长审批。

⑤定期盘点，对积压的物品主动上报。

⑥严格掌握在库物品的保质期，对即将到期的货物应提前向店长反映，以免造成不必要的损失。

（二）用品日常管理

日常管理是用品控制工作中最容易发生问题的一个环节，也是最重要的一个环节。

1. 加强管理

用品的领发应由管家负责，每天根据客房、餐厅等处需要分发并做好相关记录。在用品的日常管理中，要严格控制非正常的消耗。员工在工作中要有成本意识，注意回收有价值的物品，并进行再利用。另外，还要防止因使用不当而造成的损耗。

2. 定期盘点

很多客用物品尤其是客用消耗品都有一定的保质期，如果库存太多、物品积压过期，难免会造成自然损耗。因此，民宿要根据市场货源供需关系确定库存数量，定期盘点，避免物品积压。

3. 做好统计分析

管家应对每天的用品消耗进行统计，每周、每月、每季度、每年度的客用消耗量进行汇总，并结合盘点，了解用品的实际消耗情况，如果实际消耗与定额标准偏离较大，就必须分析原因。

4. 推行"4R"做法，降低消耗

在用品消耗控制过程中，重视并做好降低消耗和环境保护工作。合理地降低消耗能够有效地控制成本，减轻民宿负担，提高经济利益。

"4R"是指4个以"R"开头的英文单词：Reduce、Reuse、Recycle和Replace，概括了人们对降低消耗和环境保护工作的一些具体做法。

（1）减少（Reduce）

尽量减少或不用对环境有污染和破坏作用的材料或用品，如塑料用品和塑包装材料、含氯等材料的化学清洁剂等。尽量减少能源和物资的消耗，如水、电及清洁用料等。减少包装，如客房卫生间尽量采用能够重新灌装的容器，减少消耗品的用量。减少

客用物品的配置和更换。在客房内设有环保卡，倡议减少床上用品、毛巾的换洗。

（2）再利用（Reuse）

注意回收：要求员工在日常工作中注意回收那些已经用过，但仍有再利用价值的物品，如酒瓶、饮料罐、食品盒、肥皂头、剩余的卷纸、用过的牙刷、用剩的牙膏、浴液、洗发液等，有些物品的包装材料和容器等也可以回收。

合理利用：凡是具有再利用价值的物品，回收后再合理利用，这样做既可减少物品消耗，又可避免简单地将其作为垃圾处理，造成环境污染。例如，肥皂、牙刷、牙膏、洗发液等可以用于清洁保养工作，报纸、杂志等可以卖给废品收购站。一些物品经过再加工还可以继续使用，如报废的毛巾可作抹布使用。

（3）循环（Recycle）

循环使用是减少客用物品消耗、做好环境保护工作的一项重要举措。客房某些物品如果在材料和设计上做些调整，就可以循环重复使用，如将塑料制礼品袋改用环保纸制作。

（4）替代（Replace）

民宿应尽可能使用有利于环境保护和可再生利用的产品，以替代一些传统产品，如用纸质包装取代塑料包装。

（三）民宿布草的管理

1. 布草的概念

布草属于专业用语，泛指现代民宿里一切跟"布"有关的东西，包含各客房床上用品，如床单、被套、枕套、枕芯、被芯、装饰面料等；卫生间方巾、面巾、浴巾、浴袍等；餐厅用台布、口布、椅套等。

民宿清洁布草是一门学问。如果布草管理工作没做好，不仅会影响宾客的住宿体验，还会导致民宿整体品牌口碑变差。干净的布草是民宿给宾客们留下印象的第一步。民宿管理者必须重视布草清洗的各个环节并加强督导。

2. 布草的洗涤

民宿布草洗涤一般会选择外包公司或自己洗。自己洗要注意的问题：毛巾类和床上四件套、餐厅用布草必须分开洗涤。此外，要注意洗衣机所能承受的公斤数，一般是6公斤左右。洗衣机装机八分满，不能全部装满，以免影响洗涤效果。

（1）分拣

有客人拿浴巾或毛巾之类擦拭皮鞋，导致洁白的布草上出现皮鞋油，此类污垢非常难清洗，有些直接导致布草报废；还有一些床上布草沾上血渍等污渍。洗涤前必须将所有带污垢的布草挑选出来单独处理后再放入洗衣机清洗。

（2）外洗单位核查及维护

与外洗单位进行合作时，一是需要完善合同，对于违规洗涤布草所引发的客人投诉要求合作商共同承担责任，以此来减少风险。二是在条款中标明各类布草的洗涤标准，要求洗涤机构按照布草洗涤标准洗涤，如未达到标准，将采取中止合约或者是罚款等方式来约束对方。三是加强巡查督导工作，指定人员对布草洗涤进行清查，不定期到对方的工厂进行抽查，严格执行合同标准，避免人为清洁不到位的现象。

第六节　民宿安全管理

📋 案例导学

无锡让民宿客人更有安全感

提交"民宿业特种行业经营许可申请表"、接受相关部门现场检查、按要求进行整改、再次接受现场检查，通过后再经相关部门审核、审批……经过两周的努力，位于无锡太湖国家旅游度假区内的民宿"大隐山居"终于在日前取得了由江苏省无锡市公安局湖滨区分局核发的"特种行业许可证"。今后，在无锡，民宿将纳入治安"特种行业"管理范畴。

一、营造安全环境

"从民宿经营者的角度出发，我们非常愿意申领'特种行业许可证'。我们希望民宿能像酒店一样规范，不只给客人带来新鲜的体验，更要给他们足够的安全感。""大隐山居"民宿负责人张祖涛说。

"安全感"的确是当前民宿业不得不去考虑的问题。2019年4月，无锡网上公安发布的《关于规范民宿业健康发展的调查反馈》称，民宿作为一种新兴的非标准住宿产品，由于制度规范的缺失、安全条件的制约和管理机制的缺位，在治安管理、消防安全、食品卫生等方面存在漏洞与隐患。从反馈显示的情况来看，积极探索并建立民宿管理工作协调机制迫在眉睫，需要相关职能部门按照各自职责落实好日常监督管理及属地管理责任，组织开展执法检查、协同监管，着力促进民宿业规范化管理。

2019年9月，无锡加强对民宿监管的工作在无锡滨湖区太湖国家旅游度假区率先开展。无锡市公安局在该地开展民宿业治安管理试点工作，制定并下发了《关于在无锡太湖国家旅游度假区开展民宿业治安管理试点工作的指导意见》（以下简称《指导意见》),对民宿的治安安全条件、消防安全条件等各项工作进行了详细规范。

二、对标旅馆标准

能成为首家拿到"特种行业许可证"的民宿,"大隐山居"也有着其自身的优势。无锡市公安局滨湖分局相关负责人表示,之所以选择"大隐山居"成为"第一家",是因为该民宿是当地发展相对成熟的一家,硬件设施、管理制度都比较规范。2017年营业以来,"大隐山居"一直努力让每一个客人都能住得更加放心、安心、暖心、舒心。张祖涛介绍,14间客房、公共区域、安全通道……这些设施在不需要大改动的情况下就能达到许可证里的标准。

谈及申领该许可证的过程,张祖涛直言并不复杂。他告诉笔者,首次接受完检查后,需要整改的问题主要是在消防和治安两方面,而这些问题,通过配置应急灯、破窗器、人脸识别系统等硬件设施,很快就可以整改完成,总投入也只在5万元左右。

滨湖分局治安大队副大队长费斌介绍,民宿和旅馆业相关标准的主要区别是消防和房屋安全两方面简化了审批条件和手续,在保证安全的前提下,按照最低消防条件和房屋安全条件进行审批,尽量接近旅馆标准。

事实上,无锡对民宿业的监管也一直保持着高标准。在《指导意见》出台之前,当地公安部门对民宿的治安条件、消防条件以及房屋安全条件就有严格要求,无证经营的发现一家查处一家。除此之外,在比较受关注的消防安全条件方面,除了依据《农家乐(民宿)建筑防火导则(试行)》相关要求,还结合当地民宿业实际,特别针对墙、柱、梁、楼板和屋顶承重构件等材料的不同,明确了"均为不燃材料""存在可燃材料""均为可燃材料"三种情况下的不同标准。

无锡市公安局滨湖分局相关负责人表示,随着"特种行业许可证"的推广,无疑将进一步提升当地的旅游服务质量。

三、探索长效机制

南京旅游职业学院副教授纪文静认为,民宿业"特种行业许可证"的核发,对民宿经营者而言,提高了其抗风险的能力,让其有标准可依的同时,也具备了相应的资质去评选星级民宿;而对行业而言,该证的核发也具有一定的参考价值,值得江苏各地民宿监管部门借鉴。她还表示,当前应当建立联合办公的工作机制,优化证照办理与管理,加速向民宿开放"特种行业许可证"办理,给民宿一个合法身份,同时,也应加强市场安全、环境、服务等监管工作,强化民宿协会管理的作用。

费斌坦言,滨湖区250家民宿的经营条件各不相同,"特种行业许可证"的推广也面临着投入成本、人员培训等问题,具体问题还要具体调查解决。据了解,滨湖分局今后将从健全运作机制、畅通信息渠道、组织宣传培训等方面,保持民宿治安管理的高效提升。此外，还将着力研究推动民宿业治安管理的长效机制，健全日常运作规范，为民宿业有序发展和规范管理营造良好环境。

资料来源：中国旅游报（https://www.mct.gov.cn/whzx/bnsj/jdgls/201912/t20191223_849776.htm）

安全是民宿工作的生命线，没有安全就没有旅游业。民宿隐患较多，大部分民宿处于"无监管"状态，没有与治安、消防系统联网。有的民宿为招揽生意，住宿登记不要身份证，离店不开发票。有的民宿装饰材料不符合耐火要求，消防设施配备不足，从业人员缺乏消防技能训练，存在很大的消防、治安等隐患。有些民宿建在山边、溪边，离地质灾害点近。有些民宿卫生设施差，缺乏规范的消毒和疾病防范措施，消费投诉多。安全、舒适、方便是客人对民宿产品的最基本需求，增强安全意识，提高对安全事故的预防与处理能力，是民宿工作的重要内容。

一、民宿安全基础要求

（一）提供紧急情况联系方式

在房间内注明110、119、120等紧急救助电话，以及最近的医院的联系电话及地址。提供一名民宿管家的紧急联系号码和一个备用号码，以方便客人在紧急情况下联系。

建议增加民宿自身位置的说明，如地图导航图示等，并将附近地标性建筑位置标出，以便房客遇险情报警时能清晰迅速地描述出所在位置。

位置表述可以如下所示。

您所在的位置是：×××

您的相对位置是：××××南侧200米

当您需要帮助时可以此来说明您所处的区域。

（二）安全设施

建议在客人入住时，向他们说明以下这些安全设施的位置（见表6-3）。

1. 灭火器

在每套客房中至少配备一个灭火器，可以在起火时帮助客人自救，也可最大限度地减少客房损坏。建议定期查看灭火器是否可以正常使用，配备干粉和水基灭火器。

2. 烟雾报警器

设置独立式感烟火灾探测报警器或火灾自动报警系统，在第一时间提醒客人。

3. 一氧化碳报警器

燃气、燃气热水器和煤炭的使用都可能造成一氧化碳泄漏，报警器可以及时提醒客人采取自救措施。

4. 医疗急救包

其中应该包含创可贴、止痛药、纱布和消毒剂等处理小型创伤的物品；原则上只提供外伤药物，不提供口服药品。不确定是否有过敏反应或病症的客人，宜送往卫生所，由医师开具或自行购买药品。

5. 防盗设施

安装声光防盗报警装置可以最大限度地保护客人和客房财产的安全。

6. 逃生设施

在房间和逃生通道放置逃生面罩、破窗器等。

表 6-3 房屋内安全用品清单

救援物品	适用条件	位 置	使用方法
毛 巾	发现浓烟	卫生间	用水浸湿捂住口鼻
干粉灭火器	火灾初期，发现明火较小	客厅正门内左侧	拉开保险栓，向火焰底部喷射
水基灭火器	发现明火较小	客厅鞋柜左侧	可向自己衣物喷射形成隔热层
紧急报警按钮	发现有人入侵房屋	卧室床头右侧	迅速按下可自动报警

（三）客人隐私及网络安全

如果你在公共区域安装了任何类型的监控摄像头或其他记录装置，即使这些设备处于关闭状态或没有接通网络，也必须在房屋守则中清楚说明相关信息。不得在客人所居住的房间等私人空间内安装或使用任何监控设备；类似别墅式单独房客入住的，内部区域全部属于隐私区域，也不应配置监控。

如果不能保障个人无线网络的安全性，则应告知客人网络的安全性风险，建议客人在使用网络进行相关支付操作时断开无线网络。

（四）通道安全

安全出口、梯间、疏散走道应设置保持视觉连续的灯光疏散指示标志，楼梯间、疏散走道应设置应急照明灯。当主体结构为可燃材料时，木质楼梯应经阻燃处理，楼梯的宽度、坡度应满足人员疏散要求。应有夜间活动空间照明装置。

（五）儿童防护

做好民宿内防摔、防坠落、防触电等安全保障，确保儿童在房子里是安全的，或告知客人任何潜在危险。包括：

有高低差的部位，如楼梯台阶、平台等，可进行提示（防止踏空线）。

窗体开合角度应合理控制，且窗前不应有可攀爬的家具陈设。

相对儿童可触及的较低矮区域不建议有插排，如有应隐蔽并选择防触电配置。

（六）电器安全和安全取暖

相关电热类设备，以及具备地域特色的设施，即外来的房客不常使用或未使用过的设施，应当加以说明与指导。

浴室等潮湿区域，建议安装等电位端子箱、插座防水罩；热水器使用大品牌且应具有漏电保护装置；插座不多接、线路不缠绕，不设置在儿童可及的区域；临时外出断电提示等。

确保客人知道如何安全使用空调等取暖器，保证房源通风良好，确保温控装置清晰标识并正常工作。

（七）客人登记

对于境外客人，根据相关法律规定，其入住后 24 小时内应向当地公安机关办理境外人员临时住宿登记；建议主动协助境外客人办理该登记，对于持 72 小时临时过境签证入境的客人，不进行该登记可能会影响其未来再次申请中国签证，因此请务必协助其完成客人登记。

对于不具有当地户籍的境内客人，由于各地的政策不同，可能需要在客人入住后的一定时限内为其向当地公安机关办理住宿登记。可查阅、了解民宿所在地的相关具体规定，也可向当地有关主管部门，如公安机关进行问询。

（八）做好风险告知

客人入住时，要做好风险告知。

二、安全预防工作

（一）客房区域的安全

1. 客房安全

客房是客人休息起居的地方，也是客人在民宿内活动时间最长的地方，所以应特别关注客人的人身安全、财产安全、火灾隐患问题。

（1）客房一层对外的门、窗应采取防盗措施，户门应配置窥镜、双锁或防盗链，窗户应安装防盗窗或限位器。

（2）房门后粘贴"逃生路线图"并确保逃生路线标注正确。

（3）房内应配置烟感、喷淋装置，且烟感、喷淋无遮挡物，或者配置灭火器，确保现场测试有效。

（4）楼梯显眼处需有"小心台阶"的温馨提示。

（5）整体玻璃隔断，需要在距离地面 115 厘米粘贴明显防撞腰线。

（6）客房内的显著位置应张贴"贵重物品请随身携带"的温馨提示。

（7）在床头有"请勿床上吸烟"的温馨提示。

2. 卫生间安全

卫生间特别容易发生滑倒、摔伤的地方，需提前做好预防措施。

（1）防爆膜：如果有玻璃淋浴间，可以提前粘贴防爆膜，因为粘贴防膜后的玻璃即使碎裂，也不会四处迸溅。

（2）防撞腰线：避免客人因为大意碰撞到玻璃而受伤，可以在距地面高度115厘米的位置粘贴醒目颜色的防撞腰线。

（3）防滑垫：尽管卫生间地砖大多数是防滑的，不过还是需要放置一块防滑垫。

（4）淋浴区考虑安装防水坎，特别是在干湿不分的卫生间。

（5）在卫生间墙面显著位置粘贴"小心地滑"的标识，可以起到温馨提示的作用。

3. 阳台安全

阳台是客人与自然亲近的地方，安全问题同样不容忽视。

（1）阳台护栏需要粘贴"禁止攀爬"的温馨提示。

（2）阳台护栏高度低于135厘米时，需要安装防护网。

（二）餐厅安全

（1）为客人供应食品、饮料及倒咖啡和茶水时，必须事先示意客人。

（2）如果为客人点烟时，注意避免烫伤客人。

（3）随时检查自助餐台上主盘的热度，避免烫伤客人。

（4）擦拭餐具及玻璃器皿时，须注意安全。

（5）服务员在餐厅不允许急走，更不允许奔跑。

（6）进出门时，推门要慢，以免碰撞门后的人。

（7）为客人服务的餐具不允许有任何破损，以免割伤客人。

（8）禁止使用瓷器或玻璃器皿从制冰机中取冰，以免有破碎物混入冰块里。

（9）协助客人照顾他们所带的孩子，不要让他们在餐厅内奔跑，避免孩子跌伤。

（10）不要让儿童拿到锋利的餐具，避免割伤孩子。

（11）开酒时注意安全。

（12）避免在别人身后整理东西。

（13）超越别人时，须先示意被超越的人。

（14）在厨房内取菜时，须注意安全，防止意外。

（15）使用服务车运送东西时，须将所运送的东西摆放整齐。

（三）厨房安全

厨房一般使用电磁炉或燃气灶，是动"火"的地方，所以厨房安全特别重要。

厨房如果使用的是电磁炉，需要定期检查，使用的电源插座需要固定。厨房如果使用的是燃气，需要定期检查燃气管道阀门，防止燃气泄漏。在燃气灶上方的墙面显眼处张贴"燃气安全使用"的温馨提示。厨房配置烟感和喷淋装置，且烟感、喷装置无遮挡物。

为了防止发生火灾、盗窃、食品中毒及其他安全事故，厨房员工应遵守以下安全操作规范。

（1）定期检查一切消防用具，严禁在消火栓、防火用具处、紧急出口存处放有碍救火及人员疏散的任何物品，发现防火用具有损坏及其他问题时，应立即上报。

（2）严格保管、存放及正常使用易燃物品，如固体酒精、火柴、蜡烛等。

（3）严禁任何人在禁烟区域内吸烟。

（4）每位员工了解消防灭火用具的存放位置及使用方法，明确发生火情后应采取的措施。

（5）下班前，要由专人检查门、窗、柜是否正常关闭并加锁，电器设备的电源是否关闭；若发现有损坏处，要及时上报。

（6）厨房工作人员在灶台上烧烤食物时，不得擅自离开岗位。每日工作完成后，要关闭煤气开关，并指定专人定期检查灶具、通风等设备；发现异常情况，立即上报。

（7）未经允许，任何闲人不得进入厨房区域内穿行、接触食品。

（8）厨房工作人员所使用的刀具，应及时清点，统一摆放在规定位置。

（9）冷荤、生、熟食品要分开存放，防止交叉污染。

（10）发现腐烂变质的食品，切忌使用。

三、员工的操作安全

（一）安全操作要求

（1）员工须具有较强的安全意识，防患于未然。

（2）员工能正确使用电器设备。

（3）有正当的保护措施，如工作手套、衣帽鞋具。

（4）有一系列的应急处理措施，且每个员工都掌握。

（二）安全操作注意事项

（1）用双手推车，以防闪腰。

（2）利用梯架清扫高处的积尘。

（3）发现工作区域湿滑，应立即擦干，以防滑倒。

（4）勿使用已损坏的清洁工具，也不能擅自修理，以免发生危险。

（5）举笨重物品时，如抬家具上楼，切勿用腰力，须用脚力，应先蹲下平直上身，然后举起。

（6）发现走廊或楼梯、工作间照明不良，应立即报告，尽快修理，以免发生事故。

（7）走廊或公共场所放置的工作车、吸尘器等应尽量放置在过道旁边，注意是否有电线绊脚。

（8）家具表面上或地面上如有尖钉，须立即处理。

（9）所有玻璃窗和镜子，如发现破裂，须立即报告，及时更换；未能及时更换的，须用强力胶纸粘贴以防有划伤人的危险。

（10）发现松动的桌椅，须尽快修理。

（11）不可赤手伸进垃圾桶，须戴手套，并小心操作，以防被玻璃片、刀片等刺伤。

（12）使用清洁剂及清洁用品时，需了解其化学属性，戴上橡胶手套。

（13）在使用电器前应检查有无插头松动、电源线裸露等现象。

（14）每日检查电器是否处于正常工作状态，发现问题及时报修。

（15）高空作业时使用安全带或绳子，在潮湿地面作业时使用防滑垫。

（16）发现任何安全隐患需及时报告，如地面缺砖或不平整、滑湿的，未经处理的地面，残破、缺边的楼梯，未清理的电源线、工具等任何障碍物。

（三）员工自我安全防护

员工在工作中还要有自我防护意识，对客人既要彬彬有礼、热情主动，又要保持一定的距离。当客人纠缠时，服务员不应以任何不耐烦、不礼貌的言行冲撞客人，应想办法摆脱。当班的同事应主动配合，让被纠缠的同事做其他工作，避开客人的纠缠。

四、消防安全

民宿从业人员必须做到"一懂三会"，即懂火灾危害、会报火警、会用灭火器、会疏散逃生。民宿在硬件方面至少应做到"两满足三配备"，即满足基本的防火分隔、安全疏散要求，配备简易报警、灭火器、疏散逃生设施（疏散图、疏散标志、手电筒、逃生面罩等）。

（一）火灾预防

（1）砖木结构、木结构民宿连片分布的区域。应设置防火隔离带、设置防火分隔、开辟消防通道、提高建筑耐火等级、增设消防水源等。

（2）禁止采用可燃、易燃装修材料，墙、柱、梁、楼板应均为不燃材料，如是可燃材料，必须符合《民宿建筑防火导则》的相关要求。

（3）民宿中严禁存放易燃易爆等危险品。

（4）燃放烟花爆竹、烧烤、架设篝火，或采取其他动用明火的行动时，应设置单独区域；在临近山林区、草场、名胜风景区禁止燃放孔明灯，并在显著位设置"禁止烟火""禁止吸烟""禁止放易燃物""禁止带火种""禁止放鞭炮"等警示标志。

（5）室内严禁私拉乱接电气线路，严禁在电气线路上搭、挂物品；客房内严禁使用大功率电器，用电取暖时，设备应具有超温自动关闭功能。

（6）严禁在客房内安装燃气热水器。

（7）用于经营民宿的建筑层数不应该超过三层，可配置逃生绳或逃生梯。

（8）民宿外应设置消防水池或室外消防栓，应定期对民宿从业者进行实地消防灭火、疏散演练。

（9）提醒客人不卧床吸烟，不乱丢烟头。

（10）每间客房均应按照住宿人数配备手电筒、逃生用面罩或消防自救呼吸器等设施，并在明显位置张贴疏散示意图。

（二）火灾逃生

（1）一旦失火，保持镇定，如火势不大，应迅速利用简易灭火器灭火。

（2）迅速拨打火警电话119，讲清详细地址、起火位置、火势大小、报警人姓名及电话，并派人到路口迎候消防车。

（3）发生火灾时，千万不要贪恋财物，应快速撤离。

（4）发生火灾时禁止乘坐电梯。

（5）自我保护谨慎通过烟雾区的各种措施：尽量使身体贴近地面，用湿毛巾捂住口鼻行走；披上浸湿的衣物、被褥等向安全出口方向冲去。

（6）大火封门、无路可逃时，可使用浸湿的被、衣物等堵住门缝，泼水降温，向窗外呼救。

（7）当通道被火封死，可用结实的绳子或将窗帘、床单撕成条或拧成绳，拴紧窗框下滑脱险。

（8）身上着火，不要奔跑，可就地打滚或用衣物拍打压灭。

（三）灭火器的使用方法

要学会正确使用灭火器。

1. 干粉灭火器

适用范围：普通的固体材料火、可燃液体火、气体和蒸气火与带电物体的火，但是不能扑救轻金属燃烧的火灾。

提灭火器至火情发生的地方，把铅封拆除然后拔掉保险销。

左手握住灭火器的喷管，右手提着压把。

距离火焰两米的地方，对准火焰根部，压下下压把。

2. 泡沫灭火器

适用范围：适用于扑灭可燃固体，以及如油制品、油脂的可燃液体的火灾。不能扑救水溶性可燃、易燃液体的火灾，也不能扑救带电设备的火灾。

提到现场之后，将筒体颠倒过来，一只手紧握提环，另一只手扶住筒体的底圈。

站在距离八米的地方，喷嘴对着火情区域喷射，之后慢慢向前把火焰喷灭。

五、食品安全

常言道：民以食为天，食以安为先。确保民宿食品安全，让客人体验当地特色美食，吃得安全、卫生、放心也是民宿应尽的责任，同时也关系民宿的生存和发展。因此，在餐饮食品安全管理过程中，应注意以下事项：

（1）食品原材料应保证安全、新鲜，采购食品原材料遵守进货验收制度和索证索票制度，采用自家种植的蔬菜为佳。

（2）加工、存放食品应当做到生熟分开，肉类煮熟煮透。

（3）农药、鼠药等有毒、有害物品应当远离厨房妥善保管。

（4）不采购、使用腐败变质、过期食品或霉变、生虫的食品；也不采购、使用病死、毒死或死因不明的禽畜类、水产动物及其制品，以及食品安全法规禁止生产经营的食品。

（5）不采摘有毒山野菜、蘑菇等食物，不得加工客人采自山间的不明野菜等。

（6）提供给客人使用的生活饮用水应当符合国家生活饮用水标准要求。

六、燃气安全

（一）家庭燃气安全使用

（1）如果有燃气管道经过厨房，建议同时安装燃气泄漏报警器，如有燃气漏气或开关未关严实的情况，将会发出报警。

（2）使用灶具时，每次点火要确认点火成功，避免出现无火漏气现象。点火时不要远离灶具并注意观察，避免火焰意外熄灭造成燃气泄漏。

（3）使用燃气时要保持室内通风，如发现有燃气泄漏，请立即关闭燃气表前阀门，熄灭所有火种，迅速开窗通风。此时，请不要在室内拨打电话、开关电源及脱化纤衣。如仍觉察有燃气气味立即到室外安全地带拨打燃气维修电话，必要时可拨打119请求消防部门的协助。

（4）购买液化气罐前，建议仔细检查气罐、减压阀、橡皮软管是否符合国家有关规定。

（5）使用液化气时，必须有人照看，防止汤水沸溢、浇灭火焰而引发燃气爆炸事故。

（6）液化气罐不宜曝晒，不宜靠近热源、明火，周围不宜堆放柴草、杂物等可燃物。

（7）如燃气设备有零件需要更换，建议请专业人士更换并定期检修，不宜私自拆卸。

（二）民宿燃气设备的日常维护建议

（1）确保燃气设备完好。

（2）及时更换燃气胶管，避免因胶管老化造成漏气（一般使用2年即需更换）。

（3）天然气和液化气不能在同一个房间内存放或使用。

（4）燃气管道或液化气橡皮软管上不能悬挂任何物品，以免造成管道接口松动发生漏气。不宜将电线缠绕在管道上，避免产生电火花引起火灾事故。

（5）定期使用小毛刷蘸肥皂水涂抹燃气管道接口、胶管（或用小喷壶装肥皂水喷燃气管道接口、胶管），如有气泡产生，则表示此处有燃气泄漏，应及时报修。

（6）不能私改私接燃气设施，如需改动应到当地燃气公司办理相关手续请专业人员操作。

（7）当客人入住时，应向客人交代家中燃气设备，主要是灶具、热水器的使用方法，并向客人说明燃气安全使用的注意事项，以及一旦遇到燃气设备故障、燃气使用过程中燃气泄漏、疑似中毒等紧急事件时应如何处理。

七、其他安全

（一）地震灾害方面

地震属于自然灾害，预测难、爆发性强、破坏力大。如处于地震带的房屋，建议做好房客的自救、疏散指示工作。

（1）明确疏散逃生路径，张贴到房屋、客厅、走廊及门口等位置，并提示房客仔细查看。

（2）房东对房屋比较了解，应提前寻找房屋内最适宜应急避难躲藏的位置，并告知房客，也可张贴避难临时躲避区示意图（空间较小的承重结构，躲避区应避免靠近建筑外立面，且应靠近逃生通道）。

（二）社会治安方面

面对人身侵害时，应按以下要求处理：

（1）不要贪恋财物。

（2）量力而行，不盲目反抗。

（3）处于劣势时保持冷静，佯装配合，不卑不亢，适当安抚对方，使其同意进行谈判。

（4）如被捆绑优先双手配合前置，避免背后捆绑，便于自救。

（5）无法反抗时，请以保证生命安全为第一原则。

（6）歹徒离开后设法自救、报警。

（三）房东自身财产安全方面

房东如配置较贵重物品，应与客人进行沟通并告知妥善使用和保管，做好提前告知，能在一定程度上避免理赔纠纷，提高房客自身使用警觉性。

八、急救知识

（一）骨折的急救知识

1. 判断是否骨折

查看伤处可有瘀血、肿痛，或者观察伤者是否以不正常的姿势倒卧。情况严重时，查看是否有肢体变形，或者开放性伤口。

2. 固定

不要随意移动伤肢。可用手或软垫（衣物、毯子等）包裹患肢并沿其轴线放平，且不要施加强力。保持固定位置，等待救援到达。要注意避免不必要的移动。

3. 拨打急救电话

如果伤处明显变形、有剧痛或自己不能行走时，需要运送至医院，拨打急救电话或者请他人帮助呼叫。

4. 等待救援人员抵达

确保伤处被妥善固定，直到救援人员抵达。

（二）烧伤的紧急救护

1. 迅速扑灭身上火焰，撤离现场，包扎伤口

采取有效措施扑灭身上的火焰，使伤员迅速脱离火场。当衣服着火时，应就地卧倒翻滚，以免助长燃烧。灭火后伤员应立即将衣服脱去，如衣服和皮肤粘在一起，可在救护人员的帮助下对创面进行包扎处理。

2. 保护创面

在火场，尽量不要弄破烧伤创面的水疱，不能随意涂抹外用药，以免影响医生对烧伤面深度的判断。对创面应立即用洁净纱布、衣物或被单等给予简单包扎。手足被烧伤

时，应将各个指、趾分开包扎，以防粘连。

3. 合并伤处理

有骨折者应予以固定；有出血时应紧急止血；有颅脑、胸腹部损伤者，必须给予相应处理，并及时送医救治。

4. 迅速送往医院救治

伤员经火场简易急救后，应尽快送往临近医院救治。途中必须注意防止伤员休克，搬运时动作要轻柔，行动要平稳，以尽量减少伤员痛苦。

九、民宿突发事件应急处理

（一）食品安全事故处理

1. 应急处置原则

（1）立即组织对中毒人员进行救治。

（2）保留造成食物中毒或者可能导致食物中毒的食品及其原料、工具、设备和现场。

（3）配合政府卫生行政主管部门对食物中毒的原因进行鉴定。

（4）落实政府卫生行政主管部门要求采取的其他措施。

2. 食物中毒人员的应急处理

（1）催吐。只要胃内尚有毒物存在，都应做催吐处理，催吐是排出胃内毒物的最好办法。

（2）可用硬羽毛、匙柄、筷子、手指等搅触咽喉壁使之呕吐，同时饮用清水，反复刺激呕吐。

（3）将食盐8克溶于200毫升温水中反复口服。

（4）病情严重者在应急处理的同时急送医院进行进一步救治。

（二）酗酒客人处理

无论店内还是店外喝醉的客人，管家都应注意。客人醉酒后失去理智，处于不能自控状态，或有胡言乱语、滋事、破坏酒店财物、调戏女性等行为，管家应时刻注意并灵活处理。

对于尚未完全失去理智的醉酒客人，应及时将其劝至客房或其他适宜的地方，待其酒醒。

如醉酒客人在公共场所发酒疯，打人、骂人、破坏店里财产，无法控制，应及时通知乡村民宿所在村小组成员，并报公安机关处理。

醉酒客人酒精中毒，有面色苍白、口吐泡沫或其他严重症状时，应及时通知运营经理，送到医院抢救。

（三）打架斗殴、流氓滋事处理

一旦发生打架斗殴、流氓滋事事件，管家要及时报告村小组成员，并拨打110报警，并且尝试控制事态发展，保护好店内其他客人的人身安全和店内财产。

将斗殴双方或肇事者分开，等待公安机关处理。如事态严重，有伤害事故发生，要及时抢救伤员。

现场检查时，查清酒店设施是否遭受损坏，查看损坏程度及数量，做好记录上报负责人。

（四）客人物品丢失处理

如客人丢失物品，管家接到报告后，马上到现场，向客人了解丢失物品的前后经过和物品种类、价值等详细情况，并做好记录。

如果丢失贵重物品，询问客人是否需要报警；如要报警，可按照程序封锁现场，提醒客人不要随意翻动物品，等待公安人员到来。

如丢失非贵重物品或物品价值较大，但客人不愿意报警，可按照以下程序处理：请客人再仔细检查一下自己的物品是否放错位置，或在客人同意后进入房间帮助查找，要注意两人同行或全程拍摄。

（五）停电紧急处理

发生突然停电，要首先查找停电原因。

如果是店内线路故障，要及时通知维修工进行维修检查。如果是外部线路故障，需要打电话给供电局报告情况，请他们尽快派维修人员抢修。

查清停电原因、时长后，及时向客人说明情况、请求谅解，并做好应急准备工作。

一旦供电恢复正常，需对民宿进行检查，确保正常运转，无安全隐患。

（六）客人出现意外受伤或死亡处理

接到报告后组织相关人员迅速赶到现场。

仔细询问客人情况，根据客人受伤程度和病危人员的现状第一时间安排送往医院治疗。

在客人亲友未到之前，派工作人员看护。

如遇客人死亡（应由医疗机构判断是否死亡），应确定死者身份，保护好现场，并立即与公安部门取得联系；配合公安人员做好处理工作，按客人登记及其他线索与客人所在单位及亲属联系，协助做好善后工作。

（七）无人值守式房间的紧急情况处理

如果有些民宿是属于无人看管式的房屋，则应做好充分提示。应在房屋内醒目位置留有民宿紧急联系人联系方式，便于客人在出现紧急情况时可以尽快联系到民宿管理人员。民宿管理人员要定期检查民宿周边监控等设施，确保及时发现异常，有效处置。

第七节　民宿投诉管理

一、民宿投诉基本案例及处理

下面列举一些民宿客人投诉较多的问题以及处理方法。

（一）房间位置与预期不符，位置很难找到，周边业态不全面，没有停车位，用餐不方便等

为预防此类投诉，预订平台上的相关信息要清晰、准确，以免客人发生误解。另外，客人预订后，民宿管家要发送民宿定位给客人，客人到达时，热情迎接。

如果客人因民宿的地理位置不便而投诉，民宿管家首先应安抚客人，然后及时帮客人解决问题；如有些客人抱怨在民宿打不到车，民宿在日常运营中应与一些出租车司机建立合作关系，提供相关出租车信息给客人，让客人联系。

停车位是很多自驾游出行的客人最需要解决的困扰，民宿管家可以提前了解一下民宿附近的停车位，推荐给客人。

很多民宿因其特定的地理位置，的确会让入住的客人感觉用餐不方便，此类民宿，应该同时提供餐饮服务（简餐），推出一些当地特色菜。

（二）客人入住民宿期间，突然遇到停水停电的问题

民宿在经营过程中，要有防患于未然的意识以及危机应急预案。突然停水停电，首先要联系在住客人，安抚客人，说明原因以及告知客人恢复供应的时间。民宿管家可以视情况组织类似篝火晚会的活动，让客人不至于因为停水停电而心生不快；如果客人还有抱怨，可适当给房费打些折扣或送些小礼品，以表歉意。

（三）客人投诉民宿卫生环境较差，床上用品、毛巾等布草有污渍，清洁不干净，房间还有虫

预防此类投诉，民宿管家必须在建立标准的客房清洁以及布草清洗制度的基础上，进行严格的监督检查，尤其在客人要抵达民宿之前，民宿管家要对房间状况进行检查。

一旦接到此类投诉，民宿管家应第一时间向客人表示歉意，及时更换，或者帮客人换一间房，送个果盘，让客人感受到诚意。

此外，在蚊虫较多的季节，民宿可在房间或前台准备驱虫药品，方便客人取用并定期请专业消杀公司进行室内外的消杀工作。

二、投诉沟通技巧

下面列举一些面对客人投诉时的沟通技巧。

（一）尊重对方

很多情况下客人投诉是希望能够得到民宿方的高度重视和尊重。当投诉发生时，要给予充分的认可和尊重，而不是一味地解释。你可以坐下来倒杯茶，在认可对方情况下，跟客人简单聊聊旅行家常，给予更多的认可和尊重。

（二）给予补偿

一般情况下，客人因受损失而投诉，除对物质损失要求补偿外，更多的是对精神损失要求物质索赔，以求得心理平衡。

民宿管家在解决问题的时候，在切实用同理心去理解客人的前提下，要有止损的觉悟。及时得当的处理，有时可能就是送个果盘就能解决的事情；但如果不能及时解决，拖延的时间越长，付出的代价越大，因为不满是会发酵的。

（三）耐心倾听

当客人正当的需求没有得到满足或受到不公正的对待而产生挫折感，或者旅行途中不顺利时，民宿管家要让自己平心静气，保持耐心，倾听对方。

三、点评回复技巧

（一）基本点评类型及回复技巧

民宿管家除了要面对面处理客人的投诉之外，更重要的还要认真回复客人的点评。好评的一个作用是给准备预订的客人看的。那么民宿管家面对客人的各种点评该如何回复呢？详见表6-4所示。

表6-4 评价类型及示例

类 别	感情色彩	举 例
差 评	实事求是型	民宿没有停车位，很不方便
	情绪型	这个民宿太烂了
	混合型	这个民宿太烂了，竟然没有停车位
中 评	凑字数型	呵呵
	感受普通型	还行，还过得去
好 评	喜爱型	真不愧是×民宿，一定推荐给朋友
	举例说明型	房间设计得很好，床很舒服，前台服务人员热情周到，介绍了景点的线路，非常贴心

1. 回复"实事求是型"差评

针对"实事求是型"的差评内容，建议以诚恳的态度，实事求是地说明情况以及解决方案。这样，在回答的同时也向潜在客人表明"如果您来入住不会再遇到同样的问题"。对于真的无法解决的问题，也应坦诚委婉地加以说明，避免让回头客或潜在客人产生期待感。

2. 回复"情绪型"差评

针对"情绪型"差评，同样要以诚恳的态度，表明为给客人带来这么不好的感受而抱歉，以不带任何情绪的语句咨询到底问题出在了哪里，展示民宿对于解决问题的决心与诚意。

3. 回复"中评、好评"

对待"中评"可以简洁、略带俏皮地回复。可以在回复中简单地介绍下民宿的最新活动，也可以顺着客人的话茬接上去，如客人说"还行，过得去"时，可以回复"争取下次让您说很行，非常好"。

对于"好评"，民宿在回复时，不应只是简单表示感谢。可以使用前一客人的评论内容，营造一个类似社区的氛围，也可以展示民宿对于忠诚客人的奖励措施，从而暗示潜在客人。如果是对于在评论上明确表现出来的回头客，更可以用一些充满感情的语句表示感谢，或者告诉他一些民宿的新变化，这其实也是对潜在客人的一个展示。

（二）关于回复点评的其他技巧

首先应感谢客人的点评，即感谢客人对民宿的关注与好意。最后应表示欢迎客人再次光临。注意在同一页面中尽量让文字有差异化，不要千篇一律。

可以主动向客人寻求反馈，可以用这样的语句来表达："如果您能够……那对我们的帮助就太大了，在这里先表示由衷感谢！"

对于客人有可能不符合实际情况的指责，表明民宿的态度："这绝不是我们所提倡的待客之道""这违背了我们的设计初衷"……坦荡表示欢迎任何的批评——"如果可以，请与我们联系，尽快找到解决的方法。"

对于确实存在的问题，应坦率承认。如果是可以改造的硬件问题，告知可能的改造计划。如果是无法改造的硬件问题，想办法提出解决方案——注意，态度有时候比方法更重要。对于服务等软件问题，应明确表示诚恳的态度，说明这绝非我们希望呈现的，并提供有诚意的解决方案。

对于客人提出的价格问题，其实往往反映了客人对于价格的认知以及对性价比的不满，可以明确表示民宿在同类、同区域民宿中所处的价格区间，并提出民宿在服务、地段等方面的优势以展示性价比。

切忌指责客人，也不用卑躬屈膝。宜表现得落落大方、坦坦荡荡，专业而礼貌、真诚友好、不带情绪。

民宿客人为什么会给民宿差评？

客人的投诉是我们民宿发现服务失误的一个重要来源，而我们面对差评，民宿其实更应该冷静下来思考客人会在什么情况下投诉。

民宿主打人情，一般来说，入住聊几句就自然熟成了朋友，既然是朋友，有的小问题就不在乎了，或者直接跟民宿主善意地提出需要改进的地方。所以，收到差评我们先来理解下，客人急需要投诉途径的心理。

一、求尊重的心理

这个心理存在于整个旅行的过程中，投诉的目的是为了找回尊严，而并不希望民宿主做什么，不是为了什么退房费啊，打折扣啊，送餐啊，客人就是希望他（她）的感受能够得到民宿方的高度重视和尊重。

事情的起因可能是服务人员的怠慢，需求迟迟得不到答复和解决，特别是我们的民宿比较忙的时候。更甚者，在解决问题的过程中，服务的态度让客人产生了误解，没有及时安抚客人情绪。你们的沟通完全不在一个点上，于是民宿方秉着息事宁人认栽的官方态度道歉，可客人却觉得自己的问题并没有得到重视，也没有获得自己应有的尊重。于是，客人反手给你一个差评！

那么民宿主应该怎么做？不要解释太多，首先要给予充分的认可和尊重。要真诚地认可他（她）说的是对的。光认可还不行，客人可能觉得你并不是诚心的，所以，同意之后，还要"哄"。可以坐下来倒杯茶，在认可对方的情况下，跟客人简单聊聊旅行家常，给予他（她）更多面的认可和尊重。这就是传说中的"宠粉"。也就是说，在沟通的时候，对客人提出意见的认可不是"谢谢，我们会改正"几个字，继而打发客人；而应该是800字作文这样延伸的以同理心去沟通认可。反之，遭受的可能就会是800字差评。

二、求补偿的心理

首先不排除一些真的为了要补偿而挑毛病的客人，可是这种属于少数。有一些求补偿的心理，并不是想要占便宜，而是你既然认可你错了，你补偿我是应该的。这个时候就别讲情怀了，你做生意不容易，我上班族也不容易，那么既然你失误了，就该为你的失误付出一些代价。

所以，我们的民宿主在解决问题的时候，在切实用同理心去理解客人的前提下，要有止损的觉悟。马上得当的处理，可能就是送个果盘的事情；要是不能及时解决，拖延的时间越长，付出的代价越大，因为不满是会发酵的。一分钟承认失误，送个果盘了事，一小时你可能得退房费。到了退房费还得赔笑脸的时候，大概你是满肚子委屈不满，也无法那么真诚开心，而客人虽然得到赔偿，可美好的旅行也有了一块小阴影，心里未必很爽。

三、发泄心理

有没有一种客人的不满让你摸不着头脑，实实在在觉得是小题大做呢？你开始怀疑是否是你的床不够好，导致你的客人为爱鼓掌不够响亮。其实，有时候客人的心情会导致对一些事情的不满加剧，可能是个小事儿，但是因为客人不开心，也许是出来玩还被工作上的事情烦扰，也许是去了个景点过程不顺利。说到这里，我们的民宿方真的委屈了，关我啥事儿啊。所以，我们的服务人员，有时候真的需要会察言观色。在工作中，首先让自己平心静气，拿出职业的态度来，不说八面玲珑，至少得灵活。

四、了解投诉客人的类型

（一）理智型

这类客人基本不会发火，他们能够冷静、客观地指出不足，并比较有耐心地期待服务的改善。这类人大多比较有修养，以同理心来对待遇到的问题。对于这类人，只要及时处理问题，态度诚恳，基本不会出现差评。

（二）挑剔型

这类人比较挑剔，吹毛求疵。遇到这类客人，事先仔细观察，重点注意，要小心翼翼地提防着点，要以小心、耐心加诚心，来解决各种挑剔到你觉得生无可恋的问题。所以我们的店里最好培养一个擅长解决这类客人问题的服务人员。

（三）唠叨型

这种类型的投诉大都与客人的性格有关。这类客人表现为在不满意时喋喋不休地唠叨，往往服务员已经在改进之中，他们视若不见，继续反复地说个不停。对此类客人应有极强的忍耐心，以避免遭受投诉。

（四）暴躁型

此类人一有不满，不管问题多大，就以激烈的语言和动作表现出来。服务人员应"对事不对人"，不计较其个人态度，而着眼于解决问题，容易使这类客人向理智型转化。千万不要出现和客人互拍桌子的情况，对待这种客人要有耐心。

（五）悲观型

天生悲观型（多见于抑郁质气质类型）和由理智型转为悲观型两类。天生悲观型的人总是这也不满意那也不称心。在一般情况下不会投诉，但会通过表情动作表现出来。

服务人员要留心，及时补充服务。

另一类悲观型是由理智型转为悲观型的。这类客人极易投诉，尤其当客人提出合理意见时，不及时处理甚至反唇相讥，客人情绪就会转化，由理智型转为悲观型，于是提出投诉。因此，遇到此类客人，切勿因其语言温和而掉以轻心，等矛盾升级后再处理就难了。

资料来源：搜狐网（https://www.sohu.com/a/319896436_653908）

本章小结

民宿日常服务与管理涉及诸多方面，包括前台接待服务、客房服务、餐饮服务以及清洁保养管理、物资管理、安全管理、投诉管理。本章对每个方面的具体操作都进行了相对详细的介绍，每个环节都直接影响到客人在民宿入住的体验，对于民宿管理都是非常重要的。

 思考与练习

1. 民宿客房日常清洁的主要内容有哪些？
2. 民宿物资管理的主要内容有哪些？
3. 民宿餐饮服务的基本程序有哪些？
4. 民宿管家在面临投诉时有哪些应对技巧？
5. 民宿管家在回复客人点评的时候有哪些技巧？
6. 尝试编写一份民宿应急预案。

第七章 民宿财务管理

案例导学

民宿物耗成本控制

民宿物耗成本涉及范围较广，是成本控制中可控空间最大的一个。物耗成本如果进行合理有效地控制，能够最大限度地提高利润空间。

存在问题：①采购制度、方法不完善；②使用制度、方法不合理，浪费现象较为严重；③缺少对物耗成本统计分析，对耗品价格及使用数量不敏感；④设备设施陈旧落后；⑤缺乏有效的执行力；⑥节约意识薄弱，缺乏节约理念宣传。

范围：客房耗品、餐饮材料、日常用品等。

解决方法：在整体上形成一套采购、使用流程制度，加强耗品数据统计分析，提高人员节约意识。

1. 客房耗品

在不影响房间入住体验感的情况下，根据价格、淡旺季情况搭配不同耗品（数量、质量）。如房间价格高，房间易耗品可以放置六件套甚至十件套，牙膏、牙刷、沐浴露、洗发露、护发素、润肤露、浴帽、针线包、鞋擦、梳子、剃须刀、护理包等。在质量上，可以选择小瓶装。在淡季价格低的时候，减少易耗品套装数量。一些易耗品可以放在前台，客人有需要可以到前台来取。在质量上，可以换成价格较低、使用时间长的大瓶装。

根据客栈民宿文化理念及其所处位置，选择使用易耗品。如一些处在海边的客栈民宿，倡导保护环境、不使用一次性耗品。客人也能够理解，从而节省了部分易耗品的支出费用。

2. 餐饮材料

客栈民宿收入构成中，餐饮收入占比很大。餐饮成本的控制直接影响到营业收入和利润，进而影响到客栈民宿的整体收入。

餐饮成本控制范围：食材调料费用、设备折旧费用等。从整体控制：采购→库存→发放→粗加工→切配→烹饪→服务→结账收款。在这个体系中，每一个环节都会影响到成本。

采购：制定合理采购标准，采购人员应熟悉食材及周边市场动态变化。

食材最好就地选购，减少运输成本。如果采购量大，挑选合适的供应商，建立长期合作关系。保证食材供应稳定及食材价格低于市场价格。做好库存管理，库存不当，则会引起食物变质等情况。在每天需求量少的情况下，减少库存数量，做到当天定量采购。

很多客栈民宿在客人住宿过程中，会提供免费早餐。在这个环节中，由于没有合理预估，造成很多食物浪费。下面就是几种解决方法。

（1）制定早餐提供时间表，制定早餐提供的种类。早餐提供的种类要灵活多变，在保证食物质量的前提下，根据季节及食物价格，灵活更新早餐提供种类。

（2）量化食物，做到某些食物提供量与客人数量对应。如为每位客人提供一杯牛奶或两个鸡蛋。在准备的时候，也可以稍微多出一些，防止出现客人不够吃的情况。

（3）在餐桌上张贴"节约食物"等宣传标语，提醒客人不要浪费。

（4）根据每天客人剩余食物量做数据统计分析，选择更换食物种类及数量。如规定每天每人两个鸡蛋，几个月的数据表明，80%的客人只吃了一个鸡蛋，那么接下来就可以更换鸡蛋的供应量了。

资料来源：搜狐网（https://www.sohu.com/a/121289929_554347）

第一节　民宿财务管理内容

财务管理是基于民宿生产经营过程中客观存在的财务活动和财务关系而产生的，是组织资本运动、处理各方面财务关系的一项经济管理活动，是民宿管理的重要组成部分。它主要包括民宿的财务管理目标及任务、账务处理、建立健全的财务管理制度、建立完善的财务风险预警系统。

一、财务管理目标及任务

（一）财务管理目标

财务管理的目标是民宿进行财务活动所要达到的目的，主要体现在三方面。

（1）生存目标。财务管理应努力使民宿保持合理的财务比例和良好的偿债能力，确保不破产。以营业收入抵支出和偿还债务，维持民宿的正常经营，避免出现经营亏损。在财务管理上必须有规定，支出要由经理或财务主管审核签字，不能随便动用资金，这是非常重要的。再有，各种项目要加强管理，避免漏单、跑单现象的发生，一旦发现也便于查处。

（2）发展目标。财务管理应及时有效地、以最低的成本筹集到民宿发展所需要的资金，确保民宿具有发展能力。一般的民宿管理者都希望自己的民宿不断发展，而发展需要资金实力。作为一个民宿，筹集其发展资金的最好方法就是扩大收入，提高服务质量，提高服务水平，开办新项目，满足消费者的需求。

（3）获利目标。财务管理应有效地管理和运作好民宿的资金，加速资金的周转，提高资金利用率，增加民宿的盈利。民宿只有获得利润，才有存在的价值。民宿除了要关注相关利益主体的利益外，还要高度重视自己在社会中的责任，通过财务管理活动兼顾民宿的经济效益和社会效益，严格履行社会责任，树立稳定良好的形象，为自身的发展创造更好的外部条件和环境。

（二）财务管理任务

结合民宿经营特点，保证在经济活动中顺利取得所需资金，制定科学的财务策略和决策，实现财务监督和控制，确保经营目标的实现。具体来说，民宿财务管理的任务如下：根据旅游企业的规模等级、接待对象、接待能力的需要，对资金运作进行整体规划，选择筹资方式，比较分析资金成本及结构，分析评价筹资风险，评价投资效益；安排现金流量，协调财务关系；完善会计核算制度和财务控制监督制度，建立合理的财务管理机构和信息沟通渠道。

民宿只有制订出正确的财务管理目标，明确自己的财务管理任务，才能把财务管理工作做好，才能得到健康的、可持续的发展。

二、账务管理

民宿账务管理是运用专门的方法，以货币为计量单位，对民宿经营管理活动进行连续、系统、完整的登记、核算和监督的一种经济管理活动。账务管理包括资产、负债、所有者权益、收入、费用、利润六个方面。

（一）资产

资产是指企业过去的交易或事项形成的，由企业拥有或者控制的，预期能给企业带来经济利益的资源。资产可以是有形的，如现金、原材料、设备等，也可以是无形的，如品牌、土地使用权等。

（二）负债

负债是指企业过去的交易或事项形成的，预期会导致经济利益流出企业的现时义务。如企业购进原材料未付款，应缴纳的税金没有缴纳，应发的工资没有发放等。

（三）所有者权益

所有者权益是指民宿经营者对企业净资产的所有权。这里说的"净资产"是指企业总资产减去负债后的金额。

（四）收入

收入是企业销售产品和提供服务等实现的收入。收入是企业利润的最基本内容。

（五）费用

费用是指企业在生产经营过程中产生的各种消耗。

（六）利润

利润是指企业在一定时间内用货币表示的经营成果。

账务管理的六个要素之间的关系如下：

（1）负债＋所有者权益＝资产。这是资金运动的静态表现，表明资产的来源与归属，是编制资产负债表的依据。

（2）收入－费用＝利润。这是资金运动的动态表现，表明经营成果与相应期间收入和费用的关系，是编制利润表的依据。

三、建立健全的财务管理制度

（一）资金管理制度

资金是企业持续经营的基本保障，企业的利润靠资金的运作来实现。民宿应通过完善和执行相关的制度来确保资金的安全和提高资金的使用效益。主要包括以下三点。

（1）现金收支管理制度。特别是收银制度，除了收银台以外，任何地方不准收取现金。消费物价只能按规定收取，不得擅自提高或降低物价。收支必须按严格的会计制度开好票据，做到无票不收银。收银台必须每天将所收现金妥善保管，以免发生偷盗和抢劫事故。收银员每天必须与会计核对账务，报告收支情况。通过制度规范现金收支行为，克服管理人员在现金开支上的随意性，防范现金收支的漏洞。

（2）银行账户和存款管理制度。防止管理者公私不分，公款私有或私款公存的现象。要严格区分法人账户和私人账户。企业往来结算，严格使用法人账户，不得公私混用。

（3）建立和完善投资决策制度。投资决策的成功与否关系到企业的生存和发展。投资决策容易出现"一言堂"的现象，需要通过完善相关制度来规范投资行为，防范投资失误。

(二)物资管理制度

民宿管理者对物资的关注度往往低于对现金的关注度,针对这一现状,要将物资管理和资金管理摆在同等重要的地位,克服重钱轻物的意识。例如,日常消费品必须有专人保管,领取物品必须开出票据,并有领用人的签章。如果是借用的物品,必须按时收回等。此外还要健全固定资产购置、使用、报废制度,严格按国家有关规定提取折旧,充分发挥固定资产的使用效益。建立健全物资采购、使用、盘存制度。存货的库存过高会占用流动资金,过低又不能满足经营和服务需要。要对经营服务的需求进行量化管理,防止采购人员采购的随意性,对采购方式、采购价格、采购进度等进行有效监控,防止价格虚高、商业贿赂,从而节约或降低采购成本。同时应采用 ABC 分类管理法和经济批量法对存货的占用进行分析和控制。

(三)成本费用管理制度

民宿成本费用管理是财务管理的一个重要环节,关系到企业的税收和利润。提高收入、降低成本费用是增加盈利的基础。因此,民宿要制定科学严谨的成本管理机制,以加强成本费用管理。

民宿成本控制主要采用预算控制法。成本费用预算是成本费用管理工作的开始,是成本费用控制的目标和依据。民宿还通过各项开支消耗的审批制度,日常考勤考核制度,设备实施的维修维护保养制度,各种材料物资的采购、验收、保管、领发制度及程序,报审批制度及相应的奖惩办法,来达到控制成本费用的目的。

另外,成本费用考核是对成本费用预算执行结果的评价。正确进行成本费用考核,可以促使民宿改善经营管理,加强经济预算,努力降低成本费用,增加盈利。

(四)内部控制与监督制度

虽然在一些以家族制管理方式为主体的民宿实施财务监督有一定的困难,但从长远发展出发,基本的内部控制和财务监督制度的建立和执行仍然是很有必要的。

首先,权力限定和责任划分。要明确主要管理者和其他重要岗位的权限和责任,尽可能做到权责统一。其次,不相容岗位的分离。预防由于职权集中而产生舞弊,主要包括权力审批与执行分离,业务执行与业务审核分离,业务执行与记录分离,会计人员职务分离,岗位牵制等。最后,审查与监督。要设立专门机构(较大规模的企业)或专门人员对民宿的经营行为和财务行为进行独立审查监督,做好内部控制和财务监督,保证民宿财务状况的良性循环。

四、建立完善的财务风险预警系统

民宿的财务风险分为系统风险和非系统风险。

(一)系统风险

系统风险是指外部宏观环境因素变化引起的风险,如利率、汇率、通胀、经济周期、战争、自然灾害、疫情等风险,是民宿无法通过任何方法消除的,都是不可避免的。系统风险又称为不可分散风险,主要表现在以下两个方面。

(1)宏观经济因素给民宿带来的投资风险。民宿的旅游产品季节性较强,季节的变换决定了旅游有淡季、旺季之分,因为这种波动性使得资金回收期延长,所以在此期间市场供求的变化无法预料,人们的需求结构、供给数量都不能进行准确预测。因此,投资就会给民宿带来不可分散的系统风险。民宿还受到经济环境的影响,如国家的宏观经济政策就会对民宿产生很大影响。此外,民宿还受到政治、经济、文化各方面的影响,而这些都是不受人为控制的,各种因素都在不断变化,因此民宿所面临的财务风险也是难以预料的。

(2)宏观经济因素给民宿带来的融资风险。筹集资金是民宿经营的起点,民宿的投资活动总是从筹集资金开始的。民宿从创建到持续经营、发展扩大,以至为满足调整资金结构的需要,都离不开资金,这就决定了民宿要从各种渠道筹集资金。但由于社会环境的复杂多变,筹集资金都是有风险的。

(二)非系统风险

民宿的非系统风险主要表现在以下两个方面。

(1)投资及资金回收风险。民宿进行投资就是为了获取利润,尽快收回资金。但是在投资过程中因为自身的因素,总是会面临着投资风险及资金回收风险,这就要求民宿在投资过程中需要考虑各个方面的因素。民宿的开发受自然条件及资源方面的影响。如果民宿在投资的过程中没有经过认真分析,没有全面调查此项目的可行性,那么在投资的过程中必然会面临风险。

(2)筹资、利益分配及偿债风险。筹集资金是民宿生存发展的需要,但是民宿的筹资是需要一定的代价的,在负债经营的情况下,民宿面临着偿还的责任,风险也因此而产生。因此,民宿要高度重视筹资方面的风险,合理进行预算,不要盲目筹资。

第二节 民宿运营成本核算

一、民宿产品基本定价策略

住宿产品是一家民宿的核心,合理的市场定位与定价,能让民宿迅速增收。

民宿常用的定价方法有投资回报周期法、目标利润定价法、需求差异定价法、随行就市定价法。这些定价方法主要是根据投资、成本、利润、竞争需求的不同进行定价的。

(一) 投资回报周期法

某民宿坐落在一景区内，共有客房6间，客房总投资为38万元，预计民宿投资回报周期为4年，每年所需利润回报为38万元/4年=9.5万元。假设民宿净利润率为20%，那么倒着推算一下，此民宿预计每年的营业收入约为47.5万元。

利润额/净利润率 = 营业收入

95000/20%=475000

预计出租率为60%，一年365天，每间客房平均房价为：

营业收入/（房间数量 × 出租率 ×365天）= 475000/（6×60%×365）

=361.49元（约362元）

根据以上计算结果，该民宿每间客房的平均房价为362元。投资回报周期法是站在投资人角度，首先确定民宿在投资回报周期内每年所需的利润额，根据利润额和净利润率计算其营业收入，再依照市场的情况估算其客房出租率，最后确定客房的平均房价。此价格只是全年的平均房价的参照，每日实际房价还需按照民宿淡旺季和旅游的高低峰趋势适当地进行调整。另外，此方法还需与市场调研、项目分析相结合，最终确定民宿定价。

(二) 目标利润定价法

某民宿坐落在景区内一个百年古壮族村，共有客房8间，客房全年总花费为30万元，民宿要实现目标利润率25%，目标营业收入为：

总成本 + 目标利润 =300000+300000×25%=375000

预计出租率为50%，一年365天，每间客房平均房价为：

目标营业收入/（房间数量 × 出租率 ×365天）= 375000÷（8×50%×365）

= 256.85元（约257元）

根据以上计算结果，该民宿每间客房的平均房价为257元。目标利润定价法是以民宿的成本为基础，加上一定的目标利润计算出来的平均房价。首先确定民宿的目标利润，根据目标利润计算其营业收入，再依照市场的情况估算其客房出租率，最后确定客房的全年平均房价。

(三) 需求差异定价法

需求差异定价法是指根据不同的客人、未来时期客人对房间的预订情况及客房存储情况，在不同的季节、不同的时间以及一天中的不同时段，随时调整和改变客房价格，以实现客房效益最大化的定价方法。

1. 以时间为基础的差别定价

以时间为基础的差别定价，就是指可根据民宿经营时间的不同分为旺季价格、淡季价格、工作日价格、周末价格等。民宿的淡旺季和旅游的高低峰趋势是息息相关的，一般城市旺季是每年5~10月，淡季则是每年的11月至次年4月。虽然可能会有一些突发因素（开学季、某个景点突然爆火等）造成一些波动，但整体形势不会有大的变化。在旺季，民宿房源的价格相较于淡季普遍会上涨20%~50%，订单量可能还会源源不断，但从旺季到淡季，订单量会大幅下跌，价格也普遍较低。开一年民宿却只有半年赚钱的情况也可能发生，这时候就需要民宿用优质的服务和有吸引力的价格来争抢有限客源了。

2. 以产品为基础的差别定价

以产品为基础的差别定价，就是指可将客房根据客人不同的需求特征和价格弹性分为山景标准房、日出景观大床房、全景豪华家庭房、海景房等。

3. 以空间为基础的差别定价

以空间为基础的差别定价，是指根据民宿所在地位置，采取地区差异性的定价。如当地人均收入，民宿距离景点的距离及其交通便利的情况。

（四）随行就市定价法

随行就市定价法是以同一地区、同档次竞争对手的客房价格作为本身定价的参考来确定客房价格的一种定价方法。市场存在竞争，每个房源的具体竞争对手是它周边的房源，一定要时常关注周边民宿的价格，合理设置自己的定价。一般可以采用两种方法：一是将一定数量（一般为10家左右）的同等级民宿的平均价格水平作为定价目标；二是追随当地有特色和标志性的民宿价格，作为参考来制定自身的客房价格，这样有利于抓住市场机会。竞争对手的分析可通过市场调查来进行。具体调查内容为售卖价格、房间体量、增项设施、增项服务、活动内容、装修风格、房型类别、宣传、售卖渠道、渠道评分、口碑等数据。

二、民宿经营的主要财务指标

要经营好民宿，必须掌握与民宿相关的主要经营指标，以便更好地进行财务分析，确保民宿的营利能力。从财务指标上而言，民宿与其他酒店并无根本不同，核心指标应该包括以下几个。

（一）客房出租率

客房出租率（Occupancy Rate），又称客房占用率、住房率和客房销售率等，是指民宿租出去的房间数占它拥有的可出租的房间数的百分比。

$$客房出租率 = \frac{出租的房间总数}{可供出租房间总数} \times 100\%$$

出租的房间就是被租出去或者被占用的客房的数量，免费房因为没有产生收入，不能计入出租率。如一个民宿的可用房有 15 间，当日出租 12 间，则其客房出租率就是 80%。

客房出租率反映了民宿客房产品被消费或被销售的情况。客房出租率越高则意味着客房空置率越低，客房出租率越低则客房空置率越高。

（二）平均占用房价

平均占用房价（Average Daily Rate，简称 ADR），是指每间被租用的客房的平均出租价格，又称平均房价。

$$平均占用房价 = \frac{出租的房间的总收入}{出租的房间的总数}$$

如某民宿某天有 12 间客房被占用，共获得 4800 元收入，那么其平均占用房价就为 400 元。因此，在客房出租率一定的情况下，提高平均房价就可以提高民宿的客房收入。

（三）平均可供出租客房收入

平均可供出租客房收入（Revenue per Available Room，简称 RevPAR），也称平均客房收入，是指平均每间可供出租的客房每天能够为民宿带来的收入。

$$平均可供出租客房收入 = \frac{出租的房间的总收入}{可供出租房间总数}$$

仍以上述民宿为例，如果该民宿可供出租的房间总数为 15 间，那么它的平均客房收入应该是 320 元（4800÷15）。如果该民宿能够将其可供出租客房收入提高 20 元，那么它的客房总收入将提高 300 元（20×15）。可见，平均可供出租客房收入直接反映了单位产品（客房）的创收能力。由于民宿客房数量相对固定，可供出租的房间数目也固定，所以提高平均客房收入是提高客房收入的最重要途径。

（四）营业毛利及营业毛利率

营业毛利（Gross Operating Profit，简称 GOP），是指收入减去成本、人工费、营运部门的直接费用、后台部门的直接费用后的余额。

$$营业毛利 = 营业收入 - 营业支出$$

营业毛利主要是衡量扣除民宿日常营运过程中的消耗之后，民宿主能够得到的收入，其与民宿的建造、装修、设备等固定资产无关。因此，能够更加直接地反映民宿运营的水平，而非投资的水平。

营业毛利率（Gross Operating Profit Rate，简称 GOP Rate），是指营业毛利占营业收入的比重。

$$营业毛利率 = \frac{营业毛利}{可营业收入} \times 100\%$$

（五）营业利润

营业利润（Operating Profit），是指民宿营业毛利减去房租、折旧等非经营费用之后的利润，是一项全面体现民宿经营状况和最终财务成果的综合性指标。

$$营业利润 = 营业毛利 - 非经营费用 = 营业收入 - 营业支出 - 非经营费用$$

（六）利润总额

利润总额是指民宿在营业收入加上营业外收入，扣除折扣、成本消耗和营业外支出后剩余的部分，即：

$$利润总额 = 营业利润 + 营业外收入 - 营业外支出$$

（七）净利润

净利润是指民宿利润总额扣除所得税费后剩余的部分，即：

$$净利润 = 利润总额 - 所得税费$$

（八）投资回报率

投资回报率（Return on Investment，简称 ROI），是指民宿主通过投资而应返回的价值，即民宿主从该民宿投资活动中得到的经济回报。

$$投资回报率 = \frac{净利润}{投资总额} \times 100\%$$

三、民宿的成本、成本预算及其控制

（一）民宿的成本

一般而言，民宿的成本包括建设成本和运营成本。

1. 建设成本

建设成本是指民宿前期除了房租以外的花费。其中，最核心的部分为民宿的设计与装修费用。

民宿的设计费高低与设计团队实力成正比，也跟民宿的设计规模直接关联。民宿主在选择设计团队时应多维了解团队的实力，注重沟通，确保设计成品能够符合预期规划、便于后期装修、符合民宿运营的需要。

民宿的装修包括硬装和软装两部分。硬装指的是除了必须满足的基础设施以外，为了满足房屋的结构、布局、功能、美观需要，对房屋建筑主体的改造以及添加在建筑物表面或者内部的一切装饰物。在装修前，民宿主要有长久的规划，避免装修两三年以后硬件老化，要再次装修的短期行为，且要考虑民宿的定位和功能需求。部分民宿的硬装只是对原来房屋的简单修缮，成本较低。但部分民宿涉及对原有房屋的结构变动，如徽州地区的民宿还涉及对古宅的保护和修缮，成本则较高。当然，在硬件装修过程中会遇到很多前期没有预料的临时性问题，因此，硬件装修也是前期筹备中最容易超支的一部分。为了严格控制成本，在硬件装修时应做好成本表格，备注好细节。

软装是指民宿的商业空间和居住空间中所有可移动的元素，包括民宿的灯具、五金、家具、电器、客用品以及结合民宿的主题所做的室内装饰等。这部分装饰不能单从民宿主的个人喜好考虑，应充分地了解消费者的心理和习惯。装饰尽量简洁、精美，与主题呼应，切忌没有关联性的物品的堆砌。

2. 运营成本

民宿运营成本是在运营过程中提供相关产品而产生的成本，与民宿的运营模式相关，也是民宿运营过程中的固定支出金额，包括房租、人工成本、水电、消耗品、维修和维护成本、营销成本等。

（1）房租。民宿房租是指房屋租赁人付给房主的租赁押金和租金，也就是租住房屋是要付出的钱。特别注意的是，有部分民宿是利用自有住房，这时并不意味着不产生房租，因为房屋本身具有自身的价值，无论经营的物业是自有还是他有，在民宿经营过程中都产生了成本。根据国内的经验，房租一般占民宿运营成本的五分之一到六分之一。

（2）人工成本。人工成本是指民宿在一定时期内，在生产、经营和提供劳务活动过程中因使用劳动力而支付的所有直接费用和间接费用的总和，包括民宿雇用员工的工资、社会保险费用、福利费用、教育经费、劳动保护费用、住房费用以及其他人工成本支出。民宿一般提供的是有限服务，也就是很多环节要让客人自己动手。所以，一般民宿的员工客房比在 0.2~0.3。为了提高消费者的入住体验，民宿管家的功能相当重要，他能够依赖自己较高的素养，为客人提供高标准的服务，进行日常运营，并且传播民宿文化。和房租一样，部分民宿是由民宿主和自己家人打理，这部分劳动力产生的价值也应纳入人工成本中。

（3）水电成本。民宿在运营过程中所产生的水费和电费。按照规定，民宿的水费和电费应该按商用计算。

（4）消耗品。民宿消耗品主要包括洗发水、沐浴露、一次性牙刷、牙膏以及其他配套的供客人免费试用的产品等。另外，民宿送洗布草产生的费用，也是日常损耗的一部分。

（5）维修与维护成本。民宿硬件、电器等产品的使用年限取决于日常的使用方式。如果日常运营过程中，只是一味使用而缺乏定期维护和保养，将大大缩短其使用寿命，提高成本。因此，民宿的维修和维护成本必不可少。

（6）营销成本。民宿的营销渠道比较宽广，各种短租信息平台和专业民宿平台已经相当成熟，信息费大概在 8%~12%。除了在第三方平台发布信息，通过自媒体发布信息是各民宿推广的首选。好的民宿自营公众号都比较成功，公众号与公众号之间的友情链接也是重要的宣传方式。公众号内容的含金量相当重要，什么样的文化输出决定了该民宿会吸引到什么样的住客前往。

（二）民宿成本预算

为了更好地控制民宿经营成本，进行合理全面的成本预算非常有必要。一般来说，民宿成本预算需要考虑以下几点。

1. 间夜原则

在考虑民宿成本时，要将所有成本平摊到每个房间每一夜的水平，为定价提供基准。这里间夜成本有两种计算方式：第一种是 100% 出租率间夜成本 = 年运营成本总额 ÷ 房间总数 ÷ 365 天。如民宿年运营成本为 60 万元，如果该民宿有 10 间房，那么每间夜的成本应该为 60000÷10÷365，即民宿 100% 出租率时每间夜的成本为 164.39 元。第二种是高间夜成本 = 年运营成本总额 ÷ 房间总数 ÷（365 天 × 出租率）。如民宿年运营成本为 60 万元，如果该民宿有 10 间房，实际出租率只有 50%，那么每间夜的成本应该为 60000÷10÷（365×50%），即约为 330 元。民宿在定价时，应该高于高间夜成本，否则入住率越高亏损越多。

2. 装修回收期

做成本预算时一定要估算好装修回收期。一般装修回收期在 3~5 年比较合理，在此情况下，装修投入的费用不管是按照利率计算还是按照其他项目投资对比来看，都较为合理。如果超过 5 年还没有回笼资金，就无利润可言。

3. 价格体系

民宿经营时有一个具有相对普适性的公式：客房数量 × 客房最低价 × 全年 280 天 × 0.7= 全年房租 + 全年人工支出 + 全年损耗支出 + 全年水电 + 装修费用每年均摊。通过这个公式可以计算出客房最低价。这里全年 280 天指的是淡季天数，从国内民宿经营情况来看，一般民宿能保证每年 90 天满房，并且满房的时候价格不会低。0.7 是全年出租率的估算。一般情况下，价格体系确定后不要随意变动，应在这个价格上下有限浮动。

4. 装修材料

进行成本预算时应该选用一些能够持续长久使用的物品，尽可能地去选择一些被回收的时候还能够保值的物品来进行装修和装饰。现在很多民宿在装修选材时并没有考虑到选材的耐用性，这样对自己以后的经营支出会有很大影响。装修选材既要注重保值，又要注重耐用性。

（三）能源成本控制

能源成本指在其经营过程中所耗用的水、电、气、油或煤等费用。每年水、电、气费用的支出会占到民宿支出的很大一部分。其中，民宿的空调能耗，占总能耗的45%，热水能耗占总能耗的16%，采暖系统能耗占总能耗的20%。用电方面一般在50%以上，所以抓好用电管理，就抓住了节能的主要矛盾。民宿中高耗原因主要包括以下方面：民宿主为了省钱，未能选配节能的用电设备，能耗大。照明、插座、空调系统设置和设计得不合理，在实际运行中，设备未能满负荷工作或非经营区域的空间面积设备容量选用过大，浪费能源。水电气能源使用没有规划制度，员工和客人节约使用水电意识薄弱，从而使得水电气能源浪费严重。

那么，如何解决高耗能的问题呢？首先，根据季节、天日长短调整晚上亮灯时间亮灯位置；如夏季19点、冬季18点打开走廊、大厅、招牌等的灯；23点熄灭公共空间部分灯，24点熄灭除走廊以外所有的灯，第二天7点熄灭走廊灯。其次，客房及公共空间放置提醒节约用水用电的牌子。再次，根据情况，更新更换合适功率用水用电设备；选用节能电动机，合理配置电机系统，使用新节能技术。最后，水的合理循环利用要尽量做到一水多用，如清洁客房的水可用来浇花、浇草等。

第三节 民宿运营成本控制

一、成本费用的分类

成本费用是指民宿在经营过程中所占用和耗费的资金。成本费用的分类包括以下两个方面。

（一）可控成本

可控成本是管家可以直接控制的成本，是通过主观努力可以控制（改变）的各种消耗。可变成本一般是可控成本。例如，管家可以选择是否提供免费零食，或者改变种类，这就改变了食品成本。

（二）不可控成本

不可控成本是管家很少或根本无法控制的成本，是通过主观努力很难加以控制（改变）的各种消耗。固定成本一般是不可控成本。例如，财产物资保险费、固定资产折旧费等。

二、可控成本费用的内容和控制

民宿可控成本主要集中在几个方面。

（一）物耗成本控制

物耗成本包括客房耗品、餐饮材料、商品进价成本及日常用品等。物耗成本是成本控制中可控空间最大的一个，它在很大程度上决定了民宿管理能否实现盈利目标。

> **延伸阅读**
>
> **互联网＋背景下民宿客栈财务管理的转型应对**
>
> 民宿客栈财务管理人员在工作开展中，要坚持互联网的思维，站在民宿客栈的角度对客栈已有的客户资源、产品信息、价值链乃至整个商业生态进行更为全面的审视和把握，并进而实现对整个社会生产生活的深层次思考。注重将互联网融入财务管理中，借助财务管理实现对民宿客栈的改变与创造，并实现对财务管理相关内容的重新定义，这样财务管理也才能成长为民宿客栈当中的一个基础性的组成部分，成为一个基本的发声渠道，从而让广大的客户群众更好地接受民宿客栈。这是今后互联网融入民宿客栈所必须要思考和做好的方面，也是互联网＋在民宿客栈改革发展当中的真正价值体现。民宿客栈需要借助互联网＋来对自己的财务管理模式进行升级。民宿客栈财务管理前前后后涉及的财务数据信息是非常多的，以往的时候这些数据信息潜在的价值很少有被开发出来的。在互联网＋背景下，这些数据信息就成为民宿客栈的宝贵待开发资源，可以借助大数据技术或者相关软件从不同方向进行分析，从而更好地把握发展的方向，找出自身存在的问题和不足。
>
> 互联网＋给财务共享创造了机会，也使得今后的财务管理成效有了显著提升，财务也由以往的注重基础核算转到了战略财务研判上，更加注重民宿客栈的整体发展和市场竞争。财务共享，使得民宿客栈的财务工作人员有了更多的时间。据不完全预估，将会有70%左右的财务管理人员从以往的账目处理、税收缴纳等环节当中解放出来，从而融入其他的民宿客栈管理工作当中，这对于民宿客栈而言则是新的发展机遇。为了更好地进行共享，民俗客栈的财务软件系统一定要保持与时俱进，把基础财务工作融入财

务共享平台当中，由专门的财务管理人员负责各种数据信息的核算。以往的会计注重的是各种财务数据信息的核算，角色相对单一，职能发挥也比较有限，这是典型的核算会计。在互联网+背景下，民宿客栈需要的不是这种类型会计，而是能够借助各种数据信息的核算服务于民宿客栈战略决策和深层次发展的管理会计，这也就是说今后的民宿客栈会计将会实现由以往核算到管理的转型发展。今后，民宿客栈的财务管理人员不应当把目光局限到有限的财务数据上，而是应当依托对数据信息的研判和内在规律的深挖，提炼其有用的价值服务于客栈的管理层，以此来更好地提升管理成效，提升客栈在同行业中的竞争水平。互联网+时代，民宿客栈的财务管理更强调钱的合理分配。随着客栈体系化高层次的发展，财务管理人员视野要进一步打开，更需要考虑融资、筹资，资本怎么用，怎么保证客栈流动资金的正常流动；随着今后的更快发展，可能还需要考虑兼并、重组、分立、上市等，这些都指向战略财务管理，也是今后客栈行业发展的一个基本趋势。

资料来源：张娜."互联网+"模式下的民宿客栈财务管理的发展趋势[J].商情，2019（30）：89-42.

对易耗品和餐饮成本控制及使用情况的高效监控，可以有效地减少浪费。同时做好库存管理，库存不当，则会引起食物变质等情况。在每天需求量少的情况下，减少库存数量，做到当天定量采购，从而减少材料的费用成本。如果民宿提供早餐，可为客人制定早餐提供时间表，提早制定早餐提供的种类。在保证食物质量的前提下，根据季节及食物价格，灵活更新早餐提供种类。可通过量化食物，做到某些食物提供量与客人数量对应来减少浪费。例如，在准备早餐时，为每位客人提供一杯牛奶或两个鸡蛋，也可以稍微多准备一些，防止出现客人不够吃的情况。

民宿应采用合理采购制度和方法。采购人员应熟悉食材及周边市场动态变化。食材最好就地选购，减少运输成本。如果采购量大，要与供应商建立长期合作关系。做好市场调研工作，保证原料供应的稳定及价格低于市场价格。

绿色环保也能节约成本。很多民宿为房客提供大容量分装的洗漱用品，而不是独立个人装的洗漱用品，环保的行为也能得到房客的理解。

员工应对消耗品价格及使用数量进行统计分析，根据情况的不同，搭配不同数量和质量的消耗品。也可根据民宿文化理念及其所处位置，选择使用易耗品。

（二）人力成本控制

民宿人力成本包括工资、奖金、津贴、补贴、过节福利、人员生活成本（住宿、服装费、员工用餐和日常生活用品购买等）。人工成本是民宿成本中的重要支出。在计算劳动力成本中，包括工资、工作人员的时薪、工资税、福利、工人的补偿，以及所有其他与工资相关的费用。一般来说，人工成本尽量不超过营业额的40%，总成本中一般人力费用会占到50%~65%。

> **延伸阅读**
>
> ### 民宿人力成本控制
>
> 成本范围：客栈民宿人力成本包括人员薪酬成本、人员生活成本（吃住、日常生活用品购买等）、人员福利成本（缴纳五险一金、过节福利等）。
>
> 存在的问题：人员数量冗余、人员职业能力较弱。淡旺季人员数量无差别、财务监管体系弱等。人员数量冗余体现在人员岗位重叠化，人浮于事。如一个岗位有一个人胜任就足够，但是会出现两到三个人同时在一个岗位工作。如果多出一个员工，假设每个月薪酬2500元，那么一年下来就要多支出30 000元，这还不包括其他成本支出。对于体量小的客栈民宿，这笔钱不是一个小的数目。
>
> 人员职业能力较弱体现在工作能力较弱。如前台只会做一些简单接待，而不会做其他事情，如打扫卫生、网络推广营销、设备简单维修等。客栈民宿不同于酒店，酒店各个岗位都有专门的人员负责；而在客栈民宿中，往往就是一人多职，这就需要客栈民宿的工作人员有较强的工作能力。
>
> 在淡旺季，客人数量会发生明显变化，如旺季可能每天有90%甚至100%的入住率。到了淡季，入住率可能一下跌到40%、50%。这个时候，对于打扫房间的人员就不会需求那么多，旺季需要4个而淡季只需2个就可以轻松胜任了。
>
> 解决方法：
>
> （1）优化人员架构体系，精减人员。通过对每个岗位、工作量、淡旺季分析，在保证服务和工作质量不变情况下，优化人员架构体系，精简现有人员，从而减少薪酬支出，达到人员成本控制。
>
> （2）提高员工综合素质，加强员工培训，提高工作能力。使之由工作一面手变成多面手，从而减少对员工数量的需求。把每一个员工打造成既能接待客人、网络推广又能维修设施、会打扫卫生等的全能角色。
>
> （3）制定合理的薪酬方案。很多客栈民宿采取传统单一的固定工资薪酬体系。这种体系的弊端很明显：旺季时客栈民宿盈利较多，员工付出多，工资没变，这会打击到员工积极性；淡季时客栈民宿挣得少，员工付出相对较少，工资依然不变，这会影响客栈民宿利润。客栈民宿可以采用基本工资＋绩效工资＋福利这种薪酬体系。这种形式更

加多样灵活：多劳多得、能者多得，能够极大地激发员工的积极性，从而能够提高工作效率，创造出更多利润。

（4）淡旺季人员合理安排，减少人员成本支出。由于淡旺季客流量的差别，对应则是淡旺季工作量的差别，尤其体现在客房打扫卫生人员数量上。对于这种差别，要灵活安排人员。如旺季在保证现有人员不变情况下，可以通过兼职形式来招聘打扫人员；或者通过时间调整，安排其他人员一起打扫。

（5）建立健全财务监管体系，防止出现财务上的漏洞。

资料来源：搜狐网（https://www.sohu.com/a/121289929_554347）

（三）维修成本控制

维修成本是指因民宿内设施受损或陈旧，所产生的维修和保养费用。要想控制和减少维修成本，需要做好电梯、供水、电器、消防、保安监控、发电机和其他所有零星设备的保养工作。

民宿设施出现状况，如果请专业人员修理，则会支出一笔较高的修理费。民宿管家和服务人员可以参与技能培训学习，这样就可以胜任一些简单的维修工作，如处理房间断电、卫生间马桶堵塞、断网、空调制冷制热慢等问题。同时，需要增强爱惜爱护设施设备、设施设备保养的意识，从而提高其使用寿命，减少专业维修费达到成本的有效控制。如果民宿管家或服务人员没有形成保养设备设施习惯，如定期清理空调内机过滤网、面盆过滤处沉积的污垢等，就会增加设施设备出现故障概率以及缩短其使用的寿命。管家也应在民宿内备好维修工具及一些替换零件，如折叠梯、维修工具箱组套、电钻、马桶吸等。另外，管家还应做好维修工作的记录，对出现的状况及解决方法进行书面记录。

（四）其他成本控制

除去以上主要成本，民宿还有一些其他成本的支出，如洗涤费、营销推广费、运杂费、培训费、排污费、财务和税务费等。

洗涤要根据民宿的具体情况来看，体量小的民宿，布草可以自己清洗处理。量大、注重品质的精品民宿可以选择专业的洗涤公司清洗等。

本章小结

民宿经济效益的影响因素非常多，财务管理就是其中的一个重要影响方面。有效的财务管理有助于民宿科学分析自身的各项成本投入，在节约费用开支的基础上，更好地提升民宿自身管理水平，尤其是在新的发展背景下，财务管理对于民宿的生存和发展显得更为重要。

 思考与练习

1. 民宿经营的财务指标有哪些?
2. 民宿成本控制的主要内容有哪些?
3. 除课本内容外,民宿还可以有哪些节约成本的途径和举措?

第八章 民宿营销渠道及策略

📋 案例导学

除了 OTA，民宿营销还可以这么玩

民宿拥有"非标住宿""天然具有旅游属性"这两大基本特征，而这两个特征也决定了民宿营销玩法的多样性。

很多民宿主都知道如何去搭建自营渠道，也知道媒体流量的重要性，但真正的难点就在于"选哪条路"以及"路如何走"的问题。

丽江、大理的民宿，受制于目的地与核心消费人群的距离关系，客人在出行时，不得不依靠大量的在线旅游预订平台来获取旅行出行及住宿信息；同时大量同质化民宿的涌现，最终演变成丽江、大理的民宿，大多不得不依靠OTA来获取订单。而同样是一家位于莫干山的高端民宿，距离上海、杭州、苏州、南京等城市的距离都在3小时车程范围之内，客人在预订时需要考虑的因素便少了很多，不需要像去丽江那样去查询大量的出行信息和当地攻略资料，可能仅仅是看到一篇小红书推文便驾车过来了，也由此使民宿获取订单的渠道多样性要高于全国大多数的旅游目的地。

虽说民宿所在目的地位置是决定民宿可选道路的重要一部分，但如果民宿本身特色够足的话，便足以打破区域位置对民宿售卖渠道的限制。很多民宿在品质特色都足够好的情况下，通过小红书、抖音等媒体的大量曝光，带来了很多的除OTA外的流量，从而实现了民宿的高入住率。

选择走自营渠道的民宿，自营的售卖渠道搭建必不可少，无论是以小程序还是微官网的形式落地。但这都只是技术上可以实现的一些小问题，对于自营渠道最难的是需要在导流上花费大量的时间和精力。自营渠道体系的搭建，持续的内容输入，已入住客人的导流，以及官方公众号、媒体号的导流与朋友推荐的导流，都将花费大量的时间和精力，同时对民宿运营人员的专业能力有很高的要求。

走媒体推广的民宿，对民宿的品质特色实则有着特别高的要求，同时民宿本身特别需要有个对美感要求很高的营销人员来总控整个民宿对外媒体形象和媒体营销爆点。

资料来源：知乎平台（https://zhuanlan.zhihu.com/p/85844015）

第一节　民宿营销渠道

一、民宿营销目标

"酒香不怕巷子深"的观念如今已如过眼烟云，从大品牌到小产品，无论身在何处，人们都能感受到琳琅满目的广告层出不穷的推广手段。因此，对于众多特色鲜明的民宿而言，一定要把推广工作放在十分重要的位置上。通过有效的推广，充分运用电视、报刊、光盘、广告、歌曲、互联网等多种宣传促销形式，让更多的游客了解特色，吸引更多的游客前来游玩。

要想明确民宿营销目标，必须先了解游客选择民宿的动机。

游客选择民宿的动机可以归纳为以下四点：

（1）健康的需要。绿色的环境、清新的空气、健康的休闲项目和原生态的食品对城市居民有着巨大的吸引力。

（2）返璞归真的需要。城市居民长期处在城市中，很容易产生审美疲劳，他们怀念古朴、简单的生活。品尝农家菜、游览田园风光、寻求乡村气息等都是这类旅游动机的反映。

（3）放松心情的需要。城市居民由于长时间处于"钢筋铁骨"的城市中，承受着过大的生活压力和过快的生活节奏，这使他们变得紧张、心情抑郁，他们需要得到放松，乡村独有的悠闲氛围是吸引很多游客前去旅游的原因。

（4）求知的需要。很多城市居民对于各地的文化、民俗风情表现出浓厚的兴趣，能够融入当地的文化中，对他们而言，是一种美好的体验。

综上所述，民宿受到游客的喜爱。其消费对象主要是城市居民，包括崇尚自然生态者、乡俗好奇者、健身爱好者和怀旧复古者。从客源主体上看，最稳定的客源是受教育程度较高、经济条件较好的城市中等收入人群。从旅游动机上看，度假休闲的比例在逐步提高；从游客年龄上看，年轻人、"背包族"所占的比例在逐年上升。

因此，民宿营销的目标主要有以下三点：

1. 传递信息

通过营销，使旅游消费者和潜在旅游消费者知道自己民宿的特色、规模、位置、联系方式及交通路线等方面的信息，使信息充分交流，方便游客前来。

2. 提高知名度

通过营销，使自己的民宿在一定空间和范围内拥有知名度，产生影响力，为吸引游客奠定良好的基础。

3. 吸引新的旅游者

营销的主要目标就是吸引游客，扩大客源，产生更多更高的消费，为民宿带来实实在在的收入。

二、民宿营销渠道详介

（一）传统推广媒介

传统推广模式，注重实际生活的沟通交流，因此，线下推广在传统营销中占很大比重。

1. 报纸

报纸推广是将民宿特色、旅游线路、旅游交通等产品信息进行传播的一种方式。报纸广告读者群稳定，具有消息性、时效性的特点，更新和传播速度快。报纸广告为主要表现形式，广告信息容量大，还具有一定的保存性。缺点是由于广告印刷与版面的限制，广告的表现力不够强，内容不够丰富，受众的目的性不够明确。

2. 杂志

杂志广告虽与报纸广告同为平面广告，但其在设计、制作、印刷和发布上讲究艺术性和专业性。杂志广告比报纸有较强的表现力，能够更加突出所宣传的产品。杂志广告的读者明确，有较明显的指向性和专业性，具有保存价值。但是，杂志广告的传播范围有限，广告成本较高，时效性不强。

3. 电视

电视广告是民宿旅游地区形象宣传推广的重要表现形式。电视广告色彩绚丽、声情并茂，能形象生动地表现产品，具有广泛的覆盖范围。电视广告通过运用不同的拍摄手法和广告创意，在较短的时间内形成情节性的片段，具有较强的感染力，更容易为受众所接受和记忆。当前，旅游专题片、电视节目等是比较流行的电视广告形式。这种广告通过节目主持人或参与者的亲身体验，向受众展示旅游地的食住行游娱购，形象地将游记与旅游文化相结合，模糊传统电视广告劝服性特点，在一定程度上达到旅游广告的互动效果。但是，电视广告的保存性较差，加上制作、发布费用昂贵，受众目标市场不够明确。

（二）创新推广媒介

互联网时代，各个行业都想用互联网思维和法则重新审视运营、推广等工作。民宿这个非标准住宿行业，未来只有那些拥抱互联网的民宿，才能有更多机会获得竞争优势。

人们一般从三个流量入口获取民宿的相关信息：

线上销售入口：如 OTA（Online TravelAgent，在线旅行社）渠道，美团、途家、爱彼迎平台等。

自媒体入口：如头条号、微信公众平台等自媒体平台。

社区入口：如旅游社区、贴吧、豆瓣、知乎等。

要想很好地推广自己，就要从这些流量入口着手做内容，包括图文内容、点评内容、视频内容、问答内容等。

三、民宿营销互联网平台介绍

（一）Airbnb

Airbnb 是全球民宿短租公寓预订平台。Airbnb 是 AirBed and Breakfast 的缩写，中文名：爱彼迎。爱彼迎是一家联系旅游人士和家有空房出租的房主的服务型网站，它可以为用户提供多样的住宿信息。2008 年的美国旧金山，几个资金困窘的年轻人想起可以用摆在客厅的充气床垫来对外出租。他们在网上发了一个广告："充气床垫与早餐"（Airbed and Breakfast）——每晚仅需 80 美元。这则广告给他们招来了第一拨儿客人，同时也激发了他们建立 Airbedandbreakfast.com（Airbnb.com 的前身）。通过不断完善平台，越来越多的人在爱彼迎平台分享自己闲置的空间。爱彼迎平台上如今已有 700 万个房源，覆盖 191 个国家和地区，类型包括特色民宿、短租、酒店、公寓、客栈，十多年来吸引了超过 5 亿人次的客人入住。

（二）携程旅行网

携程民宿是国内外领先的民宿、客栈、公寓、别墅等在线短租预订平台，致力于为休闲旅游用户提供更贴心的民宿体验。携程旅游网目前占据我国在线旅游 50% 以上的市场份额，是绝对的市场领导者。携程旅游网成功整合了高科技产业与传统旅游行业，向超过 9500 万会员提供集酒店预订、机票预订、度假预订、商旅管理、特惠商户及旅游资讯在内的全方位旅行服务，月均预订量超过 280 万间。

民宿管理者将自己的民宿加盟到携程旅游网，会使更多的顾客在网上了解到民宿的特点及各种服务，并通过网上预订来得到客源。那么，如何才能在携程旅游网上发布民宿的信息呢？发布民宿信息的流程如下：①在线申请；②电话审核；③上线售卖；④补齐材料。在线申请流程一般分为三步：①基本信息填写（民宿名称、地址、电话、联系人）；②房型信息（可以填写一个或多个，上线之后可以修改）；③合作信息（佣金率15%，但可填意向值；如果还没有证件，可以先不填写，不影响上线售卖。记得要勾选"条款与协议"选项）。点击"提交"按钮之后，就可以耐心等待携程旅游网的工作人员的来电审核。之后，客服工作人员会一步步指导直至完成整个加盟合作项目。此时，在携程旅游网上就可搜索出有关的信息。

（三）途家

途家民宿，为全球领先的民宿短租预订平台，于2011年12月1日正式上线。途家致力于为客户提供丰富、优质、更个性的出行住宿体验，同时也为房东提供高收益且有保障的闲置房屋分享平台。

凭借旗下途家网、蚂蚁短租、携程民宿、去哪儿民宿、大鱼自助游五大平台的海量用户入口，途家为房东和房客提供高效运营及贴心的服务；通过最简便高效的"途家管家"，使房东在免费发布房屋信息、轻松赚钱的同时，还可与来自世界各地的房客相互交流分享。

目前，途家已经覆盖国内400个城市、地区和海外1037个目的地，在线房源超过230万套，包含民宿、公寓、别墅等住宿产品及延展服务，可满足以"多人、多天、个性化、高覆盖"为特征的出行住宿需求。

途家民宿欢迎有闲置房屋的房东，来途家民宿分享房源，探索全新的房屋分享收益模式和分享社交快乐。途家专业的房东保障计划及经营指导，免去房东们的后顾之忧，使分享赚钱更省心。2017年，为了帮助更多的闲置房源发挥价值，途家创行业之新潮，推出了RBA服务，从上房定价，到布草洗涤，利用智能物联，结合全方位的管家业务，为房东们提供了"一键托管，轻松入账"的卓越服务。

资本市场方面，随着国内分享经济的逐步升温和途家民宿预订业务的不断增长。2015年8月3日，途家民宿完成了D及D+轮融资，总估值超10亿美元，正式进入互联网行业的10亿美元"独角兽"俱乐部。2016年6月6日，途家民宿宣布战略并购蚂蚁短租，进一步强化了住宿分享市场的领导企业优势。2016年10月20日，途家宣布战略并购携程、去哪儿公寓民宿业务。2017年10月8日，途家民宿线上平台完成E轮融资，总估值超过15亿美元。2018年1月，大鱼自助游加入途家，正式形成"携程民宿、去哪儿民宿、途家、蚂蚁短租、大鱼自助游的民宿短租入口"五大平台的矩阵，形成新途家集团。

（四）美团民宿

2017年4月，美团旗下的榛果民宿正式上线，随后又更新了亮黄色的榛子图案

Logo，在营销风格上偏年轻化。上线一年多后的数据显示，其30岁以下用户占比75%，35岁以下的民宿房东占比60%。民宿的用户属性和美团渠道的主体流量颇为一致。

借助美团的流量支持，美团榛果民宿的发展速度非常快。2018年8月，其全国房源为24万套，房东近6万名；2019年则为房源72万套，房东数量15万，是一年前的两倍多。2019年10月12日，榛果民宿正式更名为"美团民宿"，借势美团品牌继续发力民宿业务。美团的民宿日均间夜量在2019年的11月、12月超过了爱彼迎。这和美团酒店业务的赶超路径类似——依托本地生活服务构建的巨大流量入口，业内分析其中经济型及中档酒店预订占比居多。

（五）小猪民宿

小猪短租成立于2012年，于2012年8月正式上线。小猪民宿是国内依托于分享经济，为用户提供特色住宿服务的互联网平台，是中国房屋分享经济领域的代表企业。小猪以实践共享经济为使命，致力于挖掘潜力巨大的房屋闲置资源，搭建一个诚信、安全的在线沟通和交易平台，并通过保洁、智能家居等服务网络，建立绿色的住宿平台大生态系统。截至2019年5月，小猪全球房源已覆盖逾国内400多座城市，以及海外252个目的地，拥有超过5000万活跃用户，在全国超过20座城市设有运营中心。小猪崇尚个性化的住宿方式，先后筹备了住进花店、住进剧场、"城市之光"书店住宿计划、"乡村美宿"等一系列特色项目，倡导多元有趣的生活方式。小猪的房源包括普通民宿，也有隐于都市的四合院、花园洋房、百年老建筑，还有绿皮火车房、森林木屋、星空房等。在小猪平台上房东可以通过分享闲置的房源、房间或是沙发、帐篷，为房客提供有别于传统酒店、更具人文情怀、更有家庭氛围、更高性价比的住宿选择，并获得可观的收益；而房客可以通过体验民宿，结交更多兴趣相投的朋友，深入体验当地文化，感受居住自由的快乐。

通过共享房屋改变中国人的住宿，是小猪奉行的企业理念。小猪将继续坚守美好的价值观，推动中国住宿方式的进步。

对于房客：

为确保发布房源的真实可靠，平台持续为房东提供实地验真、视频验真、优质实拍等支持性基础服务，并将这些房源打上标签、优先展示给房客。

当入住发生"预订房间无法入住""房间及设施与照片不符""房东临时提价"等情况时，"房客保障计划"会为房客排忧解难，确保安心入住。

对于房东：

小猪为有闲置房源、房间的房东，提供免费的分享推广平台，房东不用支付任何费用就可轻松发布房源信息。

《平安家庭财产综合保险》为房东保驾护航,全面保障个人房东的财产安全。(暂时仅提供中国大陆房源的保险服务。)

小猪保洁为房东提供贴心周到的保洁服务。

线上运营及线下管理团队,会为房东提供专业的服务,并定期邀请房东参加营销推广活动,确保房东获得收益。

第二节 民宿营销策略

案例导学

花筑民宿携手百度、携程,打造IP旅行新体验

一、以创新思维赋能用户出行

近年来,随着消费领域数字化转型的不断深化,应用场景不断拓展,催生出各种新产品、新业态、新模式。与此同时,共享经济、平台经济的推进,技术进步、自媒体发展等也为生活服务业提供了全新发展机会。

如何在新业态、新模式之下做营销创新?首先要精准迎合年轻一代受众群体的需求和习惯变化。随着社群、短视频、直播、网红营销等新业态的兴起,消费者接收信息的习惯发生了潜移默化的改变,相较于传统"填鸭式"营销,动态展示、沉浸式体验等方式便显得更加鲜活且易于接受。

基于上述需求,旅悦集团持续探索内容营销新方式,打造IP旅行新体验。去年以来,旗下民宿品牌花筑联手百度、携程社区分别进行的《花筑×百度跟着苏东坡去秋游》《花筑×携程社区睡醒计划》两场创新内容营销案例,总曝光量达到29.5亿次。

两案例以新鲜的视角、有趣的营销方式和强大的平台资源支持,为消费者提供更精准、更有价值的出行参考和福利。其中,《花筑×百度跟着苏东坡去秋游》案例获得克劳锐新媒体社交营销案例奖金奖。在《花筑×百度跟着苏东坡去秋游》《花筑×携程社区睡醒计划》两场创新内容营销案例背后,旅悦集团及旗下品牌花筑致力于打造与旅游目的地文化、风景相融合的居停空间,尊重当地文化,提供专属服务,紧邻特色景区,让更多游客在线上感受到"住在花筑,住进风景"的真实旅居环境。

二、打开民宿新大门

与酒店相比,民宿本身就是旅行中的一环,是当地人文环境的缩影,而不只是旅途

中一个落脚的地方。

民宿所具有的非标、个性突出、强调体验等基因，决定了民宿天然更适合消费者互动分享与安利种草，旅悦集团通过《花筑×百度跟着苏东坡去秋游》《花筑×携程社区睡醒计划》两场创新内容营销案例为载体，让更多消费者由此打开了解民宿、关注民宿，进而被民宿吸引的新大门，并与全新出行方式产生共鸣。

在内容营销方面的持续探索中，旅悦集团通过巧妙的切入口实现对消费群体的第一吸引力。大家都知道苏轼的诗词豪放不羁，却不知道他走南闯北，看遍了祖国的大好河山，是个名副其实的旅行家。更巧的是，苏轼所到之处，如苏州、广州、三亚、重庆等，如今大都已经有了花筑民宿的身影。因此，在与百度的官方合作中，旅悦集团将苏轼与花筑民宿进行了有机结合。

今年3月，花筑联合携程社区举办"睡醒计划"达人招募体验活动，通过招募达人体验与优质内容创作分享，将高品质的民宿产品触达消费者。自达人征集正式开启以来，人气持续高涨，吸引了众多携程社区头部创作者，短短几日参与提交作品的达人近2000人，六成达人过往作品的精优率在70%以上。

而在参与活动的民宿门店的挑选上，花筑则从建筑特色、人文特色以及体验特色等多维度筛选，全面展现花筑民宿千店千面的吸引力。

三、为民宿业主赋能，为消费者服务

超过29.5亿次的总曝光量，让更多消费者关注到了"民宿"这一载体。通过创新内容营销思维和模式，在关注度持续走高的同时，旅悦集团实现了两个目标：让消费者拥有更真实的体验内容和更有价值的出行参考；让花筑旗下民宿经营者因真正高品质的民宿体验，获得更多游客关注，以及更广阔的发展空间。

通过与达人及用户的零距离互动，花筑市场需求与产品开发方面也得到了支持和参考。比如，在营销活动中，亲子类产品格外受到关注和好评，互动数据也尤为突出，就从侧面反映了民宿对于亲子家庭高于传统酒店的吸引力，对花筑及旗下民宿经营者给出了明确指引。

与此同时，在为业主赋能方面，花筑利用自身品牌化、连锁化的优势，通过在不同平台的精准高效的"种草"，以及品牌联动，为旗下门店发起优质体验活动，不断开拓内容营销渠道、丰富内容营销形式，并通过全媒体矩阵、直播等手段赋能加盟业主群体，为旗下门店带来知名度与影响力的双提升。

资料来源：中国经营网（http://www.cb.com.cn/index/show/gd/cv/cv1361366201490）

一、民宿营销的现状

（一）文化挖掘不够，缺少经营特色

民宿既然是传递当地生活方式的一种体验形式，就应该深入挖掘当地的地域文化。从目前大多数的民宿经营来看，大部分的民宿缺少深入的研究，没有充分挖掘文化内涵。一方面，民宿的经营者没有意识到文化对于民宿经营和营销的重要性，也没有意识到文化有助于市场推广和品牌传播；另一方面，民宿的经营者囿于自身的能力，没有办法去深入挖掘文化内涵用于民宿的经营。挖掘文化资源是需要一定的方法和时间才能完成的工作，不仅要能挖掘，还要具备将文化融入民宿产品中的能力。

（二）市场研究不足，缺少市场细分

诸多民宿的经营者，在经营民宿之前没有对市场做充分的调查和分析，更没有分析民宿的市场定位、市场选择和市场细分。民宿的消费市场是高度细分的市场。城市民宿和乡村民宿，自然景观民宿和艺术体验民宿，温泉度假民宿和农事体验民宿等都有着巨大的市场差异。目前，由于诸多民宿经营者没有进行市场细分，因此在产品的开发设计、产品价格制定、产品的渠道开发以及产品的促销活动等方面，缺少对应的策略，基本属于人人都是顾客的模糊经营，没有利用有限资源进行精准营销。

二、我国民宿的营销策略

（一）突出文化属性，打造特色产品

在民宿经营中挖掘文化，利用文化进行营销，这不仅仅是按照文化和旅游融合的方向进行经营实践，更重要的是可以为民宿经营带来好处。

一是有助于帮助民宿获得竞争优势。将文化融入民宿设计、建设以及产品和服务的开发，可以丰富民宿的内涵，提升消费的品质，提高民宿消费的附加值。

二是能够获得消费者的长期认同。文化不同于一般的自然景观，文化具有悠久的历史沉淀，具有广泛的表现形式，不同时间、不同阅历都会有不同的感受，同时，民宿经营者通过文化也在向消费者传递一种价值理念，通过文化进而获得消费者认同。

三是文化有助于民宿经营者及企业建立企业文化和品牌。将企业文化、市场文化、消费者文化进行结合，不仅满足了民宿消费者市场，也建立起了企业的文化，同时，也为民宿在市场中树立品牌打下了基础。

（二）明确营销定位，实施精准营销

在民宿的营销中，应该做好 STP 战略，即做好市场细分、目标市场和市场定位。

首先，做好民宿市场细分。通过对民宿消费者的精准画像，从地理因素、人文因

素、消费行为和利益因素等方面对民宿市场消费者进行细分。其次，做好民宿目标市场的选择。通过前面的市场细分，找出与自身经营规模、产品定位相适应的目标市场。根据市场的情况，又可以从无差别、差别化、集中化等三个方面进行策略选择，开发出相应的民宿产品，提高消费者的满意度和忠诚度。最后，做好民宿的品牌定位。通过民宿消费者对民宿产品不同特征的重视程度，塑造出强有力的、与众不同的、具有鲜明个性的民宿产品，并将其形象生动地传递给顾客，求得消费者认同。市场定位的实质是使本企业与其他企业严格区分开来，使消费者明显感觉和认识到这种差别，从而在消费者心目中占有特殊的位置。

（三）丰富营销渠道，进行全面营销

在民宿营销的渠道管理中，可以重点从两个方面开展。

一是做好供应商渠道管理。诸多民宿不重视供应商渠道。民宿的经营者由于经营规模和资源优势，部分原材料和产品自给自足，但是仍有部分产品需要供应商提供。加强供应商选择和管理，可以既保证产品质量，又可以借助供应商的优势，形成自身优势，甚至可以和供应商进行产品互换。二是做好网络渠道管理。网络时代的到来改变了消费的方式，因此，顺应时代的特点做好网络营销尤为重要。首先，要做好网络的借势营销，借助知名的OTA丰富的客源平台进行产品销售。其次，要做好网络的市场定位，通过研究不同网络传播渠道的特点，找出与自身细分市场匹配的网络渠道，进行网络营销。再次，可以通过知名网络社区的旅游版面，发布民宿的宣传信息，或撰写图文并茂的风景区旅游攻略与游记，并在文中适当介绍民宿的亮点。最后，要做好网络的专人管理。民宿经营者还可以自行建立微信公众号、微博账号，通过微信、微博的传播，扩大宣传力度，为更多用户所熟知。由于网络信息量大，必须要有专人进行维护和管理，否则将适得其反。

加大创意文案的开发。运营者发布的内容必须能够向用户传达有价值的信息，例如有用、有趣都是价值的体现。只有有价值的内容才能让用户主动复制和分享文章，从而在更广泛的范围内传播文章。同时，价值可以增强用户的黏性，使用户在更长的时间内更加关注，提高用户的忠诚度。运营者发布的内容尽量做到原创，因为原创是最好的营销。目前，各大媒体平台对原创内容版权的保护力度不断加大。坚持写原创文章，不仅可以从媒体平台上获得原创的保护标识，而且可以增强内容的说服力。

（四）进行资源整合，共享共建市场

共享经济出现预示着整合营销全面到来。民宿企业应该做好三个方面的工作。一是整合行业资源，形成产品链。由于民宿自身的规模和生产能力局限，不能为消费者提供完成的产品链。通过民宿消费者的消费特点，进行上下游企业合作，丰富产品种类，满

足消费者的个性化需求。二是整合同行资源，形成合作共赢。打破同行是冤家的成见，通过共享资源，共建资源，进而共享市场。民宿可以通过共享设施设备、共享员工、共享管理等方式，化零为整，集中资源，形成协同。三是实施集中营销，形成竞争优势。民宿由于小而分散，很难形成区域优势。因此，在民宿的开发和建设中，应该有意识地进行集中建设，形成一定区域规模，共同打造出民宿群落，形成区域竞争力。

> 延伸阅读

以产业生态建设为基础，斯维登打造民宿营销秘匙

又到一年暑季，本该迎来消费旺季的民宿行业再遭震荡。伴随多地疫情接连反弹与防控政策密集加码，市场信心再度受挫的同时，消费决策陷入某种群体性迷茫。而作为全球分享住宿运营机构，过去10年，斯维登深度参与了国内民宿"基础设施"建设，持续引领行业供给侧革新，在此基础上，2021年斯维登在营销创新上展开连续"进击"。

一、越过产业市场"低谷"，斯维登以《攻略》力拓新生代客群

继2021年春节前推出"百万大奖人人有"消消乐、"五一"前夕推出"全年0房费入住斯维登体验房"后，7月初，斯维登在暑期来临之际发布了《斯维登暑期度假攻略》（下称《攻略》），以启发用户出游灵感、缩短决策链路为目标，一举将斯维登内容营销战略推向高潮。

据了解，该《攻略》基于各主流旅游预订平台暑期出游预测以及小红书、马蜂窝、大众点评等攻略、点评、社交平台上的内容分享，结合斯维登集团旗下点评分超过4.8分优质房源，甄选整理出50个旅游城市目的地的吃、住、玩、乐旅游攻略，囊括热门目的地经典玩法线路及新兴小众目的地个性玩法盘点。

首先，该《攻略》将甄选房源归拢为多个片区，对照疫情防控动态地图，尤其适合短途/周边游目的地筛选；其次，作为暑期度假精品指南，该《攻略》以买手逻辑，对碎片化信息进行有机组合，大幅降低用户时间成本；最后，从工具属性来看，《攻略》因长时效性而具备相应收藏价值，以此大幅提升《攻略》使用频次和转化效率。

具体而言，《攻略》对于目的地的甄选标准，依据源自斯维登C端用户的数据反馈。斯维登的数据显示，当前暑期出游预订潮已经开始，聚焦一线及新一线城市，包括成都、重庆、北京、上海、广州、杭州等在内的目的地热度不言自明；在新锐目的地上，千岛湖、古北水镇、白洋淀、青城山、武夷山、莫干山、盐城东台黄海森林等同样人气高走。其中，千岛湖、青城山等目的地近一周预订量增幅超50%，莫干山德清目的地预

订量增幅更是超 80%。

从客群特征来看,家庭和学生是两大出游主力,这与当前整个度假休闲市场的发展趋势相符。因年龄段和需求不一,其对房型要求(主要分为乡村别墅和城市民宿)和预订时间各有偏好。斯维登平台预订数据显示,乡村别墅的订单主要来自 30 岁以上用户,这部分人群属于家庭出游者的主力,选择双卧及以上房型占比近七成。"85 后"是乡村别墅产品出游主力军,占比接近五成。体现在预订时间上,近四成用户会提前 2 周以上预订,也就是说,出行更喜欢提前做充分规划。至于城市民宿,"95 后"是该类产品消费的主力军,其房型预订集中在单卧及双卧房型,预订占比超九成,以"说走就走"为特点,其中近四成用户会在当日才确定入住。

恰如途家及斯维登集团联合创始人罗军总结道:此次《攻略》中斯维登通过深入分析用户出游的趋势和需求,以近 50 个必打卡景点的房源为核心,以吃、喝、玩、乐为要素,辐射了房源附近值得体验的消费场景,力争让出游者享受到更为优质与独特的旅行体验,通过全感官刺激消费,最终拉动订单量抬升。

二、连点成线,斯维登营销策略全面升级

可以看到,此《攻略》以内容驱动决策的逻辑,基于产品本身,将住宿产品周边的空间充分打通。早在 2019 年 5 月,斯维登推出"住宿分享再升级"的策略,即采用 PGC 和 UGC 相结合的方式,通过内容种草和社交裂变,促进用户拉新与订单转化的滚动提升。而此次《攻略》的面世,无疑是其内容营销战略的能级进阶与体系升级。而进入 2021 年,斯维登在内容营销与私域转化上"步步为营"。

回到《攻略》,据了解,在推出房券补贴、KOL 社群营销的基础上,斯维登还联合一汽等休闲度假产业相关方展开跨界合作,借此实现更为高效且持久的品牌曝光和订单转化。反映在数据上,仅以微博话题"斯维登发布暑期度假攻略"为例,截至目前,该话题的阅读数已破 2800 万次,讨论量近 1 万条,其热度可见一斑。

以此次集中推出的《攻略》为样本,据了解,未来斯维登将以每年 2 次的固定频率,将旗下特色民宿与目的地资讯挖掘后做有机整合,以此进行系列化包装成册,通过折扣优惠刺激社交分享,以长期策略持续深化品牌认知。

得益于过去 10 年的产业"基础设施"建设和运营体系优化,斯维登在房源增长与市场扩张形成强大的正循环。截至目前,斯维登披露现在保有房源量超过 6 万套,旗下品牌包括:斯维登精品公寓、斯维登度假公寓、斯维登服务公寓、城宿精品、城宿、轻宿、欢墅、居山栖水、途窝、迹墨、五悦等数十个住宿品牌。按照罗军此前的说法,包括斯维登在内,国内民宿行业走到今天跌了很多跟头,走了很多弯路,现在到了放慢速度做细活的时候。在后疫情时代,以私域+科技、现金回流+预售、按需创新以及人效提升+充电成为核心竞争力，接下来的民宿突围战，将给玩家综合实力带来更为现实的考验。

资料来源：腾讯网（https://new.qq.com/omn/20210806/20210806A04W7S00.html）

本章小结

民宿需要重视营销推广工作，无论是自媒体，还是 OTA 平台，通过展示吸引流量，转化为订单成交。还有通过活动等营销方式，增加用户消费及体验。民宿要持续发展，也需要制定长期营销规划，并且将营销规划分步骤细化，进而保障民宿经营目标的实现。

思考与练习

1. 民宿营销目标是什么？
2. 民宿营销渠道有哪些？
3. 民宿营销策略有哪些？

第九章　民宿品牌建设与管理

案例导学

生意还是情怀？民宿品牌塑造之路

莫干山民宿市场的崛起，向我们证实了只有掌握品牌定位与推广的规则，才能长久发展。过去5年里，从"农家乐"到以裸心谷为代表的"洋家乐"这类度假村和精品民宿正在崛起，与此同时，中国的旅游消费市场伴随着"80后""90后"主流消费群体的成长发生了巨大的变化。曾经红透国内外的莫干山民宿在经历了简单模仿大举扩张的阶段后，出现了大批质量参差不齐、品牌严重同质化的产品。民宿市场正被逼迫着进入一个新的阶段——品牌塑造。

一位莫干山民宿从业者说，随着民宿数量激增，竞争加剧，莫干山的民宿主们无不想尽一切办法提高入住率，期望能够在这新一轮的洗牌期中存活下来。已经有一定品牌知名度的民宿开始往更加纵深的领域延伸，打造整体产业链；而那些尚未成名的，怎样从激烈竞争中突围呢？

一、取一个好名字便成功了一半

要让自己的品牌深入人心，首先要有一个好的品牌名字。取一个好的品牌名恐怕比想一句 slogan 还要难。简简单单的几个字必须传递出品牌的主要信息和个性，不仅要承载创始人的精神和理念，还要有高度的概括性，能在日后管理理念变更后依然适用。裸心谷（Naked Stables）的创始人 Horsfield 夫妇最初就是希望把它建成一个没有太多人为痕迹的生态度假村，因此取了这样一个名字。

二、了解自己的消费者

以莫干山为代表的一系列精品民宿崛起的背后是从商品消费到追求精神消费的升级。在新一代消费者的眼里，传统的五星级酒店如香格里拉、希尔顿等不再是首选，"星级"背后所代表的身份对于他们来说似乎并没有那么重要了，相反，设计美学、品牌背后的故事以及其所宣扬的生活方式才是他们所看重的。

对于"80后""90后"这一群体来说,旅行之于他们是一种仪式感,就像有些人再忙也要自己做一杯手冲咖啡那样。每天被繁杂信息裹挟的上班族紧张、焦虑,非常需要一个逃离眼前平庸生活的理由,换个地方体验全新的生活方式。他们追求的不再是单纯依靠价格划分出的阶层及其所带来的身份象征,而是一种独一无二的生活体验。

三、建立品牌背后的故事

一个品牌真正能够打动消费者的往往是它背后的故事。坐落于江西婺源虹关村的一家古宅民宿继志堂,既不是奢华的五星级酒店,也不是遗世孤立的度假村,而是一座有百年历史的晚清徽商老宅。民宿主并没有在此建立一座奢华的五星级酒店,而是充分保留了老宅原有主人的儒家思想,以"仁义礼智信"儒家五常来命名房间。他们还发起了拯救即将失传的"徽墨"的倡议,把墨商老宅修复成集做墨、制笔、抄纸和刻砚的工坊。这样的民宿已经不是卖房间这么简单了,它甚至主动担负起了保护非物质文化遗产的责任,如此有情怀和人文气息的民宿,想不打动消费者都难。

四、社交媒体的宣传

品牌专栏作者庐陵子村表示,大一统的城市品牌营销范式对于旅游业的推广正在失效,影响主流核心人群旅游消费决策的已经不再是城市品牌广告,而是社交媒体晒图。目前的民宿品牌虽然已经意识到了品牌宣传的重要性,但是行动仍然停留在非常初级的阶段。声名大噪的裸心谷其实最初是在 Vogue、ELLE 的国外版上发布一些软文报道,现在他们已经开始在公众号、微博等社交媒体平台上举办摄影大赛以及各种户外项目进行品牌推广。

而对于真正有情怀的民宿主来说,民宿的品牌建立不只赢利那么简单,更重要的是让中国那些日渐"空心"和衰败的村落焕发新的生命。如同喜林苑创始人所说的,民宿不只是一个酒店,而是邀请更多的人去体验当地的生活方式和风土人情。

资料来源:数英网(https://www.digitaling.com/articles/42796.html)

第一节 民宿品牌培育

品牌定位不准确甚至根本没有品牌概念,这是我国大多数民宿都存在的问题。国内民宿数量很大,但真正建立自己品牌的民宿却寥寥无几。很多民宿都靠近旅游资源和旅游景区,这些民宿没有品牌,旅游目的地是一个品牌,如大理民宿、丽江民宿等。

近年来,国内民宿业快速发展,涌现了许多小而美、小而精的高质量民宿,这些民宿在不同程度上已经建立了属于自己的品牌。即使不在旅游目的地附近,入住率也相当可观，并且在面对旅游淡旺季方面看起来更加从容，有数量可观的回头客。更重要的是，大家越来越清晰地认识到，品牌的价值肯定是大于民宿本身的价值的。民宿做客房是有天花板的，而品牌的溢价是不可估量的。举个例子，"大乐之野"从一家民宿开始，到后来走连锁的模式，同时其也在不断探索新的业务。也正是在这些现状的冲击下，民宿品牌的培育尤为重要。

一、民宿品牌的概念

民宿是一个具有极强社群属性的商业，其拥有鲜明的特色和调性，会吸引一批调性相符合的客户。伴随着旅游消费市场持续扩容，消费者对高品质、有特色的旅行产品需求越来越旺盛，民宿快速扩张，不少具有故事性和话题性网红民宿成为网红打卡胜地。不过整体来看，幸运的只是极少一部分，更多的民宿主每天面对的是经营成本高、订单量少、缺少专业的管理等问题，在景区竞争激烈的环境下，大量民宿陷入生存困境。来自流量的焦虑、经营的压力，使得民宿的品牌化、连锁化运营开始成为产业新趋势。民宿品牌的建立不是简单地复制行为，品牌的打造是一个系统工作。

所以，民宿品牌是根据民宿产品特殊的生命周期而打造的一个独特内容符号，可以持续地进行人格化演绎并具有强效率的流量变现能力。民宿品牌是一个人格化的内容表达体系，有着深层次创造流量、形成新连接机会的内容体系。民宿可以基于人的尺度，打造其自身的独特品牌，并基于此真正去寻找民宿品牌、营销与产品一体化的机会所在。例如，很多民宿推出了明星房东计划，通过主页故事展示、微信公众号推送、媒体开放平台曝光、网站首页推荐等多样化的营销方式，放大房东和房源的价值，提升住宿分享的社交体验，甚至将当下火热的"网红+直播"引入民宿业，扩大民宿品牌影响力。

二、民宿品牌的培育方法

民宿品牌培育就是指民宿经营者依托品牌的独立性和综合性，在提升民宿品质的基础上，致力于品牌定位、品牌形象、品牌识别、品牌营销推广、品牌维护以及创建品牌忠诚的品牌建设计划和实施过程，目的在于促使消费者对民宿品牌的形象、文化形成特定的认知，产生体验情感并转化为品牌依赖情感，提高品牌的联想度与知名度，进而实现品牌的价值。

（一）打造民宿人设品牌

这方面可以借鉴影视剧里给关键人物撰写人物小传的经验，人设的性别、年龄、职业、性格、爱好、怪癖，关键性的事件和标志性的动作等，越具体越好。

因为人设越丰富，之后呈现出来的内容也就具备更立体的内涵和外延，甚至可以虚构一个完整的世界观；而这个人设就是建立在一整套的世界观和行为依据里面，给到用户的感觉就是非常有逻辑，符合对一个人的理解。例如，肯派静姐家，就是建立了一个静姐和龙哥相爱 20 年的一个人设，许多的住客都在入住其民宿的过程中，受到他们的影响，成为民宿主的粉丝。民宿的人设可以参考以下几个维度：民宿的语言风格、服务肢体语言、标志性动作、标签化表情、人设昵称、民宿的粉丝名称等。

（二）优化人格化品牌和用户关系

人格化品牌的打造，目的就是让用户觉得是"人与人之间的互动"而不是单向的"机器输出"。所谓人格化品牌的定位，就是找到民宿品牌与目标消费群体的关系，以及在此关系上，人格化品牌需要以何种面貌和内容输出方式来实现与用户的交流互动。

比如，这种关系可以是朋友、专家、保姆、偶像，甚至是知己。不同的民宿品牌定位，决定了不同的用户关系。

（1）朋友：平等的互动交流方式，主要通过与粉丝的交流拉近双方关系。

（2）专家：由专家主导的关系。专家以自己的专业，向住客输出相关知识，扩展用户的认知，解决其困惑，如酒文化类民宿就属于这样的关系。

（3）保姆：由住客主导，以提供服务居多，主要是解决住客问题。

（4）偶像：一种新的生活方式和生活态度的引领。许多网红的民宿主也成为消费者心目中的偶像。

在《民宿房东三千问》这个栏目里，民宿房东们一致认为，必须使客人在异地仍有归家的感受。这要求民宿管家应注意营造轻松的谈话氛围，如朋友般的问候和交谈，如询问客人是否顺利抵达房间，是否遇到不便，并提供相应解决方案。对带小孩及老人入住的房客给予更多的关照。同时亲切的服务不代表可以无禁忌的交谈，要注意避免谈及一些敏感话题。

（三）选择合适的内容载体

目前，网络内容的形式和载体已经非常丰富了。图文、音频、条漫、视频，其中视频又可以细分为长视频（网剧、网综、漫画、纪录片等）、短视频（PGC）、小视频（抖音、快手一类），还有 H5、小程序、小游戏等，只要是用来传递民宿品牌理念和价值观的内容形式，都可以为之所用。

对于民宿人格化品牌来说，内容形式不同，其人格化的具体打造方式也不同。从内容的角度，同样的一段话或者一个内容，图文、音频、视频的呈现方式也都不一样。但是需要始终要坚持人格化品牌调性的统一。

（四）打造不同成长阶段民宿人格化品牌的内容体系

打造人格化民宿品牌还需要区分民宿品牌的不同阶段，是孵化期，还是成长期、成熟期。不同阶段的品牌，其打造人格化品牌的思路不一样，所要输出的内容也都有不同的目的和结果要求。

1. 品牌孵化期：首要任务是让更多的用户知道这个民宿和产品

人格化的定位可能一开始就是核心的小众人群，但一定要大范围地实现内容输出和传播，尽可能地去让自己的目标用户看到这个内容，而利用内容来提高品牌和产品的知名度。这时要么砸重金去做广告，要么细水长流做种子用户，做口碑和用户沉淀。民宿人格化品牌的形象和定位，往往需要出奇制胜，比较有辨识度，容易被发现和记住。

2. 品牌成长期：该阶段的任务是利用内容来强调产品的价值，提高品牌和品牌的美誉度

比如，可以去参与一些公益性的事件，以及和用户共同实现一个线上活动加深和用户的关联，让核心用户带动非活跃用户，共同打造好口碑效应。例如，"松赞"首次推出了"精品山居旅行"产品——香格里拉环线游。2015年，售价过万元的"松赞"环线游，就有近2000人参加。"松赞"的出发点是：民族文化中有特别宝贵的财富，希望能传承下去。希望能创造一个平台，让更多人得到帮助。"松赞"不想成为世界顶级的酒店，而是想创造一个最好的文化分享平台，让更多人了解民族文化。

3. 品牌成熟期：这时候很多用户都知道这个品牌了，但仍然需要做品牌

一方面，成熟民宿品牌在线上很容易就变成"老品牌"，因为核心用户群的更新速度，人格化品牌的定位在品牌成熟期要考虑到迭代的问题。另一方面，成熟期的民宿品牌也需要时常给予用户提醒，以提升品牌的忠诚度。这时候的人格化IP所要担负的就是要帮助品牌最大限度地做好转型升级，以及做好留存。

（五）选择合适的民宿推广平台

民宿品牌要有自己的自媒体线上平台，这个账号本身也需要人格化的运营方式。而平台的选择，是依据内容的形式来确定的。其实每个平台都可以实现人格化品牌的打造，只不过要看它是不是该民宿核心用户分布比较多的平台。一般的思路还是全网传播，通过数据观察平台的用户分布来重点运营。当今，"两微一抖"已经成为大多数企业做自媒体的必选阵地了，所以这肯定是必选项。同时抖音、快手类的小视频平台，在民宿品牌的打造方面，也有很多天然优势。比如，它竖版视频的呈现方式，更容易实现用户和人格化内容的直接"面对面"交流，更具沉浸感。

（六）把握民宿品牌上线时机

对于新的民宿品牌来说，品牌上线时机一定要结合目标用户的需求。比如，对于亲子类的民宿品牌，暑期就是一个比较好的"出道"时间点。一些重要的节假日也可以作为上线时机。而对于连锁的民宿品牌，则需要做人格化品牌转型和再包装的品牌，则需要考虑到自己的促销活动以及一些品牌类的纪念日和庆祝事件，如连锁民宿集团的周年庆等。

总之，民宿品牌的打造，本身也是一件很有趣的事情，可以让品牌更人性化，更接地气，而所属的品牌也会更符合"人"的需求。尽早意识到品牌的重要性，不仅可以省去很多不必要的推广费用，还可以真正在线上获得自己的用户。

第二节　民宿品牌竞争力

民宿品牌建设除了要在线上进行推广之外，还需要考虑住客的核心需求，打造核心竞争力。外在的宣传和包装是民宿品牌建设的必要手段，但是民宿品牌的核心竞争力在产品和服务上，仍需要进行质量提升和内涵建设。

一、产品组合建设

尽量扩大产品组合，包括拓展产品组合的宽度、长度和加强产品组合的深度。前者是增加产品大类和在原有产品大类内增加新的产品项目，后者是增加每种产品项目的品种和规格。民宿增加产品组合的长度和深度可以迎合大消费者的不同需要和爱好，以招徕、吸引更多顾客。企业增加产品组合的关联性，则可以合理配置和高效利用企业资源，并提高企业在某一地区、行业的声誉。

哈佛的营销大师特德·莱维特说过一句这样的话："没有商品这样的东西，顾客真正购买的不是商品，而是解决问题的办法。"这就给了民宿产品一个新的定义。

所以民宿不只是民宿，客房也不只是客房，它们是提供给客人的某一问题的解决方案。比如，客人需要旅途中休息，民宿提供的是住宿的解决方案。当客人有其他的需求时，这就是民宿的"商机"。

目前很多民宿都会选址在风景优美的地方。如何根据客人的需求，策划有当地文化特色的旅行产品，让民宿既是旅行的目的地，也是旅行的中转站，可以为民宿增加更多附加值。

二、服务创新

民宿作为住宿业的一种，服务创新也构成了产品的重要环节，并成为民宿营销的亮点。

但是民宿和住酒店是有区别的。民宿是非常个性化的，每个民宿都有自己的特色。这样的个性和特色，最明显的体现就在民宿的"人"身上。如果遇到喜欢喝红酒的民宿主，或许他会拉着你在他的酒窖前眉飞色舞地"炫耀"这瓶酒的产地是哪里，那一年的天气怎么特殊，所以酿出来的酒会跟其他年份的酒有什么区别；如果民宿主恰好和你一样喜欢去各个地方旅游，或许他民宿的公共空间里就会摆满了从世界各地淘回来的小玩意儿，琳琅满目，宛如一个小小杂货店，民宿主会如数家珍般跟你细说每一个小摆件背后的万千深情……

每位到民宿的客人，最先和最后接触的，应该都是民宿管家，从迎接到送别，民宿管家和客人有着最多的交集。如果说一家民宿有贴心、温馨的服务，那么民宿管家就是这个服务的最佳执行者。

三、产品质量

营销的核心是产品本身。民宿作为住宿行业的"非标准"存在，小到一把牙刷该怎么选择，大到一间客房该怎么设计，都会对顾客产生影响，从而影响民宿的效益。

在易耗品的选择上，首先确定好顾客群可承受的价位区间，试用这个范围内的不同品牌，找出最好用的几种；然后在这几种当中，研究哪种是更健康的，风格和民宿更搭调的；再想好怎么使用，你选的这个是否用起来方便；按照这些步骤筛选之后，买最合适的那个。在洗漱用品的选择上，要注意牙刷的刷毛软硬和质量。有些香皂如果对皮肤有害，就不能选择。除此之外，为了满足客人的心理需求，在包装上也要力求精致。

布草的选择也很有门道。比如床是一米八的，床单应该选择多宽的呢？一般情况下，我们会选择两侧都多留出三十到四十厘米的宽度，方便将它往下掖，利于平整。被子也要选择比床大一号的，因为两个人在使用同一床被子时，大一点的被子可以避免夜里"抢被子"的状况发生。同时所有的布草都要交给正规的洗涤公司去清洗。大多数布草会出现缩水的情况，选择布草尺寸时，也要把这个考虑进去。

一把小小的牙刷、一条薄薄的床单，你可千万别不当回事，客人极有可能就因为这个给你一个差评。在网络如此发达的时代，一个差评带来的后果，可不止损失一个客人那么简单。

民宿虽然是非标住宿业，但是客人对于服务质量的感知与酒店是一样的。所以民宿在对客服务上，也可以参考酒店的服务标准，提供优质的对客服务。从对客服务的语言、对客服务流程、民宿管家的礼仪等多个角度，建立规范，制定标准，加强培训，提升服务质量。

疫情倒逼浙江民宿培育消费新场景运营新模式

民宿是浙江乡村振兴的一张"金名片"。然而,突如其来的疫情给这个行业蒙上了一层阴影,在本是"黄金季"的春节假期中,整个民宿行业全部清退房间,生意被完全"冰封"。有人甚至断言,民宿会成为"疫情下第一个归零的行业"。疫情倒逼之下,民宿业主纷纷创新营销手段,挖掘自身潜力,培育消费新场景……那是一种勃然向上的力量。"订单或许会迟到,但永远不会缺席",浙江民宿人做好了迎接春天的准备。

一、直播引流,养粉蓄力

第一次上直播,杭州网红民宿"菩提谷"运营负责人麦扣前一晚紧张得睡不着。近日,"飞猪"推出民宿直播联盟,开设专属频道,投入百万级流量支持旅游业复产。"菩提谷"正是首批开播的民宿之一。为什么报名直播?麦扣直言:"疫情期间,我们退掉了所有房间订单,度过了开业以来最闲的春节。"他说,如今民宿即将营业,"不能等着客人上门。"

去年,"菩提谷"报名参加"飞猪"的超品日,仅一天时间,就卖掉了全年三分之一的库存产品。现在,"菩提谷"换了一种"玩法":直播。

直播当天,民宿里里外外整理得干干净净,麦扣不断切换直播镜头,让粉丝们过了一把"眼瘾"。"直播的时候,我在展示民宿优美环境的同时,会融入特色的茶文化,传递一种慢生活和山居生活的理念,其实是让宅在家里的消费者提前'种草'。"麦扣告诉记者,趁着民宿尚未正式营业,他打算让所有员工学习如何直播,提前做点准备。

疫情之下,很多民宿选择直播这种方式"攒客"。分析背后的原因,线上流量和获客成本如今越来越高,而直播为民宿行业的粉丝运营提供了全新能力。直播引流,养粉蓄力。德清莫干山民宿"原舍·依田"负责人李菁也在不断探索各种线上渠道。"错过春天照样有四季,抄底的机会来了……"她通过微信朋友圈、微信公众号进行预售,用优惠价提前出售夏秋季等旺季房间,回收部分现金,以维持民宿基本开支。看着后台不断涌入的订单,李菁笑了。对她而言,收获的不仅是生意,更是通过与粉丝互动积蓄自己的私域流量。"在民宿业'冰封'的时候,正好可以静下心来,花时间去研究社交媒体粉丝运营,对打造品牌、积累用户都有好处。"李菁说。

二、凸显主题,培养个性

清水鱼、白玉丸子、青蛳、农家腊猪蹄、凤凰烤饼……宅在家一个多月,开化民宿"金凤凰·梧桐苑"创始人余惠英喜欢亲自下厨,做一桌地道的开化菜。有意思的是,她把做菜的过程拍成短视频，通过文旅公众平台发布，每次总能收获满屏的赞。"客人们每次看到这些美食，就会想到我家民宿。"这是余惠英心里的"小九九"。原来，20多年前，余惠英开了一家农庄，拥有一批忠实的吃货粉丝，而这些人如今都成了民宿的常客。对于"金凤凰·梧桐苑"来说，最大的成功就是找准了自己的主题——美食。

近年来，民宿业正经历一次洗牌，而此次疫情，更会加速这个行业的变革，让转型变得更为急迫。"打造主题民宿，从个性化突围，正是转型的关键。"一位民宿资深观察人士如是说。

对此，宁波高远文旅CEO、心宿品牌创始人徐恒勇颇为认同。他认为，这段时间的业务暂时停摆，民宿应该好好梳理自己的产品和核心业务，为更好地走下去做准备。"民宿与酒店的最大区别就是个性化，每一家民宿出售的并非房间，而是一种原生态的生活方式，用特定的主题增强民宿的黏性。"他说。

怎样打造主题？莫干山民宿"橙月"老板阎兴顿最近有了新的感悟。这家刚开业没多久的民宿，春节遭遇了"闷头棍"，客人全部流失。采访中，记者发现他们并未灰心，而是忙着在产品内容上升级。作为一名黑胶唱片发烧友，阎兴顿准备继续强化自己的民宿标签：黑胶、烘焙等。"如果把民宿打造成莫干山的黑胶爱好者俱乐部，或许就再也不会受到淡旺季的影响了。"

德清民宿在这方面先行一步。不久前，当地出台的七项民宿专项扶持政策中，就有一条"打造主题民宿"的要求。"为丰富民宿业态和产品，民宿主要围绕特定主题开展专题活动，总人次不少于50的，会按照活动费用或建设费用总额的20%给予补助。"德清县文化和广电旅游体育局副局长董芸芸说。

三、增加场景，民宿带货

旅游毕竟是一种体验式消费。留住顾客，保持"新鲜"，就要不断增加新的消费场景，抓住客人不断升级的体验心理。"未来民宿行业一定会出现多个细分市场，包括亲子民宿、康养民宿、宠物民宿等。这些民宿会更加深入地挖掘细分市场需求，提供更有针对性的服务。"中国旅游协会民宿客栈与精品酒店分会会长张晓军认为，已有不少民宿在往这个方向探索。

春节期间，临安"芙蓁小筑"民宿主高爱芬异常忙碌。她利用民宿平台帮助销售当地农产品春笋、天目小香薯、柳庄山水鸡、农家鸡蛋、手工辣酱等，总销售金额达到7万多元。这种方式既帮助农户排忧解难，又降低了疫情休业期间的损失，实现了经营的多元化。高爱芬没有想到的是，她只是把农村最原生态的生活和美食往微信朋友圈一发，订单就"嗖嗖嗖"地来了。

在莫干山，民宿"云起琚"老板娘鲍红女的心思渐渐转到了民宿之外——忙着培育萤火虫。前两年,她从日本一路考察到我国台湾地区,做起了萤火虫项目。"去年整个夏季,莫干山很大一部分游客都是冲着萤火虫来的,几乎天天爆满,带来人气的同时,也反哺了民宿生意。"鲍红女告诉记者,疫情虽然影响了当下的民宿生意,但萤火虫等民宿之外的项目日渐成熟,让她对接下来的市场并不担心。"或许,民宿旅游夜经济会成为一个全新的消费场景。"她说。

民宿正呈现出无数可能性。

资料来源:央广网(http://zj.cnr.cn/zjyw/20200315/t20200315_525016673.shtml)

第三节 民宿品牌发展路径

旅游作为一个兼具经济与社会功能的综合性产业,互联网元素的融入让旅游业的发展如虎添翼。互联网时代的兴起也为民宿的发展提供无限的动力。因为民宿品牌发展的优先路径是互联网+的民宿品牌发展。

一、"互联网+"时代的民宿业发展特点

(一)文化与旅游深度融合,民宿应运而生

旅游业进入发展新阶段,个性化旅游正取代传统的团队旅游,成为越来越多追求旅游质量的消费者的选择。旅游业正逐渐进入内容为王的时代,这也意味着旅游产品间的竞争,将不是价格战,而是品牌战、品质战,有温度、有特性的旅游产品将在旅游业发展中受到热捧。

有专家表示,未来,在文化与旅游的深度融合中,打造更多具有本土特色、更多原创性的旅游产品,将是中国旅游吸引全球游客、打造全球影响力的重要保障。从旅游到享受,从游览到生活,不少人已经将旅游视为转换生活方式的行为,因此,体验感强,深入人心,有感情、有温度的民宿产品更是游客所追求的。

(二)民宿经济与互联网结合,前景无穷

民宿的迅速崛起和互联网旅游经济的快速发展,为民宿经济的互联网化创造了条件,"互联网+民宿"开始逐渐发展起来。在移动互联网的大趋势下,自2011年开始,包括民宿在内的非标准住宿领域内的一些专业的预订平台开始集中出现。通过互联网,游客可以在出发前了解各个城市和景区的民宿情况,利用网络支付手段,提前预订客栈民宿,并安排好以民宿为中心或节点的旅游路线和计划,与原来通过互联网来预订机票、酒店、景点门票等一样方便。无论是携程、去哪儿、同程等OTA巨头,还是新兴

的马蜂窝、淘在路上等平台，其移动端的表现都实现了爆发，"互联网+旅游"初显威力。无论是行前预订、行中购买、行后点评，在手机移动端应用快速发展的今天，都变得比以往更为容易。游客对移动端的接受度已经得到了提升，让人看到了移动端的趋势所在。

（三）线上线下联动，民宿持续升温

民宿想要实现"升温"，不仅要民宿房东提升服务质量，更需要从预订开始贯彻民宿产品的独特性。线上预订平台与线下民宿服务相结合，两翼齐飞。线上平台主要强调与住客的互动。如国内小猪短租标榜的人情味、木鸟短租的地主之谊标签，都将民宿的人文内涵实体化或者概念化、突出民宿服务。平台助力民宿还可以对优质民宿予以突出位置，线上引导民宿主提升服务质量，增加增值服务与人文性服务。除了在房源上努力之外，平台的服务同样也很重要，木鸟短租24小时的客服，小猪与途家、木鸟短租网站的保险服务都是典型案例。当然这些之外，平台更应该摸索更多的个性化服务。例如，平台针对家庭游客用户在筛选时可以加入老人、儿童同游选项；针对追求个性化体验或者社交需求的用户可选择床位、沙发等选项，让住宿不仅仅是住宿，变成一种旅游体验。让民宿住宿不是变相地租住酒店，而是更有体验感、更有意义的住宿活动。

二、"互联网+"民宿品牌传播主要模式

（一）纯预订平台模式

纯预订平台模式是指只为民宿主与租客搭建沟通、预订和交易的平台，如Airbnb以及国内的小猪短租、蚂蚁短租都是这种模式。预订平台主要通过向民宿收取交易佣金盈利。这种模式的特点是轻资产化，可辐射的范围较大，但是缺点在于难以对服务品质实现有力把控。

（二）自建平台模式

自建平台是将包租来的房屋整改成民宿产品提供给用户，线下服务和运营全部由专业的预订平台来完成。这是一种比较传统的非标准住宿运营模式，它具备丰富的房务租赁和管理经验，但是线上平台获客能力相对不足。

（三）预订+自建平台模式

预订+自建平台模式的代表企业包括途家等，这些企业既做交易平台，同时介入线下民宿的管理，不但建立自营品牌，还为异地民宿主提供入户管家服务和托管服务。其盈利的来源是向民宿收取教育佣金和托管费。

（四）预订+增值服务模式

预订+增值服务的代表企业是去哪儿网旗下的去呼呼，它不仅是一个民宿产品的销

售平台，还提供信息管理系统和智能门锁，帮助民宿主通过物联网远程管理自己的民宿客房。其研发了一年多的智能门锁是其核心竞争力，消费者可以通过"一客一密码"的方式，凭密码、身份证甚至是公交卡打开房间，为消费者提供更好的安全保障。

（五）合作派单模式

合作派单模式是介于自营业务和平台业务之间的模式。既拥有自己的民宿产品，也拥有民宿主的房源，但不同于预订＋自建平台模式的是，该种模式会向民宿主的产品植入标准化，消费者在线上检索到的民宿客房已经是完成标准化配置的房间。例如，安途短租是合作派单模式的典型代表企业，它通过标准化配备方案和培训，帮助服务民宿主销售房间，同时收取12%~15%的交易佣金。

三、"互联网+"民宿品牌发展路径

（一）找准民宿品牌的定位

品牌的个性与独立性决定了品牌的差异性，而精准定位品牌是建设优质特色品牌的前提与关键，而且决定着品牌的推广市场以及目标群体。虽可以通过大量的市场调研、研究分析以及系统综合诊断来确定民宿品牌定位，但更重要的是发挥民宿自身独一无二的优势资源，如展现优美画卷的自然资源、唤醒童年记忆的乡村院落、蕴藏深厚内涵的地域民俗文化、传递生活品质的美学理念等，这些才是民宿品牌精准定位的有力抓手，如花筑、花间堂、裸心谷等独具特色的民宿品牌无不体现出民宿品牌的内涵。品牌定位不仅体现出品牌理念、品牌创意，还包含了品牌文化。品牌文化是民宿行业茁壮成长的肥沃土壤，民宿离不开所在周边环境和历史文化的融合，如我国台湾地区的一些发展较为成熟的民宿，正是以地域文化创意的品牌定位走入游客心中的。因此，民宿经营者应该结合自身资源，深入挖掘文化内涵，精准定位民宿品牌。

（二）塑造民宿品牌形象

品牌形象是游客在有形识别和无形体验过程中建立的一种主观印象，民宿品牌的有形标志包括品牌的名称、标记、民宿建筑以及客房的毛巾、浴巾、布草等生活用品、装饰摆件与民宿工作人员的形象等，而无形体验则包括民宿产品的品质和服务质量。此外，民宿品牌的内外形象均要契合品牌定位。在塑造民宿品牌的过程中，经营者不仅要关注民宿建筑风格、室内装修、品牌标识的设计，保证游客生活用品的质量，更重要的是需要对工作人员进行系统的培训并统一制定标准，提高服务人员的水平，从内外两个方面塑造民宿品牌的独特形象。独特的民宿品牌形象能够给游客留下清晰且深刻的民宿体验，有助于提高品牌的辨识度和品牌忠诚度。

（三）创新民宿品牌营销

品牌营销有助于进一步宣传推广民宿品牌的知名度和影响力，但是，目前民宿的营销手段多局限于线下单一的预订渠道，宣传力度不够，营销效果不理想。在互联网蓬勃发展的背景下，民宿经营者可从消费群体、营销方式、预订渠道、媒体投放等多个方面创新民宿品牌营销方式。一个完整的品牌传播推广策略包括传播内容的制定、传播介质的选择以及传播周期的把握。区别于以往，移动互联网时代，更多人选择利用碎片化时间进行自我充电，而受用户这种习惯的影响，整个传播策略需要重新制定。

首先，传播内容方向选择方面，更侧重于互动性，表现形式也不局限于简单的图文，小视频、直播、语音等都成为时下比较流行的内容方向。

其次，从传播渠道上来说，比起传统的报纸、杂志、电视等平台，移动互联网时代的渠道选择则更趋于 APP 端、微信公众号、微博、直播平台、百度百家、UC 大鱼号、腾讯企鹅号、今日头条、新浪看点、网易、搜狐自媒体等内容承载平台。同时，移动互联网时代，更要善用工具，H5、小程序等新兴传播介质也更不容忽视。移动互联网时代的渠道选择具有传播范围广，而且能锁定精准用户，定向推送，其中可以通过微博平台、直播平台、H5 等全开放平台进行信息广播，辐射范围广，传播速度快，再通过微信、百度百家、UC 等平台定向传递信息，两者结合，既能使得企业品牌获得新用户的关注，同时也加深老用户心中的品牌形象，点滴的积累铸造品牌的强大。也因此微博、H5 等平台更适用于企业品牌推广初期选择；而微信及腾讯企鹅号、APP、百家号、搜狐自媒体等平台更垂直，所吸引的用户也更精准，更适合品牌持续定向推送，这也是企业品牌在不同阶段需要有针对性进行选择的原因。移动互联网时代，人人都是自媒体，一方面企业搭建自己的公众平台进行运营，同时如何使拥有企业品牌认可度和忠诚度的用户为企业发声，使其成为更强有力的传播渠道也是企业市场品牌人员需要思考和重视的问题。

最后，传播周期层面，我们一直强调，品牌的塑造不是一朝一夕的事情，而是需要长期的投入和经营。因为在传播周期方面，我们要结合传播内容作相应调整。如果是时效性内容，那谁抢在时间前面，谁就是赢家。而对于常规性内容传播，微信公众号及 APP 是时下比较流行的选择方式，发布时间上基本是每天都可以进行品牌的输出，品牌曝光率频繁，加速品牌在用户心中的画像。

（四）开拓民宿品牌延伸产品

在品牌影响不断扩大的背景下，民宿业发展会从个体发展走向群体发展。依托民宿品牌，开拓民宿创意旅游产品类别，达到民宿品牌的延伸、维护，进一步提高品牌忠诚度，促进民宿业健康可持续发展。可以根据民宿客群画像，从客群需求出发，开发个性化、多样化的旅游项目，迎合游客的偏好以增强他们的参与感和体验感。例如，民宿主人可以将自己的人文情怀、审美情趣和生活态度融入民宿经营中，开展美食、陶艺、插花、扎染、剪纸等人文体验活动，或是私人订制服务项目，既能丰富游客的民宿体验，又巧妙地将当地文化融入民宿中。除体验活动外，可以设计一些民宿品牌下的文创产品，如本地特色伴手礼、专有民宿布草、特色艺术装饰品等。

本章小结

民宿品牌建设是民宿实现可持续发展的有效法宝。在民宿品牌建设过程中，通过找准品牌定位、塑造品牌形象、创新品牌营销、开拓品牌产品等，为游客提供高品质、有个性、有温度的民宿服务，获得游客的美誉度和忠诚度，使民宿品牌效应深入游客内心，增加民宿品牌的辨识度。

思考与练习

1. 民宿品牌培育的方法有哪些？
2. 民宿品牌发展路径有哪些？

第十章　国内外民宿发展

第一节　欧美国家民宿发展

一、英国民宿

在英国，民宿的通俗叫法是 B&B，也就是英语"床与早餐"的简写。英国人骄傲地认为自己是民宿这种住宿方式的创造者，早在不列颠被罗马帝国统治时期，英国人就开始经营民宿，当时主要是为旅行的罗马帝国官兵提供"廉价但又欢快"的住宿场所。这种理念从英国发源后，逐渐扩展到欧洲大陆的法国、德国等国。

20 世纪 30 年代，经济大萧条令大量英国家庭陷入困境，为了增加收入，很多人腾出自己住房的多余房间用于接待，民宿在英国开始发展。而 B&B 这一概念在英国的真正普及是在"二战"之后。当时，滞留英国的大批外国士兵需要住所，从客观上推动了民宿行业的大发展。到了撒切尔首相执政时期，其商业改革政策为个体经营提供了更多便利，也使个体经营受到追捧，民宿在英国又经历了一个快速发展时期。随着国内外游客的日益增多，英国的民宿行业呈现出蒸蒸日上的繁荣景象。近年来，英国人越来越喜欢两三天的短期出行。在大城市工作的人们，经历了一周五个工作日的紧张后，急切需要周末的放松。位于山区、水畔或者古老村庄的民宿，自然成为人们放松的首选。为满足人们休闲的需求，民宿经营者们投入很大的精力、财力提高民宿质量，民宿经历了一个从量变到质变的飞跃，一些高端民宿出现在英国各地。

英国民宿凭借悠久的历史、丰富的经营经验、个性鲜明的住宿条件，受到国内外旅行者的青睐。民宿在英国的旅游产业中占有独特地位。与酒店相比，民宿有明显的价格优势。在一些农村地区或者偏远地区，大型连锁酒店出于入住率考虑不愿涉足，民宿就有效解决了旅行者的过夜问题。

选择民宿的旅行者，往往更加看重住宿体验，他们在民宿可以与经营者深入交流，了解当地的风土人情，也可以亲身感受当地人如何生活。以早餐为例，民宿的早餐时间具有灵活性，不会像酒店那样，在上午 10 点甚至 9 点就停止供应。住客在民宿吃到的早餐都是新鲜出炉的，而不是酒店那种早早做好放在食品台上的。民宿的早餐还讲究个性。例如，在很多民宿，果酱都是自家制作的。对于一些国外来的游客，民宿还为他们提供提高英语水平和体验英国文化的机会。

民宿一直是一张被英国人引以为豪的"国家名片"。《泰晤士报》关于英国民宿的一篇评论文章就曾经写道："民宿是英国旅游产业的荣耀之一，是风格单一的连锁酒店给人们造成的幽闭恐惧症的解药。英国庞大的民宿网络使国外羡慕，但是看起来又无法效仿的。"2015 年，全球知名旅游网站 Trip Advisor 以游客的打分为根据，对 10 年来全球主要旅游国家的酒店和民宿进行分析研究，结果表明，英国民宿的表现要超过酒店，游客对英国民宿的满意度为 89.6%，而对英国酒店的满意度为 80.8%。

英国民宿服务质量和受欢迎度在全球范围内也处于领先地位，Trip Advisor 近年来一直在不断公布全球民宿排名，英国民宿始终表现出色。2014 年，该网站评出的全球 10 个最佳民宿中，有 6 家来自英国，前两名也都属于英国。英国小型商业协会主席皮埃尔·威廉认为，"英国民宿广受欢迎证明，人们更加喜欢具有个性化色彩的住宿，民宿不需要规模庞大的资源和高额的市场营销费用，同样也能够为人们提供优质的服务"。Trip Advisor 的一名发言人评价称，"英国在高端民宿领域引领全球"。

民宿产业发展高端化。近年来，随着消费者休闲需求的增加，英国民宿经营者们纷纷提升经营质量。在一些高端民宿，大到房间的装修、床上用品的舒适度，小到洗浴用品的质量、咖啡的味道，都非常高端，可以媲美五星级酒店。

民宿发展层次多样化。价格不一，服务质量差别也很大。据统计，目前英国民宿数量达到 2.5 万家左右，提供的床位数量占全国住宿服务行业的 1/5，每年创收大约 20 亿英镑。英国的民宿绝大多数规模很小，往往是经营者拿出自己个人住房的几个房间用来接待客人，经营者同时也住在民宿之内。

行业协会助力民宿发展。20 世纪 60 年代，英国的西南部与中部人口较稀疏的农家，为了增加收入，开始了家庭式招待客人。到了 20 世纪 70 年代，民宿经营的范围扩大至露营地、度假平房，并运用集体营销的方式，联合当地的农家组成自治会，共同推动民宿的发展。1983 年，当地民间设立了农场假日协会，并获得农业主管团体与政府主管部门的支持。农场假日协会根据规章条文将民宿应具备的水平加以分级，其会员必须是在农渔粮食部登记的农场经营者且具有一定的服务水平。民宿协会除了维护经营者权益之外，还为成员提供信息和服务支持。另外，民宿协会还通过各种公关活动向民众宣传民宿与酒店相比的一些优势，培养民众的"民宿情结"。该协会参与发起的"考虑民宿"

宣传活动，通过与英国媒体合作和在社交媒体上的宣传，向民众讲述民宿经营者的故事，告诉民众民宿是英国旅游产业的重要组成部分，民宿为国内外游客提供的住宿体验是酒店不可比拟的。

英国政府对于民宿的严格管理规定，对确保民宿质量、推动民宿的产业化和规范化起到了很大作用。近年来，英国政府加强对民宿的监管，出台一系列严格的管理措施。例如，要求民宿加强防火设施建设，客房房间使用防火门；民宿出售酒精类饮料需要专门许可；民宿提供饮食必须确保安全来源。在英国，有一本名为《粉红书：旅游住宿经营法规》的政府文件小册子，详细介绍英国经营民宿的各种规定，每一位民宿经营者都必须读懂吃透，如有任何疏忽，就可能面临停业整顿的风险。

英国民宿的管理采用等级制度。英国将农家民宿设施比照旅馆分级认证方式，它由政府相关部门制定审查标准，共分为四级，依序为登录（Listed）、1冠（1-Crown）、2冠（2-Crown）及3冠（3-Crown）；每年由政府相关部门以不预先告知方式进行查核。

这种分级制度一开始实行时是从硬件方面来作评分认定的，近几年来则着重在软件方面，包括地毯质地、窗帘及房间色调、起居室空间、服务等评分来界定等级，并且加以辅导业者从事民宿经营。可见，英国政府对旅游发展与民宿推行的重视程度。其目的就是要保障消费者的权益，并提升民宿的水平。

英国主管部门颁布各种法规对民宿加以规范，包括消防设施、室内改装许可、食品卫生查核、税额标准等，民宿经营业者所设定容客量超过6人以上者，在卫生条件上将有较为严格的限制，课税也较重，因此大多数的经营者都将容客量定于6人以下。

政府为保证民宿适应乡村旅游发展，主动提供乡村民宿经营的咨询管理全套课程，其内容包括乡村住宿设施、顾客服务、乡村环境维护、农场附设运动及游憩设施等方面，并设立专门团体来开展相关咨询培训，其成员包括农政、旅游、农业推广组织、大学、义工团体及民间业者组织。

二、法国民宿

20世纪50年代，"二战"后的法国百废待兴，农村人口向城市急剧转移，很多农村房屋闲置。1936年起，法国规定每年必须要有15天法定休假日，在战乱之后城市工作者在经济能力有限的情况下，到乡村农舍度假正好迎合了这种度假需求。1951年，法国首家乡村民宿开业。1952年，法国农业部发放补助给从事民宿经营的农民，银行也提供优惠贷款。法国民宿采用B&B的方式经营。现在，法国是继美国之后，Airbnb在全球范围内的第二大市场，每年近40万人在网站上发布法国住房通知。2018年该平台称，它提供的巴黎民宿租赁信息超过6万条，巴黎已成为Airbnb平台上房源排名全球第一的城市。

（一）法国民宿的特点

业主非农化。法国民宿业主主要是城市人，农民只占到1/4。许多业主为了寻求更舒适的生活环境，离开城市到乡村，开办民宿。

政府补贴。民宿业主只要保证民宿经营不少于10年，就能享受地方政府提供的乡村建筑整修翻新补贴。

保护乡村遗产。法国民宿的发展，使得很多濒临倒塌和损毁的乡村建筑得到保护。民宿的经营，提高了乡村建筑的使用价值，使得乡村遗产得以保护和传承。

客源高端化。民宿的主要客源来自社会地位比较高的人群，近半数是政府、企业高管和自由职业者，一般职员仅占18%。

（二）法国民宿的管理

法国政府规定民宿房间数量最高是6间，申请设立必须符合消防、建筑及食品卫生等安全要求，必须为旅客办理保险。2000年以后，法国政府对民宿法加以修订，限定民宿房间不得多于5间，超过者视为旅馆。

1955年，法国民宿联合会成立，印发第一本《民宿指南》共收录了146家民宿地址。法国民宿联合会是目前世界最大的民宿组织，雇员600余人，协助5.6万家民宿业主开展咨询与培训等管理事项，负责监督检查民宿质量。联合会对于法国民宿实施从一根稻穗到五根稻穗等级认证。要求民宿满足面积、设备、卫生、环境等相关要求。

三、德国民宿

德国乡村民宿的发展，与英、法二国相比，时间上略晚。德国工业化发展取得巨大成功后，服务业尤其是旅游业获得快速发展。德国的乡村居民为吸引城市居民来度假，除利用家中多余房间之外，更是组织丰富多彩、具有民间特色的活动来吸引游客。

随着德国乡村旅游越来越热，1971年，德国农业协会曾专门研究遍布全国各地的以家庭为主的乡村民宿，并向德国各大城市居民进行抽样问卷调查。根据调查结果，德国农业协会向皇家供货条件委员会提出乡村旅游品质管理机制，及度假农场与乡村度假评鉴制度。由此，尊重乡土特色、保护自然环境、融入当地生活、注重人文景观等如今民宿常见的要素，第一次被系统性地提出。

四、美国民宿

欧洲民宿的兴起，影响逐渐至美国。在当时的美国，自然原汁原味的旅游观念深入人心，当地人文历史成为游客的主要兴趣点，他们愿意为此付出时间与金钱，于是，独具一格的民宿成为新宠。

无论是家庭、个人还是情侣，人们都在寻找新的度假方式。人们已经厌倦了去一个大城市，待在千篇一律的酒店里，或者去迪士尼主题公园这种地方，因为这样的方式已经周而复始太多年了。那些拥有一定土地的人，在了解现在这种旅行趋势后，他们意识到可以去建造圆顶帐篷、印第安式帐篷或树屋，而这样的投资要比建造一个大型的木屋或者房子的成本要低得多。因为这种民宿离景区更近、更舒适、更接地气也更经济，人们也更倾向于选择这样的民宿。

民宿市场的繁荣带动在线民宿租赁公司的蓬勃发展。早在2009年前后，美国的民宿产业就逐渐兴起。经过几年的发展，越来越多的新奇有趣、具有当地环境特色的民宿加入到租赁大军当中，成为市场的宠儿。在全美，有数百家民宿租赁公司为游客提供在线民宿租赁服务。

特色民宿产业的快速兴起，不仅催生了民宿租赁公司，同时也带动了人们对土地投资的热情。尤其在景区周边，很多人选择购买地皮，然后仅投资数万或者数千美元，在地皮上建造树屋，或者是豪华帐篷等投资少但是收益快的特色民宿，短短两三年就可以收回成本。

延伸阅读

英国德斯拉德农舍

从伦敦往西，坐2小时的火车，就到了萨默塞特郡的布鲁顿（Bruton）小镇，民宿"德斯拉德农舍"，就在小镇上。这个小镇很古老，居民只有3000人，非常安静，连很多英国人都不知道。德斯拉德农舍（Durslade Farmhouse）是豪瑟沃斯画廊创始人伊万和曼努埃拉·沃斯夫妇（Iwan and Manuela Wirth）于三年前在英国乡村布鲁顿（Burton）开办的。该项目也是夫妇二人首次将艺术与生活完美地融合在了一起：农舍内设有"罗斯酒吧 & 烧烤"（Roth Bar & Grill）餐厅，穿过农舍的院子，对面即是豪瑟沃斯的艺术空间——萨默塞特艺术中心（Hauser & Wirth Somerset）。

农舍的每个房间都有自己的风格和特色，在设计和装修时全都使用了上等的材料。设计师从当地跳蚤市场和旧货摊淘来了古董家具，并用百年老店Du Long et Du Lé家具公司出品的法国天然亚麻重新打造，房间内的窗帘也都出自此家具公司，手工地毯则由德国著名地毯公司Kinnasand出品。

农舍的设计既保留了原本的特色，又注入了艺术装饰与精心挑选的古董家私，包括特别设计的壁炉，经过翻新加工的躺椅以及古董标本。房间的墙壁保留了原始的风味——未经加工的墙面以及裸露的铜管——墙上挂着豪瑟沃斯艺术家的真迹。阿根廷艺术家古雷默·奎特卡（Guillermo Kuitca）的大型壁画作品，从地面到房顶，覆盖了餐厅的整个墙壁；起居室的一角则播放着瑞士艺术家皮皮洛蒂·瑞斯特（Pipilotti Rist）制作的电影。电影透过一盏构造复杂的吊顶投射到墙上，吊灯由复古玻璃瓶和瓷片制作而成，是艺术家本人在德斯拉德农舍后方，一个维多利亚时期旧货摊里找到的。

德斯拉德农舍共有6间客房，供平日、周末以及长期居住。酒店每晚的住宿价格为375英镑起（共6间卧室，可供12位宾客居住）。来宾来到农舍时会发现房间内的壁炉已经点燃，一碟刚刚出炉的农舍招牌菜已经在等待他们品尝。历史悠久的乡村小城布鲁顿位于英国萨默塞特郡南部的布鲁河（River Brue）畔，周围尽是迷人的乡村风光。布鲁顿拥有许多有趣的历史建筑，包括当地地标布鲁顿鸽舍（Bruton Dovecote），从德斯拉德农舍的窗户就可以看到这栋建筑。周边的景点还包括斯托海德别墅花园（Stourhead House and Gardens）、艾尔弗雷德大帝（King Alfred）的塔楼和巨石阵。布鲁顿生气勃勃，当地还有各式各样的商店、酒吧和餐厅。

资料来源：搜狐网（https://www.sohu.com/a/218238205_307618）

第二节　日本民宿发展及典型案例

1959—1960年，日本经济高速增长，夏季避暑旅游和冬季滑雪运动非常盛行，酒店住宿已经不能满足游客的住宿需求，洋式民宿开始兴起。这些民宿多位于滑雪、登山、避暑旅游地。一些农场也开始以副业经营方式提供住宿服务，农场旅舍也开始兴起。民宿的游客不再仅仅是运动爱好者，更多旅游者开始选择民宿这种住宿形式。日本民宿自此开始快速发展。

日本民宿真正的兴起和大发展是以1960年为转折点的。1960年开始，日本经济进入高速发展期，经济的繁荣带动了大众休闲旅游业的兴起，民宿从北海道的宗谷湾到冲绳的久米岛，如雨后春笋般，在日本全国迅猛发展，数量急剧大幅增加，鼎盛期曾多达2万多家。20世纪90年代，因日本泡沫经济的破灭，经济持续衰退，导致民宿业也一度没落，从巅峰期进入寒冬期。进入21世纪，随着经济的回温和2003年日本政府"观光立国"政策的提出，外国游客不断涌入，民宿业枯木逢春，再次迸发生机。

一、日本民宿产品

日本民宿通常提供住宿和两餐（早餐和晚餐）。

日本民宿很多都是传统日式木造房屋，内部以传统榻榻米和式通铺为主，非常具有日本特色。日本民宿的价格也较为亲民。房屋设施和设备非常注重卫生和安全。服务具有人情味，具有家庭温馨。民宿主人还会提供导游服务，将自己对于当地文化和景观的理解传达给游客。

二、日本民宿的特点

（一）干净、舒适，配套设施好

日本人爱干净、喜整洁，世界闻名。日本民宿也和日本家庭一样明净清爽，一尘不染；装修风格和家具摆设重视营造家的温暖舒适，屋里陈设及用品与一般日本人家庭无异，厨具、卫浴、生活用品齐全，大多出自品牌商家，几乎没有伪劣、粗糙之物，配置高、品质好，游客用得放心、舒心。

（二）周到、细心，服务质量高

日本民宿经营者整体素质较高，秉持宾至如归和一期一会的服务理念，用心待客。预约时亲切的邮件往来，图文并茂的交通及旅游信息介绍，温馨的中英文物品使用说明，贴心的各种生活提醒，甚至是根据游客口味做日式小点心或家常料理等，他们能在我们想不到的细节之处为各国游客提供舒心的服务。

（三）安全、规范，政策法律全

日本民宿历经近一个世纪，已发展比较成熟规范。特别是民宿新法实施后，将民宿拉入法律的框架内，必须符合消防、卫生、业主管理组织同意等一系列条件后到当地政府注册获得许可后才可经营；国家政策下各地还有地方版民宿监管细则；对非法民宿打击力度大。日本民宿法律政策全，安全、规范。

（四）自主、自律，协会组织强

日本民宿有成熟的行业协会组织，民宿经营者通常都会加入当地的民宿协会组织。日本民宿协会承担着民宿的运营管理职责，保护民宿业主的合法权益、指导和规范民宿业主的经营行为、实现和当地旅游资源的对接及与政府部门的协调沟通等，在推动日本民宿发展的过程中发挥了重要的指导和监管作用。

（五）个性、独特，主题文化深

日本民宿充满创意，主题风格多样。它们善于挖掘当地的自然景观资源和人文资源，同时又兼具民宿主人个人的生活美学和艺术品位，具有浓郁的人文色彩和鲜明的个人特色，增加了民宿的文化附加值，满足了游客多元化、体验式需求，避免了同质化经营。

三、日本民宿的分类

日本民宿经营者充分利用自然资源，能够在提供当地文化特色的住宿和餐饮基础上，同时提供运动、休闲、娱乐等项目，如农业体验、渔业体验、民俗体验等，让游客体验到不同的生活方式。

日本民宿分为洋式民宿（Pension）和和式民宿（Minsuku）。洋式民宿经营者一般是白领阶层，全年性专业经营。和式民宿则有公营、农民经营、农协（农会）经营、准供应及第三部门（公、民营单位合资）经营五种形式，有主业经营的，也有副业经营的。

根据民宿地理位置的不同，又可分为农家民宿、温泉民宿、都市民宿等。

1. 农家民宿

一般位于远离城市的乡村或郊区，拥有传统榻榻米房间，提供日本传统餐食。农家民宿最大的特色在于农事活动的体验，民宿可以根据当地农事特色，为客人提供农产品采摘、包装、农事节庆等活动。而如果接待的是外宾，还会提供茶艺、和服浴衣等日本传统文化体验。因此，农家民宿对于来自城市渴望回归田园或家庭亲子游的客人具有很大的吸引力。

2. 温泉民宿

常设在自然资源丰富的地区，如温泉资源丰富的本州地区。温泉民宿依托于丰富的温泉资源与日本沐浴文化，更因其小型、私密及主人的待客之道成为日本及海外众多旅行者的休闲住宿之选。被主人精心打造的日式温泉民宿，甚至可以说集日本文化之大成于一身，包括建筑、艺术、美食、花道、茶道、禅宗思想，让客人在享受温泉的身心治愈力量的同时，还能细细体会日本深厚的文化底蕴与生活哲学。

3. 都市民宿

一类被称为洋式民宿，其经营者多为白领阶层，经营者知识水平较高，审美水平较高，对外来文化有较好的理解。另一类仍然沿袭日本传统文化风格，虽没有自然资源的倚靠，但文化仍然是当地民宿主人坚守的民宿灵魂。京都建于794年，从建立起直到19世纪中叶一直是日本的首都。作为日本文化中心，它已有一千多年的历史。京都具有浓郁的日本风情，是日本人心灵的故乡。它是日本纺织物、陶瓷器、漆器、染织物等传统工艺品的产地。同时，它又是日本花道、茶道的繁盛之地。京都也是接受文化陶冶的好地方，无论是艺术、佛教还是民间手工艺。京都几乎每天都有庆祝活动和例行节日，富有浓郁的地方乡土风情。因此，京都也成为传统民宿的聚集地。

四、日本民宿的管理

日本民宿并非随意开办，而是由官方授权委托民间财团法人进行辅导、审核、认证及注册作业，并不是由政府部门主办。日本民宿在民宿立法上学习欧洲模式，采用许可制，名为"体验民宿"。乡村体验是乡村民宿的特色和卖点。日本的民宿管理重视法治、安全风险及环境维护，即使偏远地区的简易民宿都采用许可制，先取得营业执照才可以经营，禁止非法经营。

2018年6月15日《日本住宿宿泊事业法》（简称民宿新法）的实施，标志着日本民宿经营合法化。日本民宿在蓬勃发展的同时也带来一系列的社会问题，非法无证民宿泛滥，安全问题频发，因环境、噪声等问题给当地居民的正常生活带来严重影响而导致居民的不满。为解决民宿对周围居民和环境的影响，同时规范良莠不齐的民宿市场，新民宿法在降低准入门槛的同时，又制定了种种限制。

据新法规定，民宿经营者必须在满足申请条件下到当地政府登记注册，获得许可编号后方可经营；一年内对外出租天数不得超过180天。新法加大了对非法民宿的打击力度，一旦发现立即取缔，并处以罚款；罚款金额上限由以前的3万日元提升至100万日元。各都道府县等地方自治体可以在新法下根据各地实情制定地方版民宿监管细则。京都仅允许每年1月15号到3月15号经营民宿，且房主不同住民宿，管理人员居住位置距该民宿不得超过800米；兵库县全年禁止；大阪仅要求道路不足4米的区域禁止经营；东京新宿区周一至周五禁止经营民宿，丰岛区则没限制。

> **延伸阅读**

轻井泽民宿度假区

日本江户时期，轻井泽是中山道上众多驿站之一，承载着从京都通往东京的客流。明治维新后，随着铁路的发展，驿站功能弱化，轻井泽一度没落。直到1886年，加拿大传教士亚历山大·克罗多夫·萧初访此地，被轻井泽天然美丽的景色吸引，并于1888年落成第一座别墅"复元"。自此，一大批外国人纷纷到访建造别墅，使轻井泽以"高级避暑地"的身份再次为人所熟知。

随后轻井泽更在日本国内文人大家、政商名流中广受欢迎，一跃成为上流社会的文化社交场所。直至如今成为年游客量达854万，重游率达70%的高端国际休闲度假区。自1888年建成第一座别墅开始，轻井泽开始了130多年的高端度假避暑地发展历史。

被称为"东京后花园"的轻井泽，位于长野县东南部，四周为浅间山、鼻曲山、碓冰岭等山峰所包围，地处海拔1000米的高原地带，拥有广阔优美的自然风光、丰富的森林和动物资源，还是日本三大野鸟的栖息地，优良的生态系统造就了天然的疗养空间。

此外，高原地带的环境使轻井泽在夏季6、7、8三个月的平均温度仅25℃左右，年平均气温只有7.8℃，比东京的年平均气温低了10℃左右，由此对周边东京等城市形成了观光与避暑的吸引力。

天然优质的自然资源、以东京为主的庞大周边客源、四通八达的交通区位优势，再辅以渊源深厚的世界名人及皇室效应，促使轻井泽明确聚焦以高端人群作为客群定位，并最终打造成为国际高端休闲度假区。

资料来源：微信公众号"一诺农旅规划"，2020-07-10

第三节　中国台湾地区的民宿发展及典型案例

我国台湾地区的民宿产业发展始于20世纪80年代，最初经营模式是学习日本。1981年左右，在台湾南部垦丁公园附近出现了较大规模的民宿。当时旅游观光逐渐盛行，很多游客到垦丁公园附近游玩，由于周边宾馆、酒店接待能力有限，当地居民便将家中闲置房屋进行出租并收取一定金额的清洁费。游客解决了住宿问题，当地居民更增加了收入，因此很多居民开始修缮自己的房屋，用于游客接待。阿里山也因为知名度高，是国内外游客必到之地，邻近的少数民族聚集在丰山地区，也成为民宿发展的重要起源地。

20世纪90年代，台湾农业由耕作型向休闲农业转型，民宿这种新型休闲农业度假方式流行起来。2001年台湾双休日制度实施，休闲时间增加，台湾民众旅游得到极大发展，由于乡村服务有限，民宿成为促进乡村消费的重要方式和载体。

一、台湾民宿的概念

我国台湾地区对于民宿有明确规定。根据有关规定，民宿的经营规模，应为客房数8间以下，且客房总楼地板面积240平方米以下。但位于少数民族地区、经农业主管机关核发许可登记证之休闲农场以及经农业主管机关划定之休闲农业区、观光地区与偏远地区及离岛地区之民宿，得以客房数15间以下，且客房总楼地板面积400平方米以下之规模经营。但是前面规定地区内，以农舍工作民宿使用者，其客房总楼地板面积，以300平方米以下为限。

二、台湾民宿的发展阶段

（一）起始发展阶段（1980—2000年）

1981年左右，台湾民宿最早在垦丁国家公园大规模发展起来，随后是阿里山的丰山一带、台北县瑞芳镇九份地区、南投县鹿谷乡产茶区和溪头地区、外岛的澎湖、宜兰休闲农业区及至全台湾各地。最初是旅游度假区住宿供应不足，以及登山旅游者借住山区房舍，因此有空闲房屋的人家就开始开办民宿。最初民宿就是满足简单的住宿需求，没有餐饮及其他服务。1990年，台湾有关部门帮助少数民族利用空闲房屋与当地特有环境经营民宿，增加少数民族的收入。而在非少数民族地区，如风景区、国家公园及各旅游景点也有人将空置房屋改建或以新建楼房用来开办民宿。同时，台湾出台传统农业向观光农业的鼓励政策，进一步推动了民宿业发展。民宿因为价格适中深受旅游者喜爱，成为台湾乡村旅游中的新兴产业。但此阶段民宿管理制度不完善，经营水平良莠不齐，很难保证旅游者权益。

（二）快速发展阶段（2001—2006年）

2001年12月12日，台湾制定有关民宿管理的办法，对民宿产业进行了明确的规范。通过法律法规，引导台湾民宿产业合法化，提升民宿服务质量。民宿产业逐渐成为乡村旅游业和休闲农业的重要组成部分。民宿能够很好地满足周末度假和乡村休憩的需求，此阶段民宿数量迅速增加，合法民宿的数量从2002年的40家发展到2006年的1700余家，民宿产业进入快速发展期。

（三）成熟发展阶段（2007年以后）

台湾民宿从此阶段开始，注重创意和美学元素与自然环境的融合，使得民宿越来越向主题化方向发展，从硬件设施到软件服务都进一步提升。2007年底，台湾民宿有2300家，到2018年8月已经达到8875家。台湾民宿已经成为我国民宿发展的标杆和典范，为大陆发展民宿业提供了学习样板。

三、台湾民宿的分布和类型

台湾有关部门的数据显示，截至2018年8月，台湾合法民宿达到8236家，未合法民宿639家，总计8875家。台湾民宿主要集中分布宜兰县、南投县、屏东县、台东县、花莲县、澎湖县，也有集中在各县市特定区域的现象，具有空间集聚特征，很多已经形成民宿村或民宿群。休闲农业发达地区是主要集聚区，东部的宜兰县、花莲县及台东县，休闲农业比较发达，风景优美，游客可参与程度高，因此民宿业也发展较快。

根据民宿特色分为农园民宿、传统建筑民宿、海滨民宿、西洋农庄民宿、温泉民宿、运动民宿、料理民宿。

根据民宿主人创意主题分为家庭温馨主题、怀旧复古主题、田园乡村主题、少数民族风情主题、异国风情主题、人文艺术主题等。

根据地方特色分为南洋异国休闲风主题、矿山小镇怀旧主题、田园乡村主题、客家风情主题等。

四、台湾民宿的特点

（一）民宿特色：干净 + 精致 + 个性

台湾民宿干净、舒适，就算最偏远山区的民宿，其寝具、洗漱用具、卫浴设备也一点不马虎。较高品质的民宿给客人了留下良好的第一印象。台湾民宿从房屋外观到内部结构，从装修风格到物件摆设，都是主人按照自己的想法设计的，所以即使是在同一个地方，每户民宿也各具特色。按照台湾有关部门的规定，民宿经营规模一般在8间客房以下，240平方米以内，就算是特批的少数民族地区、偏远地区和离岛等地的特色民宿，客房也不能超过15间。这也决定了规模小的民宿，更要走精致和个性路线。

（二）民宿发展思路：多样主题 + 创意美学

台湾民宿注重多样化发展，很多民宿融合了当地的自然人文环境要素，再加上创意和美学元素，打造成了颇具特色、不同主题的民宿产品。以地方特色来说，宜兰的民宿强调田园乡村主题，垦丁则以南洋异国休闲风为主，花东民宿强调少数民族文化的奔放与山海相遇的激情，台北九份的民宿以矿山小镇怀旧为主题，澎湖民宿以离岛度假、水上娱乐为特色，苗栗县南庄乡的民宿则散发着浓郁的客家风情。以主人的旨趣来说，有田园乡村主题、人文艺术主题、异国风情主题、少数民族风情主题、家庭温馨主题、怀旧复古主题等。民宿，也便成了主人个性的最佳秀场和吸引志趣相投之人的聚集地。

（三）民宿经营理念：宾至如归家

台湾民宿主打"家"的概念，具有鲜明的特色。入住台湾民宿，晚上可以在露台上吃水果、看星星，早上有老板娘亲手准备的精美早餐，就如同在家中一样亲切。

台湾民宿经营者一般都亲自接待客人，与客人互动。在客人入住前一天，民宿主人就要提醒他们安排好出发时间；如果预定报到时间客人没到，他们要打电话询问情况，如是否需要派车去接等。待客人办理完住宿手续后，他们会和客人聊家常，介绍自己家的布局设计、当地的山水风光和风土人情，并解答客人的行程路线安排疑问等。

民宿主人招待客人的方式也像是亲戚朋友来串门一般，他们可能不会像酒店那样给你标准式的微笑或程序化的服务，但家里的摆设用具随意用，让客人和自己同桌共进早餐，提醒客人最好晚上11点前回家……诸如此类的点滴细节，无不让客人感觉家的温暖和温馨。所以说，民宿的主人是民宿最重要的灵魂所在。

五、台湾民宿的管理

根据台湾有关部门的规定，民宿经营不需要办理营利事业登记证，但需要向县市旅游主管部门申请。县市旅游主管部门受理民宿申请后，先对书面文件进行审查，再以书面审查或实地勘察方式，请消防、地政等部门共同审查。民宿经营者需投保公共意外责任险。符合规定后通知缴费并发给申请人"民宿登记证"及专用标识。取得合法经营民宿许可后，可与政府网站相链接，政府加以辅导宣传，强化经营管理。

2017年11月，台湾有关部门修订有关民宿的管理办法，对民宿规定大幅松绑。重点包括：客房总楼地板面积规定，从原来的5间、150平方米以下，提高至8间、240平方米以下，并有条件放宽客房得设于集合住宅与地下楼层。

> **延伸阅读**
>
> ### 台湾两个追梦女孩，开了家灵魂跟得上的慢民宿
>
> 在我国台湾地区，这是一家不用特别去介绍的知名度很高的民宿。缓慢，是一种内在的心理状态，不论外在的身体有多匆忙，主人希望将缓慢的精神融入民宿的经营与氛围中，所以将民宿取名为"缓慢"。
>
> 缓慢民宿一直都拥有让顾客等待排队的实力。目前，在嘉义奋起湖与新北金瓜石有两处分店的缓慢民宿，曾创下开放三个月后的入住预订，不到三十分钟内，涌进四万笔订单的纪录。
>
> 很多人可能不知道，缓慢民宿是创办薰衣草森林的两个女生詹慧君、林庭妃的第二系列产品。
>
> 2001年，原本在台北花旗银行任职的詹慧君，与在高雄当钢琴家教的林庭妃，一个怀抱拥有一亩香草田，一个梦想开间咖啡馆，两个女生在台中县新社乡的山上相遇、圆梦，一起创办了一家种植一小片薰衣草的景观咖啡馆。不到十年的时间，这两个女生现已在休闲、餐饮、民宿、婚宴及零售领域创出五个品牌，预计今年总营业额五亿元台币。除了台中新社、新竹尖石、苗栗明德各有一家"薰衣草森林"外，在苗栗三义还开了一家同样是景观餐厅性质的"桐花村"。再加上两家"缓慢民宿"、八家周边商品店面"香草铺子"，整个薰衣草森林体系去年缔造三五亿元台币的年营收。
>
> **一、洋溢幸福感的居住氛围**
>
> 在谈"缓慢"之前，一定要先从主人翁，也就是开启台湾景观咖啡馆风潮的"薰衣

草森林"创办人——慧君和庭妃谈起。这两个爱孵梦,并且把梦想落实、成就出一方天地的女生,最让我佩服的地方,就在于她们不一样的眼光,以及敢于实践的毅力与勇气。她们的创业故事,曾经感动无数人,而浪漫的"薰衣草森林"也成为一个紫色传奇。在成功经营品牌之后,她们也将事业触角从咖啡馆跨界到民宿业,而"缓慢"正是她们打造的民宿。

"缓慢"和一般民宿最大的不同之处,在于它率先实施"制度化管家管理",通过有系统的培训,训练出一整个团队代替主人慧君和庭妃来照顾客人,提供更细腻的服务,并建立出品牌信誉,深获肯定,也因此,一路从基隆金瓜石、花莲石梯坪,一直开到了日本北海道的美瑛,写下了台湾民宿发展史的新页!

"缓慢"不只是一间民宿的名称,而是在此居住的氛围。所以,尽管只是一张问候小卡片、一只小熊布偶,却都能勾起人们心中无限幸福,因为那生活中的小确幸,正就是让焦躁空虚的现代人得到片刻喘息、获得舒展疗愈的最佳解药。此外,细腻的服务,也让我感受深刻。打从办理入住手续,他们就贴心地想到不让客人在柜台罚站,而是招呼你到等候区享用迎宾饮料,等办好之后,再由专人领你一同前往客房——这种连五星级饭店都未必有的待客之道,真的很贴心。

二、处处有温度的人性空间

来到"缓慢",你会发现这座隐身山谷的桃花源,四周山林虽然宁静,但风会唱歌,空气有清甜味,鸟唧虫鸣声原来可以如此清晰可闻。而天空晴朗时,还能在民宿顶楼眺赏阴阳海美景。无论室内室外,处处都营造出"缓慢"的氛围:大量采用木质建材,营造自然温馨感;在空间的运用上,也以"简约、舒爽、宽敞"为原则,视觉简单清爽了,心情也得以舒畅。如果想要更隐匿、不受打扰,这里还提供独立度假小屋,不用和管家同住一栋楼,堪称"桃花源中的桃花源"。

有趣的是,缓慢的房间虽以A、B、C、D作为编号,但管家会在客人入房前安排抽取房名卡,包括孤寂的山城、理想的下午、挪威森林等,文艺风十足;待房客抽出之后,便决定了今晚你所睡的那个房间的名字,让你对它充满想象。此外,管家还会请你自选喜爱香味,让你一走进房间,便沉浸在迷人的香氛里。

不管是一张床的双人房还是两张床的双双人房,只要一打开房门,就会看见两只可爱的缓慢熊坐在床上欢迎你入住,一只白色、一只咖啡色,可以说是店内的招牌绒毛熊,也特别受到女性和小朋友的喜爱——这种童话般的装点摆饰,带有一种奇特的魔力,好像让整个房间都活了起来。此外,床上木盒里,还准备了精致的信封、信纸,似乎在提醒你:"有多久没写信了?"一刹那,你会觉得要甩开手机短信、E-Mail、APP,因为尽管这些传输便利,但是除了速度,却没有温度——缓慢的步调,在如光速般流转的年代里，也许不具竞争性，却让我们找回失温的人生，重新发现慢下来更美丽的生活哲学，因为唯有够慢，我们才会投以更多的真心。

缓慢的布置陈设，不露痕迹地提醒着来到这里的人们：真正的幸福，就在于每一个细腻感受的瞬间，其实并不需要汲汲营营地外求。而它所要传达的一切，对于曾经忙了三十多年、一味追求所谓成功的我们来说，真的非常能引发共鸣，让人深有感触，这也是它之所以能深获人心的原因。

三、融入在地情的乡土料理

正如同绒毛小熊之于缓慢，山月慢食也是它的招牌特色之一。不过，由于强调采用当地新鲜食材入菜，并搭配特调酱料，因此，得事先预订才行。所供应的菜色，是融入当地矿工饮食文化的乡村料理，在做法上以简单烹调、保持食材原味为原则，至于摆盘，则带有日式风格。尤其特别的是，这里还有"说菜"服务。用餐时，管家会把食材的来源典故、最好的品尝方式等加以解释说明，让人在感受美食好滋味的同时，更能深刻了解其背后的精髓与美好。这里的菜做得很到位，像是腌制西红柿、炸鲜蚵、咸水虾、飞天烤鱼卵、特制矿工饭等，不管是冷盘、热菜、主食，还是点心，每一样都很好吃。最让人印象深刻的"飞天烤鱼卵"，用的是无骨鸡翅膀，塞进鱼卵后烤熟而成，表皮焦黄酥香，内里软嫩Q弹，令人回味无穷。而"特制矿工饭"虽然看起来黑黑的，但一入口才知道别具风味，原来米饭是用有机炭煮成的，难怪特别香。但别忘了，要慢慢吃，唯如此才能领略慢食的真滋味。

资料来源：新浪博客（http://blog.sina.com.cn/s/blog_7cc4e4d60102wmvk.html）

第四节 中国大陆的民宿发展

我国大陆的民宿经过一段时间的快速发展，逐渐向着高端化、精品化的方向转变，很多民宿已经成为旅游的重要吸引力。民宿市场的火爆使得民宿发展的竞争力持续上升，而民宿集聚发展则能够很好地提升当地旅游的竞争力，打造目的地的旅游品牌。

一、民宿分布特征

大陆目前已形成了滇西北民宿群、川藏线民宿带、湘黔桂民宿群、海南岛民宿群、浙南闽北民宿群、徽文化圈民宿群、客家文化圈民宿群、京津毗连区民宿群、珠三角毗连区民宿群、长三角毗连区民宿群、浙闽粤海岸民宿带等多个民宿群带。

1. 民宿集聚分布于经济较发达城市周边

城市发展带来的种种负面影响，使得城市居民开始追求一种回归自然、享受乡土气息的生活状态。民宿为旅游者提供独立的生活处所，旅游者可以享受地域性人文、自然景观，并可融入当地生活从事农林牧渔生产活动，因此民宿受到越来越多的城市居民的欢迎，尤其是城市中产阶级逐步成为民宿旅游市场的主体。人们一般利用双休日或者节假日出游，距离是出游规划的第一影响要素，就近的民宿成为优先考虑的旅游目的地。受市场需求的驱动，民宿投资者或经营者更倾向于选择城市周边乡土气息浓厚的地区发展。经济发达城市拥有充足的客源，而雄厚的经济条件又保证了游客的消费能力，其周边地区自然成为民宿旅游发展的热区，从而形成民宿集中分布在经济发达城市周边的空间分布格局。

2. 民宿集聚分布于旅游资源丰富地区周围

旅游是现代人的一种精神追求，时下的旅游多以观光旅游、度假旅游和娱乐旅游为主。民宿要与当地特色的历史人文景观、自然生态景观以及生活生产活动结合起来，才更具吸引力。因此，民宿在空间布局上往往更加靠近本地开发成熟的优秀景区。对长三角地区民宿和景区进行叠置分析发现，二者在空间分布上彼此靠近，民宿周边有景区，景区周边有民宿。民宿高度集聚区域内都有知名度较高的全国性优秀景区。以景区点位为中心分别建立了5千米、10千米和20千米的缓冲区，坐落在5千米缓冲区内的民宿占比71.15%，坐落在5~10千米缓冲区内的民宿占比17.52%，坐落在10~20千米范围内的占比只有10.19%。可见，大多数民宿分布在距离景区较近的5千米范围内，在远离景区的区域民宿数量急剧下降。景区周边来往游客众多，对住宿的需求量大；而民宿在提供住宿的同时，还能提供享受本地乡土文化、特色美食等机会，成为众多旅游者的首选。因此，民宿投资和经营者往往选择靠近旅游资源的位置。

3. 民宿集聚分布于交通主干道

旅游是旅行与游览的综合，旅游活动的异地性使交通条件成为旅游的必要环节和基础。在旅游过程中，长途交通（航空、铁路）将客源地和目的地链接起来，而市内（短途）交通将旅游活动中的各个景点以及吃、住、行、娱、购的各个环节串联起来。民宿旅游也不例外，需要便捷的交通条件将景点与民宿串联起来。旅行社一般将食宿、景点等要素通过旅游线路及车辆换乘有机地衔接起来，这种情况下游客的行进路线固定、游客自由到达的范围相对有限。近年来，自驾游成为旅游出行的主要方式。中国旅游研究院与中国电信联合进行的乡村旅游调研显示，近七成的游客选择自驾的方式到乡村旅游。自驾游客可以自由选择出行线路、自由决定停车食宿地点，这一定程度上扩大了游客的活动范围。因此，交通条件便捷的区域也成为民宿分布的集中区域。以长三角地区为例,以交通主干道为中心线分别建立了 1 千米、3 千米和 5 千米的交通缓冲区,坐落在 1 千米缓冲区内的民宿占比 32.74%,坐落在 1~3 千米缓冲区内的民宿占比 39.10%,坐落在 3~5 千米范围内的占比 13.72%。在 3 千米范围内民宿分布居多,5 千米范围内的民宿占比总共达到了 85.56%。可见,交通主干道附近也逐渐成为民宿集聚的重点区域。

二、民宿集聚分布的动力机制分析

(一)外部动力机制

1. 政府主导政策驱动

民宿产业的发展与乡村旅游蓬勃发展的大背景息息相关,从中央到地方各级政府都高度重视乡村旅游发展,也重视民宿这种新业态的打造。民宿产业集聚受到各地方政府政策的推动。2015 年 11 月 25 日,国务院办公厅《关于加速发展生活性服务业消费结构升级的指导意见》推动民宿产业加速发展;2016 年 1 月 27 日《关于落实发展新理念加快农业现代化实现全面小康目标的若干意见》提出,大力发展休闲农业和乡村旅游,有规划地开发休闲农庄、乡村酒店、特色民宿、自驾露营、户外运动等乡村休闲度假产品。2016 年 3 月 2 日由国家发展改革委等 10 个部门制定的《关于促进绿色消费的指导意见》提出,支持发展共享经济,鼓励个人闲置资源有效利用,有序发展网络预约拼车、自有车辆租赁、民宿出租、旧物交换利用等。2017 年 7 月 11 日,国家发展改革委等 13 个委办局又发布了《促进乡村旅游发展提质升级行动方案(2017 年)》,推动形成体系完善、布局合理、品质优良、百花齐放的乡村旅游发展格局。各省区市根据自身区域特点也制定了相关奖励扶植政策,这些政策极大地推动和促进了区域民宿产业发展。

2. 旅游消费升级驱动

近年来,我国居民消费处于商品消费向服务消费转变的上升期,居民用于服务性消费的支出大幅增加,而商品消费增长相对缓慢。2014—2016 年,城镇居民用于医疗、教育、娱乐、旅游、交通等服务性消费的支出占比由 35.7% 上升到 41%。中产阶级规模扩大叠加需求升级,距离城市 2~3 个小时车程、200 公里范围内、性价比优势突出的特色民宿产业备受推崇。随着"90 后""00 后"等成为市场主体,多样化、个性化体验等新需求不断扩大,原有的标准化住宿产品已经不能满足他们的需求,而个性化、体验性强的民宿产品更迎合他们的喜好。

3. 民宿投资资本驱动

目前民宿投资除了为了情怀、追求小而美不追求投资回报的民宿主之外,主要有三类:第一类是电商平台投资民宿产业,比如携程旅游网、去哪儿网、途家网、同程旅游网等。除成立民宿客栈频道外,还直接从事民宿投资运营,如同程旅游完成对花间堂的战略投资，成为花间堂第二大机构股东；途家网旗下的途远公司直接参与贵州美丽乡村精品民宿建设等。第二类是国有大型企业进军民宿领域，比如首旅集团、浙江旅游集团、国奥集团等。首旅集团成立首旅寒舍酒店管理有限公司，已经在全国布局60余个古村落民宿产业；浙江省旅游局与浙江省旅游集团及相关公司设立100亿元旅游基金，高等级客栈和精品民宿项目都是主要投向。第三类是房地产企业转型进入民宿产业，如新华联集团、银泰集团、金融街。新华联集团在安徽芜湖开发了鸠兹古镇项目，有上万平方米的用地建设客栈、民宿和精品酒店。这些公司发展民宿产业，追求规模化增长，又有相应的品牌体系和运营标准、建造标准以及经营平台等支撑，因此极大地推动了民宿产业的发展和集聚。另外，民宿投资的主体多元化、投资形式多样化，推动民宿投资持续火热。

（二）内部动力机制

1. 民宿集聚形成市场竞争优势

民宿集聚区内部企业之间存在着竞争合作关系。民宿单体规模较小，客房一般在3~15间之间，很难实现大的旅游接待量。在集聚区内，具有一定数量的民宿后，可以实现接待能力的规模性递增。单个民宿通过自身品牌招揽客源的能力很弱；通过外部规模效应，可以形成整个民宿集聚区在旅游市场上的区域品牌，扩大影响力。区域品牌效应将直接给每个民宿经营者带来收益的增加。单个民宿的生命周期可能不长，会存在优胜劣汰的风险；但是整个民宿集聚区形成品牌后，品牌效应相对持久，将会带动区域内民宿企业的联动发展，打造出市场竞争优势，形成乡村旅游发展的合力。2016年成立的宿联中国，专门致力于打造民宿集聚区，降低单个民宿运营成本。2015年8月，浙江嘉兴久栖酒店管理有限公司成立，凭借之前多年的经营积累，在国内民宿行业占领一席之地，创下久栖客栈品牌。此外，知名的品牌还有童话、亲的客栈、宛若故里、阳光纳里等。可见，民宿品牌形成后有利于提升关注度，迅速占领市场，提高核心竞争力。

2. 民宿集聚可以降低交易成本

民宿集聚区可以为游客提供多样性的住宿体验产品，具有客源共享的规模经济效应，降低了单个民宿与游客的交易成本和交易风险。同时，由于聚集了大量同类型的民宿企业，吸引了布料清洗、房屋清洁、广告策划等供应链上下游厂商和机构、相关专业人才在当地聚集。民宿集聚区内分工专业化、信息交流与传播顺畅、劳动力资源共享，降低了民宿的建设成本和经营成本。同时，产业链上的相关供应商、中间商可以更容易获得市场机遇，减少了搜寻商业信息所需的时间和金钱成本。同时产业集聚会促进人力资源的专业化发展，提高人力资源效率，节约人力资源成本。整个区域内交易成本的降低，极大地增强了区域民宿的综合竞争力。

虽然通过集聚式的发展可以给民宿产业带来很多发展优势，增加民宿经营者的收入，但是由于旅游产业的特殊性，民宿业又正处于高速发展期，大量的、快速的集聚会造成当地旅游接待能力过剩，游客预期体验下降，也会导致很多经营者不能获得预期收益。

三、民宿集聚区的发展

民宿集聚区发展模式依据主体动力、依托载体、经营方式、表现形式进行划分，可以归结出不同的发展模式。根据主体动力不同，可分为政府主导型发展模式、市场推动型发展模式、企业投资型发展模式；根据民宿集聚区依托载体不同，可分为景区（点）依托型发展模式、古镇古村落活化型发展模式、交通节点依托型发展模式；根据经营方式不同，可分为民宿房屋所有者自营模式、民宿房屋租赁者经营模式、委托经营模式、连锁经营模式；根据表现形式不同，可分为民宿＋休闲度假型发展模式、民宿＋乡村旅游型发展模式、民宿＋生活方式表达型发展模式。

目前，民宿集聚区主要有以下特点：一是集聚区内的单体民宿规模比较小，雇员的人数也比较少；二是集聚区内的民宿经营对地理因素具有较强的依赖性；三是集聚区内民宿提供的住宿产品区域特色比较强，多属于沿袭高品质度假设施而形成；四是集聚区内民宿的供应商与目标客户群都比较相似，因此竞争比较激烈；五是集聚区内民宿在对外销售方面合作性比较强，都依托于区域民宿品牌的整体优势。

以莫干山为例，莫干山民宿集聚区发展模式属于以景区为依托、市场动力推动下的多种经营方式并存的民宿＋休闲度假型发展模式。莫干山民宿集聚区依托莫干山风景名胜区的优质旅游资源，并凭借2007年裸心谷"洋家乐"的成功，带动了莫干山民宿产业的发展。民宿通过整合相关旅游资源，不断提升服务水平，依托当地优良的基础设施和公共服务配套设施，使得莫干山民宿成为中国民宿业的知名品牌。莫干山民宿品牌价值的外溢，游客数量增加，民宿数量增加，促进民宿市场规模不断扩大，民宿日益精品化、高端化，平均客房价格千元以上的民宿越来越多。莫干山民宿的品牌效应使很多网红民宿一房难求，到莫干山的游客会选择本区域内其他民宿入住，带动了整个莫干山民宿业的繁荣。与民宿相关的布草洗涤、网络营销、农产品销售等业态也不断向莫干山地区聚集，提升了民宿产业体系的完整性，提高了莫干山民宿的体验性和服务的多样性。四个模块正向作用，形成了莫干山民宿的集聚模式。

四、民宿发展建议

（一）强化保护思维

民宿的根基在乡村，乡村固有资源正日益遭受自然和人为的破坏，对资源的保护和维护是政府部门、乡村旅游开发者、民宿建设者必须引起高度重视的问题。要进行充分考察与调研，有效地控制产业规模发展过快，避免民宿过度发展对乡村文化的二次破坏。

（二）建立场景思维

场景化建设要以市场需求为导向、以消费者偏好为基础，在遵循保护原有建筑风貌和村落风貌的基础上，融入当地村民的生活，还原再现乡土乡情。清空当地村民式的开发是短视的发展模式。修复为场景服务的建筑，让建筑成为有故事的活建筑。

（三）树立品质思维

民宿集聚区的创新不一定要做高大上的大体量奢华民宿，也可以考虑因地制宜、注重细节的小而美、小而精的精品民宿群。民宿是非标准化、拥有美妙自然的场地空间，可以大胆创新，深挖文化内涵，树立乡村建筑新典范，开拓乡村发展新模式。

（四）善用互联网思维

以乡村为平台、民宿建筑为依托，通过众筹、众创、众享等互联网方式吸引更多乡村创客进入，将更多的民宿经营者带到乡村，带动人气，给民宿集聚区带来更多生机活力，从而达到乡村振兴的目的。

> 延伸阅读

大理民宿客栈集群的发展历程

20世纪90年代，四季客栈在大理市开业。经过20多年的发展，如今的大理市民宿客栈规模数量在国内名列前茅。大理市民宿客栈集群是随着大理市民宿客栈的数量逐步增加而逐步形成的。因此，大理市民宿客栈集群的发展，根据时间及其阶段性特征，可大致分为四个阶段。

一、起步阶段（1994—2007年）

20世纪90年代中后期，大理市的旅游市场依然是外国背包客的天下，而国内比较有先知的人开始预见大理市旅游住宿的商机、正开始蠢蠢欲动。1994年四季客栈在大理市开业以后，紧接着在1995年，尼玛和小敏在大理古城开起了MCA，此时的MCA还是以艺术家工作室、画廊和青年旅舍为主的服务平台。尽管当时MCA只具备青年旅舍的接待设施设备，但艺术界的许多大咖纷纷接踵而至，到访MCA。1998年，导演张杨到访大理，那时的大理市只有三家客栈，一家是MCA，另外两家是四季客栈和榆安园。当时的MCA还只是10元一晚的床位。即便是后来享誉大理的"海地客栈"，在2007年时，还只是简单设施的青年旅舍，只有八个床位和一间标间。从此可以看出，在萌芽起步时期，大理市民宿客栈主要是简单的住宿设施，功能单一。当时的民宿客栈只是简单的住宿产品，游客到大理市旅游对于民宿客栈的要求也只是简单的住宿需求，而更多的是趋向于游览大理市的自然风光。因此，起步阶段也可称为"卖风景"阶段。这时期的民宿客栈数量很少，是大理市民宿客栈集群发展的起步阶段。

二、发展阶段（2008—2012年）

2008年1月，杨丽萍妹夫赵八旬以杨丽萍四姐妹为设计理念的酒店"粉四"开业，粉四英文"Lady Four"，为大理市民宿客栈在设计上起到了带头作用，包括名字的设计、建筑设计和装修设计。同年4月，来自美国的林登夫妇历时近两年谈判签订的"喜林苑"开始营业，以开展少数民族文化体验为主题、以接待外国客户为主。建筑上是以传统院落形式、结合田野风光而打造设计。随着"七间房"酒店在双廊开业；"沧海一粟""水时光"等客栈沿"海"而建，"海景"客栈的称呼开始蔓延，游客慕名而来，让外地商人窥见商机，开始向大理投资。

2010年，各种类型的民宿客栈出现在大理市，带动了新一轮旅游的热潮。2008年以后，大理市民宿客栈开始注重设计的打造，包括民宿客栈名字、主题、建筑外观和内部装饰上的设计打造，在一定程度上提升了大理市民宿客栈的硬件设施。大理市民宿客栈在2008年以后，因为设计的突出，与起步阶段对比鲜明，因而在发展阶段，也称为"卖设计"阶段。在发展阶段，民宿客栈的数量开始增多，民宿客栈开始集聚。

三、井喷阶段（2013—2016年）

2012年，张杨在双玉矶岛购买宅基地修建自己的客栈——归墅时，拍摄了《生活在别处》和《遇见另一种生活》，描述了新大理人们的生活，让"去大理"成为都市白领的梦想之一。在张杨导演拍摄的两部短片的宣传和影响下，大理市成了都市白领到大理谈论理想和情怀的地方，大理市民宿客栈的情怀文化孕育而生。2012年后，各行业的人纷纷涌入大理，开始经营客栈，带动了大理市投资客栈的热潮。在雾霾的驱使下，逃离"北上广"的雾霾，让越来越多的"环境移民"来到大理，许多"环境移民"开起了客栈。

影响最明显的莫属2014年宁浩导演的电影《心花路放》。在电影上映后，电影里面的"海景"客栈场景让外界眼前一亮，游客纷纷慕名而来。男女主角在"海景"客栈的邂逅，勾起了年轻人对大理"海景"客栈邂逅的幻想；文艺青年渴望到大理市，谈论诗和远方。"海景"客栈得到极大关注的同时,房价翻番或几番地增长。2015年双廊有426家客栈,而在2010年之前,双廊的客栈仅有不到45家,增长速度如此之快,可以说是大理市民宿客栈数量井喷阶段。在第三阶段,情怀文化的注入,丰富了大理市民宿客栈的文化内涵。如果说第二阶段的设计提升了大理市民宿客栈的硬件设施,那么第三阶段的情怀注入为大理市民宿客栈的软件设施增加了色彩。游客慕名大理市民宿客栈的情怀文化来,故称第三阶段是"卖情怀"阶段。大量的民宿客栈出现在大理市,大理市民宿客栈逐步由点向面开始展开,民宿客栈集群现象出现。因此,该阶段为大理市民宿客栈集群的形成阶段。

四、转型升级阶段（2017年至今）

大理市民宿客栈在经历了起步阶段、发展阶段和井喷阶段后,业态、外观设计及数量都得到了飞跃似的发展。尤其是经历井喷阶段的发展之后,民宿在数量上得到了空前的增长,数量的增长加剧了大理市民宿客栈之间的竞争,设计、情怀已经不足以提升民宿客栈本身的竞争力。在大理市民宿客栈数量增长的同时,生态环境也遭受到了一定的威胁。2016年,伴随着洱海水质开始富营养化,洱海水质污染问题急需治理。2017年4月1号,环洱海区域的民宿客栈积极响应洱海保护治理"七大行动",自行停业配合洱海治理,洱海周边的大量客栈开始停业,大理市其他区域的民宿客栈也受到了一定的影响。卖风景、卖设计、卖情怀的招牌逐步褪去,唯有寻求转型升级以保持大理市民宿客栈集群长久化的发展。随着消费升级和生活方式的转变,人们喜欢追求新的住宿方式和更高的体验感。大理市民宿客栈在经历洱海整治,加之旅游市场的整顿,"海景"民宿客栈受到严重影响。分布在其他区域的民宿客栈,因地理区位和资源禀赋的差异,在景观效果与"海景"民宿客栈相去甚远。

在风景、设计、情怀相继受到打击之后,为继续保持大理市民宿客栈的吸引力,大理市民宿客栈通过转型,在品质服务上得到了提升,批量的精品民宿客栈逐步在其他区域出现,提升了大理市民宿客栈集群的品质。管家式的服务、酒店式的设计、民宿客栈般的服务理念相继出现,为大理市民宿客栈集群的转型升级迈出有利的一步。该阶段可称为"卖品质"阶段。

从大理市民宿客栈集群发展的四个阶段来看,民宿客栈在每个阶段的功能特点都有所不同,虽然都能提供住宿,但在质量上有所差别;每进入一个新的阶段,都包含了上一个阶段的业态形式,即便是进入了品质提升的阶段,前面三种阶段的民宿客栈依然存在。虽在起步阶段和发展阶段没有明显的集群现象,但这两阶段是大理市民宿客栈集群发展历程的重要补充。大理市民宿客栈集群发展的各阶段,构成了大理市民宿客栈集群的发展历程。

五、民宿客栈集群集聚特点

民宿客栈集群具有空间集聚性。根据大理市民宿客栈集群的空间集聚性特点,大理市民宿客栈集群的集聚可分为点状集聚和带状集聚。

点状集聚。以古城、古镇为主要集聚点。大理古城、喜洲古镇、双廊镇具有人文景观和自然景观的旅游价值,是大理市游客主要的集中地。在这些集聚区域中,以大理古城集聚区最大。在大理古城集聚区内,除了古城内部有大量民宿客栈而外,在古城周边也有很多的民宿客栈,形成了大理古城民宿客栈的集聚区域。自2007年第一家客栈"海地生活"在双廊开业以来,双廊民宿客栈发展迅猛。2010年,双廊的客栈仅有不到45家,到了2015年,双廊民宿客栈已超过400家,是大理市民宿客栈集群的重要集聚区。喜洲古镇民宿客栈虽然发展相对较晚,且缓慢,但是随着近年来大理市旅游的不断发展,喜洲古镇民宿客栈逐步发展起来,目前数量正在不断增加,形成了大理市民宿客栈新的集聚区。古城、古镇因有集聚大理的游客,且相关配套设施比较完善,因而容易形成以古城、古镇为中心点的民宿客栈集群。

带状集聚。洱海西路及洱海东路是洱海主要观光道路。洱海西路坐落着大量的村寨。随着乡村旅游的发展,洱海西侧的乡村借助洱海的风光及西侧的田园风格,发展起了民宿客栈。在度假旅游和自驾游的带动下,洱海东路因良好的区位条件和道路设施,集聚了大量的民宿客栈。伴随着洱海环线上各乡村的发展,各村寨相互交融,建筑以点成线的形式逐步相连在一起,民宿客栈也因此连接在一起,形成了环洱海湖滨村落民宿客栈集聚带。这一集聚带是大理市民宿客栈集群重要的组成,是大理市民宿客栈集群集聚的一大特点。

资料来源:搜狐网(https://www.sohu.com/a/402143982_680374)

民宿界的传奇——松赞

在香格里拉有一家有名的民宿酒店,叫松赞林卡。酒店就在松赞林寺旁边的克纳村,它的创始人叫白玛多吉,曾经是央视的纪录片导演,2002年辞职回家乡,把自己家的房子改造成民宿酒店。英国 *Tatler* 杂志把松赞绿谷列为世界优选酒店,英国皇室安德鲁王子也慕名而来。

"我觉得人和环境的关系是最重要的。这个建筑为什么会长成这个样子,是跟环境密切相关的材料、文化,可能最早是材料,然后慢慢是文化,就像从这个地方长出来的一样。"这是白马多吉对松赞酒店的理解和认知。在纷繁世界中重新找回自己,学会和这个世界和解。

选址：很多人不理解松赞的选址。松赞酒店选址的一个标准是，在酒店里可否直接将自然风景拍摄下来，而不需要考虑构图。在选址时会充分考虑相应的旅游线路布局，将松赞与旅游景区合为一个整体。有探访香格里拉的传奇，和三江并流自然景观的造访，也会结合明显的历史文化痕迹和轨迹的线路规划。

建筑：拿绿谷为例，绿谷和周边的村落环境是融合的，是将原来藏族建筑的特点，与当地建筑和文化密切地结合，而呈现出来的建筑形态。从建筑的耐用和长远考虑，松赞所有的建筑都使用石头和混凝土设计，相对于当地木板搭建的建筑，更为牢固、耐用。

配饰：很多人走进松赞，会发现它的磁场和氛围都非常好，很有文化气息。这些除了藏地文化的传承外，还有很多艺术品搭配，从而烘托出这种氛围。松赞梅里有个柜子就是寺庙放法器的地方。很多顶级的手工艺品、丝织品等都是清朝的皇帝赐给达赖喇嘛的。现在都在松赞的系列酒店中。

传播藏文化的初心：松赞的核心诉求是搭建一个平台，从而传承并分享藏族文化中的佛学部分。希望通过对藏传佛教的理解，从而改变对藏地文化固有的印象。松赞不想成为世界顶级的酒店，而是想创造一个最好的文化分享平台，能够让更多人了解到民族文化。正是因为这样的初心，松赞才能17年坚持做同一件事情。酒店的运营一定要有一个精神的核心，要有内心的支撑。游客需求中精神需求是占很大一部分的，如果不能照顾到游客的精神需求，就不能说是做好了一家民宿。从时间法和商业法来讲，松赞有很强的动力去发展，现在具有很好的发展机会和商业模式，但硬件的搭配都是一样的，只有软性的内涵才是能够持久发力的。

极致化服务：松赞做了一个定性的分析。100%的体验中，20%是选址，选址做不对，永远缺20%。建筑的氛围是15%；很好的装饰，氛围等占15%；最后的50%是服务。就是说建筑、选址、装饰等只占了50%，而真正的大部分的体验还是要通过很好的服务实现的。哪怕建筑、装饰、选址做得一般，只做了30分；但如果把服务做到了50分，就会得到80分。在我国台湾地区、日本，建筑做得好吗？并不好，但由于老板娘那么热情的服务，会让客人非常感动。松赞走下来一圈，很多客人都说，我想见下老板。哎呀，特别感谢，在这么偏僻的地方，做这么完整的线路，做这么好的服务。在如此偏僻的地方，为什么会有这么好的服务？为什么会有如此贴心的服务？

员工的培育体系：松赞认为，好的服务是不能够培训出来的。在村里长大的人相对比较能照顾到人，因此松赞98%的员工都是当地村里的人。村里人的特点就是真诚、淳朴、善良，看到客人来了就能够赶快地端茶倒水，很好地照顾到客人。客人只要感受到这些淳朴的服务，就会很认可，很满足。

对于员工行为过失，客观原因造成的，是可以被原谅的。如果员工受了委屈，白玛先生会慢慢安抚员工。城市人的戒备心很重，员工能够理解客人的心理，所以就能够很好地进行服务，客人也会感受到一份真诚。松赞背靠的整个自然以及整个区域的文化，松赞营造的就是舒服的文化。要让客人回到家一样舒服，客人舒服的样子，才是松赞想要的样子。我们的建筑、选址、文化、旅行培训、管家，都会挖掘真实的在地文化。

在地化旅行：松赞的在地化旅行策略，完美地将重资产酒店与香格里拉美景相结合。可以说，旅行线路的研发和开拓，占据了松赞系列酒店入住率的70%。在地化旅行，可能也是将来民宿培养自己忠实客人的重要方法之一。

在民宿或者酒店行业做过的人都知道，即便客房单价高，入住率还可以，也很难赚钱。因为酒店的投入太高了。而松赞显然更特别，目前开业的酒店中有自然人流量的除了松赞林卡和绿谷，其他塔城等地方都人迹罕至，单个游客不可能去那种地方，就是关门做生意。但松赞酒店的入住率还可以，是因为松赞不仅仅是酒店模式，更是旅行平台。松赞的旅行和市面上大部分的大众旅游是不一样的，和定制旅行也不一样。从直客预订到后期管理，全部都是垂直管理的。松赞最有把握的一点是，对旅行品质的把握。松赞在做旅游目的地，好的风景都隐藏在人迹罕至之处。松赞想通过自己的行动，给客人带来一点儿改变。通过产品和酒店的渗透，来让客人认识到不一样的自己。松赞有好几个旅行线路，自然线路、文化线路等，每个产品都不一样。松赞酒店的入住率有50%多，单价2180元，但即便如此，酒店还是不怎么赚钱。后来，就做了与松赞酒店匹配的同品质的旅行，松赞选择了最重的做法——自己做旅行。2011年，松赞的旅行路线做出来后，给酒店带来了很高的入住率。目前，在地化旅行带来的入住率在酒店中占到了70%。

资料来源：搜狐网（https://www.sohu.com/a/215472969_653908）

本章小结

民宿最早起源于国外，在引入中国之后迅速发展。通过了解国内外民宿发展历程、发展模式及案例分析，为新时期民宿旅游发展升级路径、挖掘区域特色文化及资源、打造地区文化旅游核心竞争力提供参考和借鉴。

思考与练习

1. 国外民宿发展对我国民宿发展有哪些借鉴价值？
2. 自主学习国内外民宿优秀案例。

参考文献

[1] 严风林，赵立臣. 民宿创办指南：从0到1开民宿[M]. 武汉：华中科技大学出版社，2019.

[2] 镡玉. 蹒跚在民宿路上[M]. 南京：江苏人民出版社，2019.

[3] 范亚昆. 地道风物：民宿时代[M]. 北京：中信出版集团，2017.

[4] 严风林. 深度拆解20个经典品牌民宿[M]. 武汉：华中科技大学出版社，2019.

[5] 张琰，侯新冬. 民宿服务管理[M]. 上海：上海交通大学出版社，2019.

[6] Airbnb爱彼迎中国专家委员会. 现代乡村民宿经营与管理实务[M]. 北京：中国旅游出版社，2020.

[7] 洪涛，苏炜，汝勇健，等. 民宿运营与管理[M]. 北京：旅游教育出版社，2019.

[8] 张光琪. 民宿经营与管理[M]. 北京：科学出版社，2017.

[9] 蔡惠玲. 旅游地居民对民宿发展影响的感知研究[D]. 泉州：华侨大学，2016.

[10] 曾磊，段艳丽，汪永萍. 台湾民宿产业对大陆乡村旅游发展的启示[J]. 河北农业大学学报：农林教育版，2009，11（4）：507-510+513.

[11] 陈春燕. 杭州西湖风景区民宿的现状及发展对策分析[J]. 中国商论，2015（21）：122-125.

[12] 陈国胜，戴佩慧. 不同投资主体的民宿经营模式——以温州市为例[J]. 安徽农业科学，2018，46（12）：140-142+152.

[13] 陈佳洁，陈静，林佳玲. 民宿集群对乡村旅游目的地品牌形象构建影响研究——基于浙江省数据[J]. 农村经济与科技，2017，28（7）：79-82.

[14] 陈瑾. 发展民宿经济与提升乡村旅游品质研究——以江西省为例[J]. 企业经济，2017，36（8）：142-147.

[15] 陈可石，娄倩，卓想. 德国、日本与我国台湾地区乡村民宿发展及其启

示[J].开发研究,2016(2):163-167.

[16]陈沫,齐岩波,刘海霞.台湾民宿产业发展及对大陆民宿的经验借鉴[J].旅游纵览:下半月,2014(10):274-276.

[17]费建琴,张建国.德清西部山区发展民宿经济的若干思考[J].浙江农业科学,2016,57(7):1144-1147+1157.

[18]葛姝,赖红波.台湾民宿业品牌网络推广及对上海的借鉴[J].设计,2015(20):142-144.

[19]公学国,李玉萍.基于SWOT分析的山东省民宿行业发展策略[J].农村经济与科技,2014,25(3):93-95.

[20]顾翘楚.台湾民宿的优势分析及借鉴[J].商,2016(4):80+33.

[21]郭书丽.基于游客感知视角的河南省旅游民宿发展研究[D].郑州:河南财经政法大学,2017.

[22]郭文进.有关我国乡村旅游产业发展中的民宿现状研究[J].旅游纵览:下半月,2016(2):216.

[23]郭亚静.环境心理学角度下的民宿设计趋势分析[J].江西建材,2017(13):26-26.

[24]郭莹莹.民宿在乡村旅游中的地位和作用研究[J].新经济,2016(12):15-16.

[25]胡斌.民宿旅游的发展对农民就业转型的影响[J].农业经济,2018(3):89-91.

[26]胡敏.乡村民宿经营管理核心资源分析[J].旅游学刊,2007(9):64-69.

[27]冷云.文化资本的力量——民宿的蓬勃发展对传统酒店的启示[J].市场周刊:理论研究,2016(4):28-29.

[28]李备.全域旅游下的云南民宿品牌文化建设——云南民宿品牌文化中的民族特色道路探究[J].设计,2017(24):96-99.

[29]李彬彬,程子赫.共享经济下游客民宿选择行为研究[J].西部经济管理论坛,2017,28(3):57-64.

[30]李彩玉.台湾民宿业对大陆民宿业发展的启示[J].品牌,2015(8):244-246.

[31]李超然,张超.游客对民宿的原真性体验研究——以丽江古城"亲的"客栈为例[J].旅游纵览:下半月,2016(7):72-73+75.

[32]李初叶,周元雄.温州民宿产业发展探索[J].浙江农业科学,2016,57(4):

617-619.

[33] 李德梅, 邱枫, 董朝阳. 民宿资源评价体系实证研究[J]. 世界科技研究与发展, 2015, 37(4): 404-409.

[34] 李佳瑶, 徐潇潇. 文创背景下杭州民宿发展研究[J]. 包装世界, 2016(2): 83-85.

[35] 李婧, 林婧, 刘静波, 等. 台湾民宿业发展研究[J]. 科教导刊: 中旬刊, 2015(10): 154-156.

[36] 潘超, 陈宇, 肖逸. 主题民宿的特色景观营造[J]. 现代园艺, 2016(2): 96-97.

[37] 潘颖颖. 民宿在浙江发展的可行性分析[J]. 科技风, 2010(11): 49.

[38] 潘颖颖. 浙江民宿发展面临的困难及解析——基于西塘的民宿旅游[J]. 生产力研究, 2013(3): 132-135.

[39] 皮常玲, 郑向敏. 基于在线评论的民宿顾客抱怨研究——以厦门鼓浪屿民宿为例[J]. 旅游论坛, 2017, 10(3): 35-44.

[40] 阮雯. 民宿业发展新态势与政府行为分析——基于杭州民宿的调查研究[J]. 山东行政学院学报, 2016(1): 77-81.

[41] 邵逸子, 凌硕. 探讨乡村民宿与在地文化之间的联系[J]. 艺术科技, 2016, 29(10): 237.

[42] 沈杰, 周继洋, 王雯莹. 国内外民宿发展路径及上海郊区民宿发展策略[J]. 科学发展, 2017(5): 43-51.

[43] 沈梦涵, 张建国. 浙江德清乡村民宿发展研究[J]. 天津农业科学, 2016, 22(8): 76-80.

[44] 吴晓隽, 于兰兰. 民宿的概念厘清、内涵演变与业态发展[J]. 旅游研究, 2018, 10(2): 84-94.

[45] 谢宁光. 基于IPA分析法的浙江乡村民宿品牌体验探讨[J]. 安阳师范学院学报, 2018(2): 103-106.

[46] 徐倩文. 关于民宿品牌建设的路径[J]. 区域治理, 2020(4): 69-71.

[47] Clarke J. Farm Accommodation and the Communication Mix[J]. Tourism Management, 1996, 17(8): 611-616.

[48] Timothy Dallen J, Teye Victor B. Tourism and the Lodging Sector[M]. New York: Oxford, 2009.

附 录

附录1：北京市《关于促进乡村民宿发展的指导意见》

乡村民宿是指利用位于农村地区的居民自有住宅或其他合法建筑，结合本地人文环境、自然景观、生态资源及生产、生活方式，为旅游者提供住宿、餐饮服务的场所。

为深入贯彻落实乡村振兴战略，根据《北京市旅游条例》及《北京市乡村振兴战略规划（2018—2022年）》和《中共北京市委北京市人民政府关于落实农业农村优先发展扎实推进乡村振兴战略实施的工作方案》（京发〔2019〕7号）的要求，促进本市乡村民宿持续健康发展，推动乡村旅游产业提质增效，加快形成农业农村发展新动能，特制定本指导意见。

一、指导思想

以习近平新时代中国特色社会主义思想为指导，深入贯彻党的十九大和十九届二中、三中、四中全会精神，深入贯彻落实乡村振兴战略，立足首都城市战略定位，准确把握"大城市小农业""大京郊小城区"的市情和乡村发展规律，充分发挥乡村民宿在建设美丽乡村，促进农民致富增收，带动乡村旅游产业提质升级的积极作用，努力构建"三产联动、多业融合"的民宿经济业态，实现乡村产业、人才、文化、生态、组织等方面的全面振兴，建设与国际一流的和谐宜居之都相匹配的美丽乡村。

二、基本原则

（一）规划引领，有序发展

严格遵守城乡规划、城乡建设等各项法律法规。各区根据区域特点、资源禀赋，因地制宜，编制各区乡村民宿发展规划，明确发展定位、空间布局、区域特色，在合法有序发展的前提下稳步推进，防止一哄而上、违规发展，努力打造规划清晰、布局合理、统筹协调的乡村民宿发展格局。

（二）生态优先，绿色发展

牢固树立"绿水青山就是金山银山"的理念，注重生态保护，突出生态宜居，尤其是在水源保护区范围内，要按照相关法律、法规要求，处理好发展民宿与水环境保护的关系，引导农村进行景区化建设，提升乡村旅游服务设施建设水平，努力打造环境优美、生态和谐的乡村民宿发展格局。

（三）业态融合，品质发展

突出独特的文化审美和乡情乡趣，深入挖掘京郊传统文化和乡俗风情，形成一批以文化、体育、娱乐、节庆活动为主题，与景区旅游、文化体验、农产品销售相结合的精品化、品牌化民宿，推进农村一二三产业融合发展，努力打造内涵丰富、特色鲜明的乡村民宿发展格局。

（四）政府引导，市场主导

强化政府在政策扶持、公共服务、规范管理、环境营造等方面的作用，建立良好的推动乡村民宿发展的体制机制。突出农村集体土地所有权主体地位，发挥集体经济组织作用，尊重和遵循市场发展规律，强化市场在资源配置中的决定性作用，引导和支持由村集体经济组织统筹，农户和社会资本参与的乡村民宿经营建设，努力打造政府引导、市场主导、全社会参与的乡村民宿发展格局。

（五）共建共享，以农为本

坚持以农民为收益主体，以农业农村为基础依托，尊重农民意愿，注重农民的全过程参与，调动农民的积极性、创造性和参与性，带动农民创业创新、就业增收，确保乡村民宿发展的成果能够为当地农民所享，努力打造扶农助农、惠农富农的乡村民宿发展格局。

三、发展目标

到2022年，实现全市乡村民宿从规模到质量的全面提升，力争在全市推出一批乡村精品民宿，打造一批乡村民宿特色乡镇，提升全市乡村民宿接待能力和服务水平。推动乡村民宿规划更加合理、发展更加有序、产品更加丰富、特色更加鲜明、服务更加规范、市场体系更加健全。

四、设立条件

（一）经营主体

乡村民宿经营主体包括个体工商户、农民专业合作社、农村集体经济组织和企业法人。鼓励有条件的农户利用自有宅基地和农民房屋经营乡村民宿。鼓励有实力的农民专业合作社、农村集体经济组织,具有专业化经营能力的企业法人通过投资、租赁等方式,参与乡村民宿的建设和运营。其中,通过农民专业合作社或者企业法人经营的,应当由村集体经济组织统一组织对外开展合作,并可以获取相应的收益作为集体经济收入。

(二)经营用房

乡村民宿的经营用房应提供房屋产权证明,房屋应符合我市抗震设防要求、消防安全要求与节能要求。建筑结构应安全牢固,无安全隐患。在设计、修缮及改造时,建筑用地范围应保持不变,建筑面积、建筑高度应符合区域规划要求。乡村民宿的单体经营规模为经营用客房数不超过14间(套),建筑面积不超过800平方米。

(三)生态环境

乡村民宿应综合考虑所在地环境容量和相关法律、法规要求,同步配套建设污水处理等设施,确保污水达标、规范排放。落实生活垃圾分类处理,配齐生活垃圾分类设备设施。全面消除经营区域违法户外广告设施及零星乱设摊,保持村容村貌整洁。房屋建筑风貌应与当地的村庄风貌、村庄环境景观相协调。加大村域内古树名木的保护力度,结合农村人居环境整治,拆违还绿,增加村庄绿量和美感。

(四)公共安全

乡村民宿应根据《乡村民宿建筑消防安全基本要求》的规定,配置必要消防设施器材,落实日常消防安全制度,履行消防安全职责。遵守食品安全、卫生安全、治安安全、环境安全等法规要求,建立相应管理制度和应急预案。

(五)从业人员

乡村民宿从业人员应持有合法身份证明或者务工证明,境外从业人员还应符合国家和本市有关规定。从业人员应取得健康证明后上岗,并进行年度健康体检和相关安全培训。

(六)规范经营

乡村民宿经营者需依法办理营业执照、公共场所卫生许可证、食品经营许可证(如经营餐饮),并上墙公布。要求安装使用公安机关的信息采集系统,落实旅客住宿登记、访客登记等安全管理制度。有明码标价的收费标准、住客须知和安全提示,并提供真实准确的住宿、餐饮等信息。

五、审批流程

乡村民宿准入采取联合审核的方式,简化和优化证照办理手续。区乡村民宿发展工作小组对乡村民宿审批实行联合受理、联合审核、联合踏勘、一站式审批。

（一）提交申请

由乡村民宿经营主体提出申请，由村集体经济组织进行初审并提出意见后提交乡镇政府。

（二）乡镇审核

乡镇政府组织实地踏勘，对房屋的合法性、安全性、布局合理性等相关条件进行审核并签署意见，提交区乡村民宿发展工作小组。

（三）证照办理

由区乡村民宿发展工作小组办公室会同各有关成员单位组成联合审核小组，对乡村民宿实行联合受理、联合踏勘、联合审核。审核同意后，各部门做好相关证照手续的办理或备案工作，不得设置其他前置条件。不符合条件的，一次性告知申请人。

六、组织保障和监督管理

创新乡村民宿管理体制，加强组织保障，建立市、区、镇（乡）三级工作机制。市级层面建立乡村民宿发展协调小组，负责宏观指导和政策引导，对乡村民宿管理过程中涉及的全局性、政策性问题进行协调，指导和督促各区落实各项管理制度。区级建立乡村民宿发展工作小组，负责拟定乡村民宿发展规划，制定推动乡村民宿发展的实施细则，完善和细化各类鼓励政策，加大政策集成。建立乡村民宿联合审核监管机制，加强对乡村民宿环境、卫生、消防、治安等方面事中事后监管。建立乡村民宿服务投诉和处理机制，各乡镇政府应明确相应机构，配备人员，落实好管辖区域内乡村民宿的审核申报、日常服务及属地监管责任。各区、镇（乡）、村要进一步规范用地管理，落实监管责任，坚决杜绝以租代售现象发生。

七、保障措施

（一）加强政策支持

围绕乡村民宿基础设施建设、公共服务配套、卫生安全、治安消防管理等方面，制定促进乡村民宿发展的配套政策。按照固定资产投资现行政策，加大对乡村旅游发展涉及的瓶颈道路、绿化、停车场、观景平台等配套设施建设的支持力度。支持乡村民宿集中的行政村污水治理项目建设。

（二）加强资金支持

通过奖励、贴息等多种方式对乡村民宿建设发展给予扶持，充分调动农民群众、社会资本参与乡村民宿发展的积极性。设立乡村民宿奖励资金，对具有典型示范引领作用的民宿，经过评定后给予资金奖励。对乡村民宿投资建设、改造升级的贷款给予贴息。对推动地区乡村民宿发展起重要作用的行业组织，通过购买服务的方式给予扶持。通过"美丽乡村"建设，围绕高标准推动乡村民宿发展的聚集地，打造良好的农村人居环境和较为完善、配套的农村基础设施。统筹利用现有支农政策资金，以奖代补鼓励村集体、合作社盘活闲置农宅发展乡村民宿。

（三）加强金融扶持

积极探索用市场化手段为乡村民宿发展提供金融政策支持，充分利用市旅游资源交易平台、京郊旅游政策性保险平台、京郊旅游融资担保平台，解决乡村民宿后顾之忧及投融资等经营困难，鼓励乡村民宿做大做强。

（四）加强服务引导

制定《北京市乡村民宿标准及评定》地方标准，强化乡村民宿在文化传承、乡风乡韵、创意设计等方面要求，引导乡村民宿专业化、特色化、品质化发展。充分发挥行业协会和农民专业合作社的作用，加强乡村民宿信息共享、价格规范和行业自律。

（五）加强人才培养

开展乡村民宿培训，不断提升乡村民宿从业人员的岗位技能和服务水平。支持乡村民宿发展，并按分类培训项目标准，给予培训补贴。加大人才引进政策扶持力度，支持外出务工农民、高校毕业生等回乡进行乡村民宿创业，为乡村民宿持续健康发展提供人才保障。加大对乡村民宿招用本区农村劳动力和失业登记人员的支持力度，乡村民宿企业招用本区农村劳动力和登记失业人员，按规定签合同、缴纳保险、保工资的，享受岗位补贴和社会保险补贴。

（六）加强宣传推广

建立乡村民宿推广平台，通过举办北京乡村旅游节、乡村民宿主题展等形式，综合利用自媒体、网络、第三方平台等多种信息化手段，推广乡村民宿旅游产品及线路，培育乡村民宿品牌，发展和推广一批乡村民宿精品，建成一批有故事、有体验、有品味、有乡愁的文旅融合新业态，打造乡村民宿发展北京样本。

资料来源：北京市文化和旅游局网站（http://whlyj.beijing.gov.cn/zwgk/zcfg/zcwj/202003/t20200324_1731353.html）

附录2：浙江省人民政府办公厅关于确定民宿范围和条件的指导意见

浙政办发〔2016〕150号

各市、县（市、区）人民政府，省政府直属各单位：

为促进我省民宿业健康可持续发展，根据《浙江省旅游条例》和《浙江省消防条例》有关规定，经省政府同意，现就确定民宿的范围和条件提出如下指导意见。

一、民宿的范围

本指导意见所指的民宿（含提供住宿的农家乐，下同），是利用城乡居民自有住宅、集体用房或其他配套用房，结合当地人文、自然景观、生态、环境资源及农林牧渔业生产活动，为旅游者休闲度假、体验当地风俗文化提供住宿、餐饮等服务的处所。

民宿的经营规模，单栋房屋客房数不超过15间，建筑层数不超过4层，且总建筑面积不超过800平方米。

各地可结合当地实际，适当放宽民宿规模界定标准，但应相应提高消防安全技术要求，并报省政府备案。

二、民宿的条件

具备下列条件的民宿，公安、卫生计生、市场监督管理、食品药品监督管理等有关部门应当发放相关的经营许可证照或准予申报登记。

（一）民宿的建筑设施

（1）建筑物系合法建筑，符合有关房屋质量安全要求。

（2）新建、改建的建筑物应当符合城乡规划的相关规定和有关工程建设强制性标准，依法设计、施工；改建的建筑物，不得破坏建筑主体和承重结构，必要时还应采取加固措施并进行安全鉴定，确保建筑使用安全。

（3）自然保护区、饮用水水源一级保护区、重要的自然与文化遗产、风景名胜区的核心景区等高敏感区域，禁止新建、扩建民宿项目。

（二）民宿的消防安全

（1）建筑主体应为钢筋混凝土或砖混结构，楼板或楼梯为木结构的，建筑层数不得超过2层且每层最大建筑面积不得大于200平方米。

（2）疏散楼梯可采用敞开楼梯间或室外疏散楼梯，采用敞开楼梯间的，客房门应安装闭门器。疏散楼梯净宽不应小于1.1米；确有困难的，不得小于0.9米。

（3）疏散通道和安全出口应保持畅通，3层以上楼层应每层配置逃生绳、逃生梯等逃生设施，并对其采取保护措施。

（4）每间客房应设有开向户外的窗户，窗户不得设置金属栅栏；确需设置的，应能从内部易于开启，并可供人员逃生。

（5）客房、厨房、内走道应安装独立式或联网型火灾探测报警器，楼梯间、疏散走道应设置消防应急照明和疏散指示标志，客房应配备逃生用口罩和手电筒等器材。

（6）每层配备不少于2具3公斤以上ABC型干粉灭火器，并放置在公共部位。

（7）开关、插座和照明灯具靠近可燃物的，应采取隔热、散热等保护措施；明敷的电气线路应采用阻燃硬质聚氯乙烯（PVC）管或金属管保护。

（8）除厨房外，其他部位不得使用明火、存放瓶装液化石油气；厨房与其他部位应当采取分隔措施，并设置自然排风窗；燃油、燃气锅炉房不得设置在主体建筑内。

（9）除棋牌室、音乐茶座外，建筑内不得设置营业性娱乐场所。

（10）民宿可设置1部疏散楼梯；楼梯间不能直通屋顶平台并通向相邻建筑进行疏散，且规模达到下列条件的，应设置2部疏散楼梯：

①建筑层数为3层，且任一楼层建筑面积大于200平方米；

②建筑层数为4层，且任一楼层建筑面积大于125平方米。

（三）民宿的经营管理

（1）客房及卫生间应具良好通风、有直接采光或有充足光线，卫生间应干湿分离，并供应冷、热水及清洁用品。

（2）经常维护场所环境清洁及卫生，避免蚊、蝇、蟑螂、老鼠及其他妨害卫生的病媒及孳生源。

（3）根据经营规模和项目设置清洗、消毒、保洁、盥洗等设施设备和公共卫生间，用于食品经营的工具、用具、容器设施等符合食品安全规定。

（4）提供给旅客使用的生活饮用水应当符合国家生活饮用水卫生标准要求。

（5）食品工作和公共场所从业人员应持有健康证明，并经卫生知识培训合格。

（6）具有较强的环境保护意识，积极推行生活和餐饮垃圾分类处理。

（7）民宿所在地应综合考虑环境容量，加强污水处理等设施建设，确保达标排放。

（8）安装旅馆业住宿登记信息系统或使用手机客户端（APP）旅客住宿登记系统，落实旅客住宿登记制度。

（9）配备必要的防盗设施，客房的门、窗须符合防盗要求，并设置符合防盗要求的物品保管柜（箱）。

（10）建立安全管理制度，配备专职或兼职治安保卫人员和消防安全管理人员。

对不符合本指导意见规定范围和条件的住宿设施，公安、卫生计生、市场监督管理、食品药品监督管理等有关部门依照《中华人民共和国消防法》《中华人民共和国食品安全法》《旅馆业治安管理办法》《无照经营查处取缔办法》等法律、法规、规章执行。

资料来源：浙江省人民政府网站（http://www.zj.gov.cn/art/2017/1/5/art_32432_289933.html）

附录3：关于印发《旅游民宿集聚区创建导则（试行）》的通知

各市文化和旅游局：

为深入贯彻习近平总书记关于打造乡村振兴齐鲁样板的重要指示精神，认真落实省委、省政府乡村振兴战略有关要求，推动全省旅游民宿集聚区高质量发展，省文化和旅游厅制订了《旅游民宿集聚区创建导则（试行）》。现印发实施，请按照要求抓好贯彻落实，指导开展相关创建工作。

附件：旅游民宿集聚区创建导则（试行）

山东省文化和旅游厅

2022年2月10日

旅游民宿集聚区创建导则（试行）

一、总则

1.1 为进一步规范和指导山东省旅游民宿集聚区创建，优化民宿经济发展环境、营商环境和消费环境，促进民宿产业高质量发展，特制定本导则。

1.2 民宿集聚区是在乡（镇、街道）行政区划部分区域内，依托景区化村庄和乡村旅游重点村为主体，民宿集中连片规模化发展，形成以民宿业态为特色产业，以民宿品牌为核心吸引，以民宿体验为主要消费方式，以民宿经济为主要经济形态，带动乡村旅游多业态发展的一种新型乡村休闲度假部落（度假村），是一种有别于传统景区依附型和配套型住宿的新型旅居生活社区。区域内合法民宿房间总数不少于100间。

1.3 旅游民宿集聚区创建以乡村振兴、共同富裕为统领，坚持高质量发展，遵循因地制宜、统筹发展、融合发展、绿色发展、各美其美、美美与共的原则，促进发展要素集聚和市场消费转化。

1.4 旅游民宿集聚区创建坚持"政府主导，示范引领，严格标准，统一认定，动态管理"的方针，建立相应的管理和退出机制。

1.5 本导则适用于山东省旅游民宿集聚区创建单位。

二、创建目标

2.1 乡村振兴示范区。促进民宿业态连点串线成片发展，建立完整的休闲度假社区，推动民宿经济成为"绿水青山"向"金山银山"转化的重要通道，成为人民生活的幸福点、经济社会持续健康发展的支撑点、建设美丽山东的发力点，为乡村振兴注入新活力。

2.2 共同富裕先行区。深挖当地旅游、生态、文化等资源，充分调动村民参与的积极性，加强对原乡民宿主的培养，形成能人引领＋村民为主体＋社会力量共同参与的"共建共治共享共富"模式，实现共享增值收益，达到共同富裕。

2.3 三产融合样板区。发挥"一业驱多业"的溢出效应，重视三产融合，延伸业态链、产品链、服务链、品牌链，打造一产景观化，二产场景化，三产价值多元溢出化的多业态融合供给，构建复合型产业体系，实现体验消费的价值最大化。

2.4 生态环境保护区。依托生态资源，转化生态优势，坚持有序规划、科学布局、规范运营，合理开发，发挥旅游民宿复合生态功能，推动村容村貌由"农村"向"微度假目的地"转变，使生态更宜居，实现经济、社会、生态效益共同提升。

2.5 品牌打造创新区。整合本土品牌，引进知名品牌，培育特色品牌，集聚品牌力量，塑造集聚区的整体品牌形象和价值，形成山东民宿集聚区特有的IP，提高山东民宿的品牌辨识度、市场影响力和竞争力。

三、创建任务

3.1 创新体制机制，完善治理体系

3.1.1 旅游民宿集聚区创建单位应设立旅游民宿集聚区管理运营架构，鼓励借鉴工业园区、旅游度假区发展模式，探索管委会＋公司的管理模式，内设组织健全、各项管理制度完善、能实现对旅游民宿集聚区的常态化统一管理。

3.1.2 县（市、区）、乡（镇、街道）要做好民宿集聚区发展规划，将民宿集聚区创建纳入经济社会发展、城乡建设、土地利用、基础设施建设、生态环境保护和全域旅游、旅游休闲名镇、旅游重点村镇等相关规划中，充分体现旅游主体功能区的建设要求，编制民宿集聚区公共服务、营销推广等规划、实施计划或行动方案。

3.1.3 县（市、区）、乡（镇、街道）应建立相应的联席会议、项目联审、投融资、标准化、考核激励等机制，将民宿集聚区建设情况纳入综合考核体系。

3.1.4 县（市、区）、乡（镇、街道）要加强民宿集聚区人才招引，引进或培养民宿经营管理服务、设计人才和投资者、运营者，创新创造自主品牌，建立完善的合作机制，提高民宿产业的运营力和服务品质。

3.2 突出创建特色，促进高质量发展

3.2.1 民宿集聚区内具有优质、丰富、独特的文化旅游资源，区内文物古迹、传统建筑、农业遗迹、非物质文化遗产等资源丰富多彩，乡村风貌、乡村文化传承保护转化利用较好，可提供休闲、民俗、农耕体验等多种类型的体验活动。

3.2.2 市、县文旅部门和乡（镇、街道）应强化旅游民宿集聚区资源整合，多渠道开发乡村资源，引导实施"住宿+"运营模式，实现住宿与特色餐饮、农副产品、文创产品、非遗文化、乡村历史等旅游资源的有机融合，创造集聚区内浓郁的生活体验环境氛围。

3.2.3 民宿房间装饰及设施应围绕乡村风情凸显地方文化主题，坚持一区一特色，突出山岳型、滨海型、海岛型、田园性、文化型、生态型等特色，民宿服务品质不低于文化和旅游部《旅游民宿基本要求与评价》、山东省《民宿服务质量等级划分与评定》规定要求。

3.2.4 促进规模化、品牌化、网络化经营，积极引进有竞争力的民宿品牌入驻，鼓励乡（镇、街道）政府、村集体组建经营性公司，盘活闲置宅基地，支持旅游民宿企业通过自主开发、联合开发、重组并购等方式扩大经营规模，发展乡村旅游电子商务，支持互联网企业整合上下游资源，拓展乡村民宿服务范围。

3.3 坚持融合创新，丰富产品业态

3.3.1 强化旅游民宿集聚区与本地资源融合，实施"住宿+"运营模式，拉长产业链，以多业联动、多业融合，提供吃、住、行、游、购、娱等综合性旅游产品。

3.3.2 住宿+特色餐饮。将本地食材、传统烹饪、特色名吃融入民宿聚集区产品中，精细化制作，推出"民宿美食菜单""乡村美食大宴"，塑造具有地域特色的乡村味道。

3.3.3 住宿+购物。设立线上、线下购物区域和平台，将乡村农副产品、地域特色商品、文创产品置入其中，打造"民宿+地域名品""民宿+乡村集市"特色产品，提

升民宿聚集区综合消费。

3.3.4 住宿+农事体验。在集聚区内提供乡村生活和农事场景，设计农业体验创意项目，发展美术馆、儿童乐园、培训学校等，为游客创造沉浸式氛围，增进游客与村民的交流，提升游客对乡村生活深度体验感。

3.3.5 民宿+微度假。开发"民宿+房车营地""房车+夜间消费""民宿+垂钓、骑行""民宿+温泉、森林浴""民宿+宠物""民宿+剧本杀"等体验微度假项目，通过文化理念输入、创意设计、社区社群营造、消费场景拓展等方式，构建主客共享的现代化乡村休闲美好空间。

3.3.6 民宿+小型团建活动。依托乡村平原、山地、森林、河道、湖泊等自然资源，开发小型团建项目，吸引团建、年会、研学、培训等团队客群，拓展民宿承载空间。

3.3.7 民宿+文化休闲。将乡村古建筑、传统工艺、名人历史、非遗展示等特色资源打造成特色工坊、文化休闲、文创创意、非遗展馆等产品，顺应乡村夜游消费趋势，打造夜间游乐、夜间演艺等为代表的娱乐场景。

3.4 实施联动营销，打造特色品牌

3.4.1 完善营销机制。县（市、区）、乡（镇、街道）要制定旅游民宿整体营销规划和方案，建立多部门联动宣传机制、多元化传播机制，实现产品开发与市场开发无缝对接。设立旅游营销专项资金，鼓励制定客源市场开发奖励办法。

3.4.2 拓展营销方式。进一步挖掘和展示地区特色，将商贸活动、文化节庆、体育赛事、乡风民俗等拓展为宣传推介重要内容，讲好"民宿主故事""老板娘故事""创业者故事""美食故事""网红打卡点故事"等，打造"有故事的民宿集聚区"。发挥两微一抖、小红书等新媒体传播、营销的重要渠道作用，培育地方"网红"，让好物、好景通过抖音进入游客视野。

3.4.3 打造特色品牌。树立品牌意识，提升旅游民宿集聚区品牌影响力，打造本土化特色民宿品牌，培育乡村专属的文化IP，招引国内知名品牌民宿落地，统一打造对外的品牌形象，形成品牌价值。

3.5 完善基础设施，实现共建共享

3.5.1 集聚区应有便捷的自驾交通条件和通达性，与相近的客运站、高铁站、高速公路出入口、轻轨站、地铁站及邻近的景区（点）、度假区（点）等有完善的接驳系统，区内道路及公共交通网络布局合理，通景公路两侧绿化美化，有条件的建设骑行慢道、休闲步道、行车驿站、房车营地、充电桩等配套设施，方便游客出行。

3.5.2 县（市、区）、乡（镇、街道）应采取措施帮助民宿集聚区建设与乡村景观环境相协调的专用停车场或船舶码头，且布局合理，场地体现生态性，充分满足游客接

待量需求。

3.5.3 县（市、区）、乡（镇、街道）应在民宿集聚区或所在辖区内景区、度假区设立游客咨询中心，或实现辖区已有景区、度假区旅游咨询服务中心和社区服务中心的开放、共享，为游客提供常态化的旅游咨询服务。

3.5.4 县（市、区）、乡（镇、街道）应制定措施，推动各民宿依法接入公安部门的旅客入住登记管理系统。指导民宿配备必要的防盗、视频监控等安全技术防范设施。

3.5.5 县（市、区）、乡（镇、街道）应健全民宿集聚区内旅游标识系统，布局与数量合理，重要节点应有集聚区导览图或全景图，重要服务设施应在图中标注，外部道路交通公共标识设置科学、合理、美观。

3.5.6 民宿集聚区内旅游厕所配置数量要与接待能力相匹配，布局合理，专人管理，干净卫生。

3.5.7 民宿集聚区内需设有临时医疗救护站或相关兼职人员，能够与周边专业医疗机构建立联系，具备应急救助条件。

3.5.8 民宿集聚区内要覆盖免费无线网络，建设线上服务平台，开发民宿集聚区APP或能够有效对接第三方平台，保障及时预订、预约及支付服务。

3.5.9 民宿聚集区保持生态系统完整性、生物多样性、环境质量优良性、传统村落原有肌理和建筑元素。注重文化挖掘和传承，构筑具有特色的民宿集聚区建筑风格。倡导绿色旅游消费，推广节水节能产品、技术和新能源燃料的使用。

3.5.10 开展民宿集聚区主要旅游线路沿线风貌集中整治，在路边、水边、山边等区域开展洁化、绿化、美化行动，在重点旅游村实行"改厨、改厕、改客房、整理院落"和垃圾污水无害化、生态化处理，全面优化旅游环境。

3.6 加强指导监管，提升服务水平

3.6.1 民宿集聚区要设立服务质量专职管理组织，制定完善的民宿服务质量标准和督导制度，定期对服务质量进行检查并及时反馈，落实整改。

3.6.2 民宿集聚区要主动跟踪游客评价，征求游客意见，接受游客监督，对外公布质量监督电话号码和投诉渠道，及时认真处理游客意见和建议，做到投诉必复。

3.6.3 市、县文旅主管部门和乡（镇、街道）要营造安全、便捷、舒适、温馨的体验环境。转变服务理念，提供"管家式服务"，营造共享空间、共享话题和共享生活。

3.6.4 民宿集聚区要突出乡风文明，尊重当地风土民情和文化习俗，处理好民宿业主、游客与原住民之间休闲旅游生活的关系，营造民宿与邻里之间睦邻友好的人文环境氛围。

3.6.5 鼓励发展民宿经济实现共同富裕。县（市、区）、乡（镇、街道）要鼓励以

村集体、合作社、运营公司等载体流转土地、植被、建筑物等资源，保障村民基本利益。鼓励村民以自住房屋、承包土地、宅基地使用权等资产入股民宿项目，有效提高村民资产性收入。通过培训再就业、农产品回购、购买服务等调动村民参与积极性，共享发展成果。

四、政策措施

4.1 土地政策

4.1.1 市、县、乡应强化民宿集聚区用地保障，在年度用地指标中优先支持民宿项目，支持将民宿集聚区配套基础设施建设等相关建设用地纳入本地区土地利用总体规划和年度用地计划。

4.1.2 鼓励探索村集体土地入市的改革措施，加快推进农村宅基地"三权分置"改革，落实农村宅基地及住房"部分流转部分自用"政策。鼓励农户将闲置宅基地或闲置农房流转给经营者，或将闲置宅基地统一流转给村组织，由村组织自行经营或对外招商经营。

4.1.3 旅游民宿要有明晰的产权关系，防止违章建筑。在符合农村宅基地管理规定和相关规划的前提下，允许返乡下乡创业发展旅游民宿的人员和当地农民合作改建自住房，共同发展旅游民宿。

4.2 资金政策

4.2.1 县（市、区）、乡（镇、街道）应加大民宿集聚区财政支持力度，探索将乡村振兴资金、小流域治理资金、环境保护资金等进行有机整合，集中用于民宿集聚区建设。创新旅游民宿集聚区发展投融资机制，支持探索运用发行国债和地方债的方式进行旅游民宿集聚区基础设施改造，引导各类资金参与民宿集聚区建设，鼓励开发性金融资金为民宿集聚区提供支持。

4.2.2 民宿集聚区所在县的乡（镇、街道）应将民宿纳入本地中小企业扶持范围，给予金融信贷支持、房租减免、税费支持等措施。

4.2.3 县（市、区）、乡（镇、街道）探索成立民宿集聚区建设资金平台，统筹整合使用各级财政资金共同发展民宿集聚区，重点用于民宿集聚区基础设施建设、市场营销推广等。

4.3 审批政策

4.3.1 县（市、区）、乡（镇、街道）应因地制宜针对民宿集聚区推出工商登记、治安、消防、卫生等方面的专用管理办法和协调办理机制，促进民宿规范化发展，保障投资、经营主体的合法权益和可持续发展。

4.3.2 县（市、区）、乡（镇、街道）应对民宿集聚区制定简化审批、联合审批程序等，简化集聚区内民宿审批流程，提高审批效率。

4.4 人才政策

4.4.1 民宿集聚区应制定相关政策，积极引进民宿经营、管理、设计、服务等高层次人才，给予高层次人才个人工作和生活方面的相关优惠政策。

4.4.2 旅游民宿集聚区所在县（市、区）或乡（镇、街道）每年要组织开展民宿从业人员集中培训。

4.4.3 创建单位县（市、区）应建立民宿集聚区专家智库，定期开展相关活动，并实施动态管理。

五、验收管理

5.1 旅游民宿集聚区创建工作按照自评、地方申报、审核公布、创建实施、考核验收、复核督导的程序进行。

5.2 旅游民宿集聚区创建由所在地县（市、区）文旅主管部门向市级文旅主管部门提出申请，经市级主管部门审核后推荐至省文化和旅游厅，省文化和旅游厅负责最终审核并向社会公布。

5.3 加强创建工作日常指导，按照"成熟一批、验收一批"的原则，指导创建单位开展自评，达标后申请验收。山东省文化和旅游厅负责组织考核验收，验收通过后命名"山东省旅游民宿集聚区"。

5.4 山东省文化和旅游厅对已命名的民宿集聚区适时组织复核，复核采取明查和暗访相结合的方式，对于复核不达标或发生重大旅游违法案件、重大旅游生产安全责任事故、严重不文明旅游现象、严重破坏生态环境行为的示范区，视情况予以警告或撤销。被警告的旅游民宿集聚区，对照问题积极整改，半年后方可申请重新验收。被撤销称号的旅游民宿集聚区，三年后方可重新申报。

资料来源：山东省文化和旅游厅（http://whhly.shandong.gov.cn/art/2022/2/10/art_100579_10297972.html?xxgkhide=1）

附录4：浙江省嘉兴市民宿开办"一件事"办事指南

一、适用范围

涉及的内容：民宿开办。

本办事指南所称的民宿（含提供住宿的农家乐，下同），是指利用城乡居民自有住宅、集体用房或其他配套用房，结合当地人文、自然景观、生态、环境资源及农林牧渔业生产活动，为旅游者休闲度假、体验当地风俗文化提供住宿、餐饮等服务的处所。

民宿的经营规模，单栋房屋客房数不超过15间，建筑层数不超过4层，且总建筑面积不超过800平方米。

各地可结合当地实际，适当放宽民宿规模界定标准，但应相应提高消防安全技术要求，并报省政府备案。

适用对象：法人、个人、其他组织。

二、事项审查类型

并联审批。

三、审批依据

《中华人民共和国公司法》《中华人民共和国合伙企业法》《中华人民共和国个人独资企业法》《个体工商户条例》《公共场所卫生管理条例》《国务院对确需保留的行政审批项目设定行政许可的决定》《公共场所卫生管理条例实施细则》《浙江省旅游条例》《浙江省消防条例》《浙江省房屋使用安全管理条例》）。

四、受理机构

各地行政服务中心综合窗口。

五、决定机构

各市、县（市、区）市场监管局、卫生健康委（局）、各县（市、区）公安局。

六、数量限制

无数量限制。

七、申请条件

符合《浙江省人民政府办公厅关于确定民宿范围和条件的指导意见》（浙政办发〔2016〕150号）规定的民宿范围和条件，及《浙江省房屋使用安全管理条例》规定的房屋安全鉴定要求。

（一）市场主体登记应具备的条件

1. 有限公司

（1）股东符合法定人数；

（2）有符合公司章程规定的全体股东认缴的出资额；

（3）股东共同制定公司章程；

（4）有公司名称，建立符合有限责任公司要求的组织机构；

（5）有公司住所。

2. 股份有限公司

（1）发起人符合法定人数；

（2）有符合公司章程规定的全体发起人认购的股本总额；

（3）发起人共同制定公司章程；

（4）有公司名称，建立符合股份有限公司要求的组织机构；

（5）有公司住所。

3. 合伙企业

（1）有二个以上合伙人，合伙人为自然人的，应当具有完全民事行为能力；

（2）有书面合伙协议；

（3）有合伙人认缴或者实际缴付的出资；

（4）有合伙企业的名称和生产经营场所。

4. 个人独资企业

（1）投资人为一个自然人；

（2）有合法的企业名称；

（3）有投资人申报的出资；

（4）有固定的生产经营场所和必要的生产经营条件；

（5）有必要的从业人员。

5. 个体工商户

有经营能力的公民。

（二）公共场所卫生行政许可应具备的条件

（1）申请人必须具有完全民事能力，并有固定、合法的经营场所；

（2）经营场所的选址、设计、装修，空气、微小气候、水质、采光、照明、噪声、顾客用具和卫生设施等项目符合相应的国家卫生标准和要求；

（3）从业人员应当经健康检查和卫生知识培训合格后方可上岗工作；

（4）经营场所管理者应当建立卫生管理制度，配备专职或者兼职卫生管理人员。

（三）民宿特种行业许可应具备的条件

符合《浙江省公安厅关于贯彻执行〈浙江省人民政府办公厅关于确定民宿范围和条件的指导意见〉若干问题的通知》规定的民宿消防安全基本要求。

八、禁止性要求

（1）自然保护区、饮用水水源一级保护区、重要的自然与文化遗产、风景名胜区的核心景区等高敏感区域，禁止新建、扩建民宿项目。

（2）采取告知承诺的，在达到法定条件前，不得从事经营活动。

（3）不适用告知承诺的情形：

①提交虚假申请材料的；

②提交的材料不符合要求的；

③已列入严重失信者名单或被相关部门实施信用联合惩戒的；

④申请人曾有申领民宿特种行业许可证和公共场所卫生行政许可不实承诺行为的。

九、申请材料目录

（一）市场主体登记提交材料（申请人根据下列市场主体类型提交材料）

1. 市场主体类型为个体工商户

（1）《个体工商户开业登记申请书》（含"民宿开办信息采集表"等附件）。

（2）经营者的身份证复印件；申请登记为家庭经营的，以主持经营者作为经营者登记，由全体参加经营家庭成员在《个体工商户开业登记申请书》经营者签名栏中签字予以确认。提交居民户口簿或者结婚证复印件作为家庭成员亲属关系证明，同时提交其他参加经营家庭成员的身份证复印件。

（3）经营场所使用证明。

（4）委托代理人办理的，还应当提交经营者签署的"委托代理人证明"及委托代理人身份证复印件。

2. 市场主体类型为公司

（1）《公司登记（备案）申请书》（含"民宿开办信息采集表"等附件）。

（2）公司章程（有限责任公司由全体股东签署，股份有限公司由全体发起人签署）。

（3）股东、发起人的主体资格证明或自然人身份证明。

股东、发起人为企业的，提交营业执照复印件。

股东、发起人为事业法人的，提交事业法人登记证书复印件。

股东、发起人为社团法人的，提交社团法人登记证复印件。

股东、发起人为民办非企业单位的，提交民办非企业单位证书复印件。

股东、发起人为自然人的，提交身份证件复印件。

其他股东、发起人的，提交有关法律法规规定的资格证明复印件。

（4）法定代表人、董事、监事和经理的任职文件。

（5）住所使用证明。

3. 市场主体类型为合伙企业

（1）《合伙企业登记（备案）申请书》（含"民宿开办信息采集表"等附件）。

（2）全体合伙人的主体资格证明。

合伙人为企业的，提交营业执照副本复印件。

合伙人为事业法人的，提交事业法人登记证书复印件。

合伙人为社团法人的，提交社团法人登记证复印件。

合伙人为民办非企业单位的，提交民办非企业单位证书复印件。

合伙人为自然人的，提交身份证件复印件。

其他合伙人提交有关法律法规规定的资格证明。

（3）全体合伙人签署的合伙协议。

（4）全体合伙人对各合伙人认缴或者实际缴付出资的确认书。（以非货币形式出资的，应载明全体合伙人协商作价出资情况或提交经全体合伙人委托的法定评估机构出具的评估作价证明。）

（5）主要经营场所使用证明。

4. 市场主体类型为个人独资企业

（1）《个人独资企业登记（备案）申请书》（含"民宿开办信息采集表"等附件）。

（2）投资人身份证件复印件（在申请书中粘贴身份证复印件即可）。

（3）企业住所使用证明。

（二）公共场所卫生行政许可提交材料

（1）"公共场所卫生行政许可申请表"（共享材料）。

（2）营业执照（共享材料）。

（3）法定代表人或负责人身份证（共享材料）。

（4）授权委托书及受委托人身份证（委托办理）（共享材料）。

（5）公共场所平面图和卫生设施平面布局图（与《标明经营场所各层客房、内部通道、消防设施等分布及面积的平面示意图》整合）。

（6）《公共场所卫生许可告知承诺书》（整合至《民宿开办"一件事"许可告知承诺书》）。

（7）从业人员名单及健康合格证。

（三）民宿特种行业许可提交材料

（1）"浙江省特种行业许可申请登记表（民宿、农家乐）"（共享材料）。

（2）"浙江省民宿（农家乐）消防安全情况登记表"（共享材料）。

（3）营业执照（共享材料）。

（4）标明经营场所各层客房、内部通道、消防设施等分布及面积的平面示意图（与《公共场所平面图和卫生设施平面布局图》整合）。

（5）民宿所在地公安派出所已签署消防安全现场检查合格意见的"浙江省民宿（农家乐）消防安全现场检查情况表"。

（6）特种行业许可审批承诺书（整合至《民宿开办"一件事"许可告知承诺书》）。

材料提交说明：共享材料，无须提交；整合材料，无须重复提交。

十、申请接收

申请方式：现场窗口申请、网上申请。

办公地址：各地政务服务中心综合窗口。

十一、办理基本流程

申请→受理→市场主体设立登记→并联审批→决定→送达。

十二、办理方式

现场办理、网上办理。

十三、办结时限

承诺期限：2 工作日。

十四、收费依据及标准

无。

十五、审批结果

营业执照、公共场所卫生行政许可证、民宿特种行业许可证。

十六、结果送达

自作出决定之日起 3 个工作日内送达。
送达方式：当场送达，快递送达。

十七、行政相对人权利和义务

（1）符合法定条件、标准的，申请人有依法取得行政许可的平等权利，行政机关不得歧视。

（2）行政机关依法作出不予行政许可的书面决定的，应当说明理由，并告知申请人享有依法申请行政复议或者提起行政诉讼的权利。

（3）行政许可直接涉及申请人与他人之间重大利益关系的，行政机关在作出行政许可决定前，应当告知申请人、利害关系人享有要求听证的权利；申请人、利害关系人在被告知听证权利之日起五日内提出听证申请的，行政机关应当在二十日内组织听证。

（4）申请人申请行政许可，应当如实向行政机关提交有关材料和反映真实情况，并对其申请材料实质内容的真实性负责。

十八、咨询途径

由各市、县（市、区）市场监管局、卫生健康委（局）、各县（市、区）公安局公布。

十九、监督投诉渠道

由各市、县（市、区）市场监管局、卫生健康委（局）、各县（市、区）公安局公布。

二十、办公地址和时间

由各市、县(市、区)市场监管局、卫生健康委(局)、各县(市、区)公安局公布。

二十一、办理进程和结果公开查询

由各市、县(市、区)市场监管局、卫生健康委(局)、各县(市、区)公安局公布。

资料来源:嘉兴市人民政府网站(http://www.jiaxing.gov.cn/art/2019/9/24/art_1685295_38350233.html)

图书在版编目（CIP）数据

民宿管理与运营 / 龙飞，虞虎编著. -- 北京：旅游教育出版社，2022.9（2025.1重印）
新编旅游大类专业精品教材
ISBN 978-7-5637-4478-7

Ⅰ. ①民… Ⅱ. ①龙… ②虞… Ⅲ. ①旅馆－经营管理－教材 Ⅳ. ①F719.2

中国版本图书馆CIP数据核字(2022)第178432号

新编旅游大类专业精品教材

民宿管理与运营

龙飞　虞虎　编著

责任编辑	巨瑛梅
出版单位	旅游教育出版社
地　　址	北京市朝阳区定福庄南里1号
邮　　编	100024
发行电话	（010）65778403　65728372　65767462（传真）
本社网址	www.tepcb.com
E - mail	tepfx@163.com
排版单位	北京旅教文化传播有限公司
印刷单位	唐山玺诚印务有限公司
经销单位	新华书店
开　　本	787毫米×1092毫米　1/16
印　　张	14.75
字　　数	234千字
版　　次	2022年9月第1版
印　　次	2025年1月第3次印刷
定　　价	49.80元

（图书如有装订差错请与发行部联系）